名师工作室建设实践探索

以固原市西吉县为例

宋发荣 著

黄河出版传媒集团
阳光出版社

图书在版编目（CIP）数据

名师工作室建设实践探索：以固原市西吉县为例 /
宋发荣著. -- 银川：阳光出版社，2024.6

ISBN 978-7-5525-7322-0

Ⅰ. G451.2

中国国家版本馆CIP数据核字第20248RZ158号

名师工作室建设实践探索　以固原市西吉县为例　　宋发荣　著

责任编辑　陈建琼
封面设计　晨　皓
责任印制　岳建宁

黄河出版传媒集团
阳　光　出　版　社　出版发行

出 版 人　薛文斌
地　　址　宁夏银川市北京东路139号出版大厦（750001）
网　　址　http://www.ygchbs.com
网上书店　http://shop129132959.taobao.com
电子信箱　yangguangchubanshe@163.com
邮购电话　0951-5047283
经　　销　全国新华书店
印刷装订　宁夏凤鸣彩印广告有限公司
印刷委托书号　（宁）0029865

开　　本　710 mm×1000 mm　1/16
印　　张　16.5
字　　数　295千字
版　　次　2024年6月第1版
印　　次　2024年6月第1次印刷
书　　号　ISBN 978-7-5525-7322-0
定　　价　58.00元

序　言

给一本书作序难，给一本好书作序更难，给同行翘楚的好书作序难上加难！

甲辰岁首，突然接到宋发荣老师的电话，说他准备出版一本关于西吉县"名师、名师工作室和名师工作室联盟"发展沿革的书，邀我给他的书作序，而且言辞恳切至诚。作为躬耕桑梓的同行，我是受宠中夹着犹豫，惊喜中带着敬佩，默许中含几分忐忑。

我和他是邻村的同年好友，也是从小学读书到参加工作几乎同步的发小。还记得上学时，每逢暑假放羊放驴，我们总能在两个村子共享的大山上不期而遇。那时候谈论最多的是所谓的"理想"，源于对教师职业的敬畏和崇拜，当一名教师便是我们儿时的共同理想。

梅经严寒自清香，人厉磨难带光芒。数载点灯熬油，寒窗苦读之后，我们的共同理想在宁南那个古城中变成了现实。几年后，我们走上了工作岗位，在不同的学校干着相同的教育事业。

于教育工作，他无疑是奉献的，于教师职业，他无疑是成功的，于教育创新，他无疑是践行者。宋老师是一位业精于勤且善于总结，敢于创新又能秉持传承，默默无闻又笔耕不辍的教育者。虽然置身不同的学校，但我们在核心素养的提升上从来没有中断过交流，确切地说，在从教的道路上，他是我的良师益友。

春风化雨泽沃土，润物无声培新苗。把教育教学当作自己最大的事业干，这种执着是他从教的根基所在。从教近三十年来，无疑，他是用课堂教学实践去验证先进教育理论的践行者之一。他从一名普通教师干起，从最基础的教育教学和班级管理干起，从一点一滴的教学和班级管理中反思、总结、提炼、归纳，且勤于笔耕，善于总结，积极实践，先后有数篇教育教学论文在《宁夏教育》《宁夏教育科研》《固原教育》等刊物上发表；主持和参与了自治区、固原市课题多项并获奖。基于学校教育教学实践，他渐形成了一套具有个人特色的教学体系、教学思维和教学方法，并用可见的教学实绩赢得了同行的肯定和家长的良好口碑，也使自己逐渐成长为名副其实的专家型教师，先后荣获宁夏回族自治区骨干教师、固原市"六盘名师"和"自治区优秀教师"等称号。

自闭桃源称太古，欲栽大木柱长天。把自己置身于各种教育改革中实践，这种奉献是他从教的灵魂所在。从 SID ——以学生为中心的教学法项目实施，到"高效课堂"在全县范围的全面推行，到第一、第二届"西吉名师"遴选，到名师（名校长）工作室建立，再到素质教育的全面实施和大单元教学的全面推行，每次新教育教学改革，他都积极推行、参与、互动，总结在其中，绝对是支持者、参与者和践行者。一路走来，用自己这朵"云"带动着很多同行里热衷教育改革的"云"，一起点缀西吉教育的湛蓝天空。先后荣获"宋庆龄基金会优秀教师""全区优秀少先队大队辅导员"和"全区书香教研先进个人"等荣誉称号。

眼界高时无物碍，心田静处有清波。把自己的教育理念变成可见的行动，这种干劲是他从教的真实写照。在西吉县教师发展中心出任副主任以来，在教育主管部门的大力支持和帮助下，他顺应教育高质量和教育质量整体提升大势要求，力推西吉教育事业走名师发展之路。从西吉县首批、第二批名师遴选，到首批"名师（名校长）工作室"挂牌成立运行，再到"西吉县名师工作室联盟"的成立，他无疑起到了很大的推动和促成作用。在互观互学、名师讲座、名师课堂、送教送培、教育科研等各个活动中，他都能身体力行地参与其中。尤为难能可贵的是，他将所有过程性材料都认真、仔细、全面、系统地做了收集、归纳和整理，并付梓以留后用。

千淘万漉虽辛苦，吹尽狂沙始到金。把自己践行的过程整理成系统的书，这种结果是他从教的理论升华。作为和他一路走来的县级骨干、名师，市级学科带头人和区级法治教育名师，几乎参与了他力推的所有教育教学实践和研究。关于他的《名师工作室建设实践探索》一书，我有个大概的了解。全书共五章十七节，外加附录三节内容。以西吉教育为载体，从"教育名师"的背景现状、行政倡导、促进建成、推动发展、作用意义，到"名师工作室"建章立制、培育计划、挂牌成立、全面推广、辐射带动，再到"名师工作室联盟"联合发展、协同共进、运行机制、骨干培养、示范引领、课题研究等。我个人认为，此书的付梓必将在促进教师成长、促进县域教育高质量发展和教育质量整体提升上起到一定的推动作用和较高的指导性。

通过这本书，不仅可以看到宋老师对教育教科研的深入思考和实践探索，也可以感受到他对教育事业的热爱与执着。希望本书的出版能够为广大教育工作者提供有益的参考和启示，推动区域教育事业不断发展与进步。我们更加期待，在教育教科研的道路上，能够有更多这样的佳作涌现，为教育事业注入新的活力和智慧！

荣学礼

2024 年 3 月 25 日

目　录
CONTENTS

第一章　名师工作室的演化及内涵

　　"名师工作室"是一种以名师为核心，以工作室为平台，通过课题研究、教学研讨、培训学习等方式，促进教师专业化发展的组织形式。"名师工作室"如同一座智慧之舟，承载着教师专业成长的美好愿景，驶向学术的深海。这种以名师为核心，集教学、研究、培训于一体的组织形式，自20世纪90年代在中国大陆逐渐兴起，便以其独特的优势和深远的影响力，成为了教师专业发展的一条重要途径。

　　在过去的几十年里，名师工作室如同繁星般散落在中国的教育版图上，引领着广大教师走向专业化之路。这些工作室以名师的丰富经验和教学智慧为指引，通过课题研究、教学研讨、培训学习等方式，为教师们提供了一个互相学习、共同成长的平台。

第一节　名师的提出及作用

名师工作室，顾名思义就是以名师为主的工作室，应该是先有"名师"才有"工作室"，因此，在谈论"名师工作室"之前，先有必要了解一下"名师"。

一、"名师"概念的提出

"名师"是指在某区域范围内具有一定知名度和影响力的教师，具有相对先进的教育理念、专家型的教育研究眼光、为人师表的示范性和影响力，是师德的典范、育人的榜样、教学的能手，对教师团队发展有着重要引领作用。

"名师"的概念起源于西方国家，早在20世纪70年代，美国就开始实施"名师计划"，通过选拔和培养优秀教师，提高教师专业化水平。

"名师"这一概念在中国是近现代教育史中逐渐发展起来的，最早可以追溯到清末民国初的新教育运动。在这个时期，许多知识分子开始关注教育的改革和发展，提出了"名师出高徒"的观点。他们认为，要想培养优秀的人才，首先要有一流的教师。因此，名师的概念在这个时期逐渐形成了。

到了20世纪中期，中国的教育事业得到了快速发展。在这个时期，许多优秀的教师被称为"名师"，他们不仅在学术上有很高的造诣，而且在教育实践中也取得了显著的成果。这些名师为中国教育事业的发展做出了巨大贡献。

到了21世纪，随着信息技术的飞速发展，教育事业也发生了翻天覆地的变化。在这个时期，名师的概念得到了更广义的运用。不仅在教育领域，在其他领域如文化、艺术、科技等也有许多被称为"名师"的人物。这些名师不仅在各自的领域取得了卓越的成就，而且通过言传身教，影响了无数的后辈。在教育领域，"名师"通常是指在某一领域内具有一定知名度和影响力的教师，随着时代的发展，其称呼也衍生出了好多，比如特级教师、拔尖（紧缺）人才，有突出贡献或享受国务院政府特殊津贴的专家等，有些地区也将以上称呼与名师区别对待，需要重新申报才能获得"名师"称号。

二、名师的作用

名师既要有丰厚的理论储备，又要有丰富的实践智慧。名师可分为域内名师和外聘名师。域内名师是指在本区域内教育教学、科研等方面很突出，具有高度的工作责任心、较强的组织协调能力和一定专业影响力的教师。他们是校内的优质教师，具有辐射带动作用，能够传播新的教育教学理念、推动课程教学改革、促进教师团队的发展。外聘名师指高校知名学者、省特级教师、学科专业带头人等。他们具有较高的知名度、丰富的教学经验，具有示范、引领作用，能够指导学校名师工作室的建设，引领教师团队的专业成长。因此，"名师"也被称为工作室的"领衔人"或者"主持人"。

无论国外还是国内，名师在教育教学过程中都起着至关重要的作用，具体表现在以下几个方面。

1. 传授知识。名师是知识的传授者，他们通过讲解、示范等方式，将知识传授给学生。

2. 引导学生。名师能够根据学生的个性和特点，采用适当的教育方法和策略，引导学生学习和思考。

3. 激发兴趣。名师能够通过创新的教学方法和生动有趣的教学内容，激发学生的学习兴趣和求知欲。

4. 塑造品格。名师不仅能够教授知识，还能够通过自身的品行和榜样作用，塑造学生的道德品质和人格品质。

5. 培养能力。名师能够根据学生的发展需要，有效地培养学生的各种能力，如思维能力、创新能力、实践能力等。

6. 促进专业发展。名师通过不断的学习和研究，提高自己的专业水平，同时也能够通过教育实践，推动教育理论的发展。

总之，名师的概念是在中国近现代教育史中逐渐发展起来的，它代表着一流的教育水平和学术成就。随着社会的发展和教育观念的变化，名师的概念也在不断丰富和拓展。名师是教育的灵魂，他们通过自身的知识、技能、品行和教育智慧，对教师和学生起着越来越重要的作用。

第二节　名师工作室的产生及发展

一、国外名师工作室的兴起与发展

关于名师工作室的产生，目前比较常见的是"共同体说"。美国学者雪莱·霍德（Shirley M.Hord）在美国西南教育发展实验室多年研究的基础上，于 1997 年首次明确提出"专业学习共同体"，使其成为一个严格意义上的、被学界所认同的教育概念，极大促进了基础教育教师的成长，成为知识经济背景下一种新的教师专业成长模式。佐藤学与鲍尔曼等学者也各自沿着不同的研究理路得出了相近的结论，即专业学习共同体可以助力教师的专业成长，并以指向学生学业成就提升为旨趣。此后，这一模式逐渐在全球范围内得到推广和应用。

后来，"专业学习共同体"在国外演变成很多种促进教师队伍建设和教师专业发展的学习型组织，例如"名师工作室""教师工作室（Teacher Workshops）""教师团体组织"以及"工作室研讨会"等。

在美国，名师通常被称为"Master Teacher"，他们通常是在教育领域有丰富经验和专业造诣的教师。美国政府和教育主管部门会定期对这些名师进行培训和评估，以保持他们的专业水平。同时，他们也会通过名师工作室等方式，帮助其他教师提高教育水平。

在英国，名师通常被称为"Expert Teacher"，他们是在特定领域有很高造诣的教师。英国政府和教育主管部门会定期对这些名师进行培训和评估，以保持他们的专业水平。同时，他们也会通过名师工作室等方式，帮助其他教师提高教育水平。

在澳大利亚，名师的概念和发展与英美的类似。澳大利亚政府和教育主管部门也会定期对这些名师进行培训和评估，以保持他们的专业水平。同时，他们也会通过名师工作室等方式，帮助其他教师提高教育水平。

国外名师工作室与国内的名师工作室无论是形式还是功能都高度相似，他们不仅能够提高自己的教育水平，也能够通过传帮带，帮助其他教师提高教育水平。同时，他们也能够在教育政策制定和教育改革中发挥重要作用。

二、国内名师工作室的提出与发展现状

（一）我国名师工作室的提出

在中国，名师工作室的发展起步较晚，但近年来逐渐得到了广泛的关注和重视。从名师工作室的这个名称的应用来说，据可查的资料，我国最早关于建立名师工作室的文件是上海市卢湾区教育局于 2000 年 9 月教师节前夕印发的《关于建立"名师、名校长工作室"的通知》。随后，北京、重庆、杭州等地也相继提出了名师工作室的建设计划，名师工作室如雨后春笋般在全国各地相继出现。截至目前，我国名师工作室的历史已经有 20 多年。在 20 多年的发展进程中，运行机制不断成熟，研修形式不断丰富，作用功能不断强大，成效影响不断提升，已逐渐成为培育和造就优秀教师的重要方式。

经过对我国有关名师工作室相关的政策文件的梳理，可以理出以下几条主要线索。

1999 年，国家发布的《中共中央　国务院关于深化教育改革全面推进素质教育的决定》（中发〔1999〕9 号）提出：地方各级人民政府要多渠道筹资设立骨干教师专项资金，在大中小学培养一批高水平的学科带头人和有较大影响的教书育人专家，造就一支符合时代要求、能发挥示范作用的骨干教师队伍。

2018 年 3 月，教育部等五部委联合下发的《教师教育振兴行动计划（2018—2022 年）》明确指出：组建中小学名师工作室，充分发挥教研员、学科带头人、特级教师等在师范生培养和在职教师常态化研修中的重要作用。

2019 年 7 月 8 日，中共中央、国务院颁布了《关于深化教育教学改革全面提高义务教育质量的意见》，要求按照"四有好老师"标准，建设高素质专业化教师队伍，在优化教师资源配置、依法保障教师权益和待遇的基础上，大力提高教育教学能力，提升校长实施素质教育能力。

2022 年 4 月 2 日，为贯彻落实习近平总书记关于教育的重要论述特别是关于教师队伍建设的重要讲话精神，落实《中华人民共和国国民经济和社会发展第十四个五年规划和 2035 年远景目标纲要》有关要求，全面深化新时代教师队伍建设改革，加强高水平教师教育体系建设，培养造就高素质专业化创新型中小学教师队伍，着力构建优质均衡的基本公共教育服务体系，推动教育高质量发展，教育部、中央宣传部、中央编办、国家发展改革委、财政部、人力资源社会保障部、住房和城乡建设部、国家乡村振兴局八部门联合制定了《新时代基础教育强师计划》。

2022 年 8 月 12 日，《教育部办公厅关于实施新时代中小学名师名校长培养计划（2022—2025）的通知》（教师厅函〔2022〕18 号）提出：为深入学习贯彻习近平总书记关于教育的重要论述，落实《中共中央　国务院关于全面深化新时代教师队伍建设改革的意见》和《新时代基础教育强师计划》，着力建设高素质专业化创新型教师校长队伍，在充分总结中小学名师名校长领航工程经验的基础上，决定实施新时代中小学名师名校长培养计划（2022—2025，简称"双名计划"）。旨在培养造就一批具有鲜明教育理念和成熟教学模式、能够引领基础教育改革发展的名师名校长，培养为学、为事、为人师范的新时代"大先生"。健全名师名校长遴选、培养、管理、使用一体化的培养体系和管理机制，营造教育家脱颖而出的环境，为全面落实立德树人根本任务、推动基础教育高质量发展提供有力支撑。

从以上政策文件可以看出，名师工作室在我国的演变发展经历了比较长的一段时间，从最初的优秀教师资源共享到现在的引领教育改革发展，名师工作室在我国教育中的作用越来越受到重视，已经成为孵化优秀教师、推动教师专业发展的重要载体。

（二）我国名师工作室的发展现状

"名师工作室"的概念虽然不是我国率先提出来的，但与名师工作室同类型的学习共同体在很长时间内是教师专业发展的组织形式，比如学校的教研组、备课组、年级组以及青蓝结对发展共同体等，这些学习共同体到目前仍然是学校教研活动的重要组织单位。直到上海市卢湾区教育局印发《关于建立"名师、名校长工作室"的通知》以后，名师工作室作为一种自主组团的学习共同体，才与教研组、备课组等类型的行政体学习共同体区分开来。

名师工作室在我国开始建设以来，发展非常迅速，从上海市卢湾区诞生了第一批工作室建设之后，短短20多年的时间，已从城市辐射到农村，呈燎原之势，在全国各地铺开建设，各级各类工作室相继崭露头角。

当然，各地名师工作室受多种因素的影响，发展规模、发展质量、发展快慢也不尽相同。

从宁夏回族自治区名师工作室的发展来看，2014年，为充分发挥"塞上名师"的引领带动作用，加快优秀教育教学人才的成长，宁夏回族自治区教育厅决定依托"塞上名师"，在名师所在学校成立一批工作室。名师工作室是以"塞上名师"为带头人，同一学科区域骨干教师共同组成，集教学、科研、培训等职能于一体的教师合作共同体。2014年10月对宁夏首批20个"塞上名师"工作室授牌。2018年10月，宁夏回族自治区教育厅下发了《自治区教育厅办公室关于支持和加强教育部中小学名校长（名师）领航班工作室建设的通知》《自治区教育厅关于公布首批"塞上名师"工作室考核结果暨命名第二批"塞上名师"工作室和自治区骨干教师的通知》提出"按照属地原则，由名校长（名师）所在市级教育行政部门为主持人遴选工作室成员"的要求，开展了第二批名师工作室的申报工作。2022年12月，宁夏回族自治区教育厅又下发了《自治区教育厅办公室关于命名挂牌新一轮自治区中小学名师、名校（园）长、乡村教学名师工作室和遴选工作室成员的通知》，成立了55个名师工作室、9个名校（园）长工作室、20个乡村名师工作室。其间，还有美育名师工作室、创新素养教育名师工作室等相继开展建设。

从西部欠发达地区来看，名师工作室的建设相对缓慢。以宁夏回族自治区西吉县为例，2016年之前只有3个名师工作室，之后随着课程改革和教师专业发展需要，对名师工作室的建设越来越重视。县级教育行政部门不仅积极申报市级和自治区级各类名师工作室，如塞上名师工作室、六盘名师工作室、课改名师工作室、乡村名师工作室、美育名师工作室、思政名师工作室等，同时加大县级名师培养力度，从2018年起，连续开展了两期名师培养工作，建设了县级名师工作室。截至目前，全县各级各类名师工作室达28个。

第三节　名师工作室的内涵及功能

名师工作室不仅是学校的重要资源，也是社会的宝贵资源，创建名师工作室，对于扩大名师的影响力、促进教师团队的专业发展、推动区域教育教学改革、提升区域整体教学质量，都有十分重要的作用和深远的意义。

一、名师工作室的内涵

名师工作室是由名师和若干同一学科的骨干教师共同组成的学习共同体，集教学、课题研究、学术探讨、理论学习和教师培训于一体，对内凝聚、带动，向外辐射、示范，引领教学改革，促进教师专业成长，进而推动学校、区域教育健康发展，是优秀教师共同学习、互勉互助、抱团成长的平台。因此，名师工作室就要以名师为引领，以钊针对性学科（与名师个人专长相匹配的优势学科）为纽带，以先进的教育思想为指导，激发工作室成员对教育的激情，激励大家树立远大的教育理想，能够遵循教师成长规律，认真落实课程标准，夯实教育教学常规，深化课堂教学改革，解决课程改革和教育教学工作中遇到的制约学校和教师发展、学生发展的通过工作室调查研究和实践验证能够解决的问题。

二、名师工作室的特征

名师工作室是一种教育实践模式，通常由一位名师领导，组织一组教育者和学者共同进行教育研究、教学实践和培训工作。名师工作室要充分发挥自己的引领、辐射、影响的独特优势，自主开展系列研修活动，使工作室成为"研究的平台、成长的阶梯、辐射的中心"。在名师工作室这个平台上，"影响"是基础，"引领"是关键，"研究"是核心，"成长"是目的。名师工作室的成员要源于教育教学一线追求上进的有教育理想的教师，工作室团队是一个"自愿组合"的团队。因此，工作室主持人一定要具有较强的教育教学能力及教育研究能力，基本形成自己的教学风格和教学艺术，教育教学质量高，有一定的教学管理、组织能力；工作室成员至少应该有自我完善、自我突破、自我发展的愿望。本书中的名师工作室，不仅指传统意义上的学科名师工作室，也包含名班主任工作室、名校长工作室等。

名师工作室的特征如下：

1. 专业性。名师工作室的主持人通常是某领域的专家，具有丰富的教学经验和专业知识，能够为学生和教师提供专业的指导和支持。

2. 合作性。名师工作室的成员之间需要紧密合作，共同研究教育问题、分享教学资源和方法，以提高教育教学质量。

3. 创新性。名师工作室鼓励成员进行教育教学创新，尝试新的教学方法和技术，以满足学生和社会的需求。

4. 示范性。名师工作室的主持人和成员通常具有较高的教育教学水平，他们的教学实践和研究成果可以为广大教师和学生提供示范和借鉴。

5. 研究性。名师工作室注重教育教学研究，通过实证研究和理论探讨，不断丰富和完善教育教学理论和方法。

6. 培训性。名师工作室不仅关注室内人员的专业发展，还承担着培养新教师和促进区域教师专业成长的责任。

7. 传播性。名师工作室通过举办讲座、研讨会、培训课程等活动，将先进的教育教学理念和方法传播给更多的教育者和学习者。

8. 持续性。名师工作室通常具有较长的时间跨度，持续不断地进行教育教学研究、实践和培训工作。

三、名师工作室的作用

名师工作室的存在，对于提高教育质量、促进教师专业发展、共享教育资源、传播先进的教学理念和方法、服务社会等方面都具有重要作用，主要体现在以下几个方面。

1. 提高教育教学质量

名师工作室汇聚了优秀的教师资源，成员通常是各学校的优秀教师，他们的教育水平相对较高，教学经验相对丰富。这样的一群人组成的一个学习研究共同体，他们通过共同研究、共同教学、共同反思，可以不断提高自己的教育水平，从而不断推动一个区域整个教育质量的提升。

2. 促进教师专业发展

名师工作室为教师提供了一个交流平台，使他们有机会学习其他教师的优秀教学方法和教育理念，从而促进自己的专业发展，提升自己的教学水平和教育研究能力。同时，工作室的成员也可能通过参与工作室的活动，充分发挥自己的专业优势，为学校和其他教师提供教育教学专业指导，起到榜样示范、潜移默化的作用，点燃更多教师的专业发展热情，激发更多教师的专业发展激情，唤醒更多教师的专业发展才情，从而积极主动参与到专业发展的浪潮中，坚持提高自己的专业水平和专业能力。

3. 共享教育资源

名师工作室汇集了众多优秀教师的教育教学资源，比如教学设计、课件、教学成果、教育经验、教学方法等，工作室可以把这些优秀教育教学资源通过工作室平台等多种途径进行共享，使所有的教师和学生都能受益。这样不仅可以让优秀教师的成果有展示的平台和机会，激发优秀教师的研究热情，还可以高效发挥优质资源的作用，有助于提高整个学校乃至区域内的教育教学质量。

4. 传播先进的教学理念和方法

名师工作室为成员提供了一个交流和合作的平台，主持人通过定期组织成员进行教育教学培训、课题研究、读书分享等活动，成员之间可以共享教育教学经验，共同探讨教育教学问题，把"名师"的教学理念和方法传导给工作室成员，使"名师"这个单一个体的"我"通过工作室这个载体变成"我们"，促进工作室所有成员的整体提升。同时，名师工作室还可以组织成员参加学校、区域的教改实验、研讨交流、经验分享等活动，通过与其他学校、区域的教师进行交流，把工作室实践研究的先进教学理念和方法传播给更多的教师，让一个"我们"变成更多的"我们"，推动一个区域教师整体教学理念和方法的革新。

5. 服务区域教育发展

名师工作室的成员在学校或区域内具有较高的知名度和专业影响力，他们的教育教学成果和经验可以为其他教师提供学习和借鉴的例子，而名师工作室的日常活动通常都在名师或成员所在的学校开展，这样无形中使名师工作室成为学校的首用资源，起到"近水楼台先得月"的效应，让学校成为名师工作室的第一服务对象。同时，名师工作室还要参加区域内的活动，通过公开课、讲座等方式，服务社会，推广优秀的教育理念和教学方法，这不仅可以提高社会的教育水平，也可以提高公众对教育的认识和理解，起到服务区域教育教学发展的作用。

四、名师工作室运行要求

名师工作室作为一种与学校和区域教育教学、学科、班级管理实践等紧密结合的学习共同体组织，要有明确的团队奋斗目标和清晰的发展方向，要结合名师自身的优势资源，广泛征集本校和区域教师和学校发展中的急难愁盼问题，制定切合实际和符合教育改革发展方向的名师工作室发展规划，制定和完善好工作室制度，做好做细具有可操作性的名师工作室年度工作计划，在教育主管部门和学校的指导下，按工作室建制的要求，精心做好工作室成员的培养。比如：宁夏回族自治区邵虎虎创新素养教育名师工作室根据《自治区教育厅办公室关于做好2022年中小学创新实验室项目建设申报工作的通知》（宁教办函〔2021〕16号）、《自区教育厅办公室关于开展全区创新素养教育"名校（园）长工作室"和"名师工作室"建设的通知》（宁教基办〔2021〕19号）、《关于做好全区创新素养教育"名校（园）长工作室"和 "名师工作室"建设的通知》（固教体函〔2021〕232号）等文件精神，为打造一支师德优良、学养深厚、理念先进、视野开阔、教学优秀、创新力强的名师队伍，以"搭建平台、助力成长、晕轮辐射、共同发展"为宗旨，以"理论与实践相融合、自主与合作相融合、学习与分享相融合、反思与提升相融合"为原则，以"助力学生生命成长，追寻教师诗意人生"为目标追求，以"专业引领、同伴互助、共享共荣"为基本形式，形成了名师工作室运行基本思路和基本框架。

名师工作室运行要把握好以下几个方面的注意事项。

1. 找准工作室的着力点

作为名师工作室，一定担负着培养教师，促进课堂改革，提高学生核心素养的使命。作为工作室的运行定位，首先要集思广益寻求名师工作室的着力点，定好位，定好调，明方向。如：德育教育创新、班级管理创新、课堂教学创新、学科教学创新、班级活动创新等。还要与学校教育教学各方面相联系，紧密结合学校教育发展的新需求，对照教师个人成长中的困惑与疑难问题，与教师工作实践相连接，与主持人个人特长相匹配，重实践，见实效。

2. 形成工作室研修模式

名师工作室的研修模式一般按照"师德修养与专业发展相结合、理论研修与实践磨砺相结合、自主学习与集中研修相结合、线上活动与线下活动相结合、阅读吸纳与写作反思相结合、全面提高与形成特色相结合"（"六个结合"）的原则，做到"设计一条线，实施有节点，灵活巧链接，反思是关键"，实现名师工作室活动精要、明晰、高效、务实的效果。

3. 明确工作室活动形式

名师工作室活动主要以专题讲座、话题研讨、案例分析、头脑风暴、读书分享、金点子荟萃、帮培活动、培训学习为主要内容，按照学校教育教学和行事历安排，结合教师工作实际，采取线上与线下相结合的方式开展活动。

线下主要开展班级管理、教学研讨、课堂教学诊断、精品课磨课研课、送教下乡、外出培训等活动，要与当地教研部门开展的教研活动紧密结合，做到"上级安排，学校筹划，名师承担，统一行动"。这样，既不给工作室成员增加负担，也不给学校工作带来麻烦。同时，要努力申报研究一个适合名师工作室发展的市级或省级课题，带领大家学会如何做教育科研，最后借力名师工作室的各项活动与研究，进行名师工作室成果的梳理与固化。

线上活动主要通过名师工作室 QQ 群和微信群、名师网络工作室来开展。名师工作室 QQ 群和微信群具有方便快捷的沟通功能，可以开展一系列工作室核心成员受时空限制无法线下聚集的活动，如：读书分享、小专题讲座、话题研讨、备课交流等。名师网络工作室具有系统的工作室程序化运行功能，辐射范围更广，线下工作室成员与线上网络成员之间的沟通、交流、学习更加便捷高效；同时，工作室主持人可以根据需要创设活动栏目，让工作室的活动内容更加丰富，让线上线下的每个成员都有展示自己的舞台和发表观点的平台，促进工作室内涵式发展。比如：宁夏回族自治区邵虎虎创新素养教育名师工作室在宁夏教育资源公共服务平台开通了网络工作室，创设了丰富多彩的活动栏目，"教师文章（教育故事、教学案例、教学设计、班主任工作、教后反思、家教天地、心理健康……）"栏目让成员有了发表自己教育教学故事、案例的园地；"教研活动""话题研讨""名师课堂"等栏目聚集了成员教育教学、班级管理、教师成长等方面的典型经验和成功做法，为更多教师解决教育教学中的困惑和问题提供了借鉴范例；"教学资源""阅读长廊"等栏目为工作室成员提供了丰富的、重要的学习资源；"留言板"栏目可以让成员随时随地写自己的阅读感受、意见建议等。

4. 制定工作室的活动原则。

工作室活动原则是：科学性、真实性、渐进性、实践性、创新性。

（1）科学性主要指活动的设计要科学，符合教育教学规律，因地制宜，尊重教师个人特点，实事求是；

（2）真实性主要指开展的工作、活动要以提高教师专业化发展水平为参考，以解决学校和区域教育教学发展问题为依托，追求问题要真，活动要真，效果要真；

（3）渐进性主要指教师成长和活动开展要遵循循序渐进原则，有计划有节奏，既要尽可能地开展教研、共读、送教、研讨等活动，又不能给主持人和工作室成员过重的思想和身体负担；

（4）实践性主要指工作室工作与活动，一定要在教育教学实践中发现问题、分析问题，也要在教育教学实践中开展研究，最后将研究成果运用于教育教学实践中去；

（5）创新性主要指工作室发展的目标就是要指导教师树立创新意识，勇于探索，大胆实践，不断在教育教学实践中有新的感悟，新的经验，新的成果，并能培养学生的实践精神和创新能力。

五、名师工作室工作思路

名师工作室作为引领和影响青年教师成长的重要载体，每个有教育内涵和积淀的学校都会高度重视。重视工作室主持人的培养，重视名师的辐射、带动和引领。名师工作室一般是按照"名师引领，传承创新，资源共享，辐射带动"原则，在名师主导下，以骨干教师为核心团队，以师带徒为主要培养形式，共同开展基于线上线下的学科研究、德育教育和课堂教学等活动。

1. 激励唤醒，建立教师对职业的价值认同。开展教师职业的解读和做教师的价值认同交流，改变工作室成员做教师的认知高度，树立教育理想。通过专题讲座、教学示范、研讨交流的方式，传递主持人对教育的理解，并对工作室成员作为一个教师，一个优秀的教师如何定位自己，如何做一个好老师进行思想的洗礼，提高师德修养，提升思想认知，建立为师的责任感和担当意识，以平常心做教育。

2. 循序渐进，用自己的实际行动影响大家。不管是专业阅读还是专业写作，不管是平时的为人处世还是教育学生的言谈举止，不管是班级管理还是课堂教学，主持人能身体力行做到尽可能地让自己满意，让学生满意，让家长满意。在潜移默化中，带动大家做一个求真务实的好教师，一个脚踏实地、善于开拓的好教师。

3. 写作训练，每个工作室成员的必修课。每一个教师，不管从事哪门学科，当写作都是必须要修炼的功课。指导工作室成员打开写作的触角，广泛捕捉教育生活中的素材，锚定写作的内容，同时，要鼓励成员坚持写作，从写百字文开始，到三百字，再到五百字，最后达到千字文。从记流水教育日志开始，到学着写教育故事、教育案例、教育反思，到后来的教育研究报告、论文。

没有教育写作做铺垫和支撑，就很难实现对教育的深入思考，也很难将思考变成可供大家学习和借鉴的文字，这样的思考，很难深入，也不利于对教育阅读的激励和反逼。

4. 共读共享，工作室工作的重点活动。"学而不思则罔，思而不学则殆。"学，更多的是专业阅读，没有持续、跟进的专业阅读，就没有教师思想认知的及时更新和思维创新，就缺乏教育理论的不断指导；但只学不思考，也会缺乏进取的动力。阅读是输入，写作是输出，只有写作，才能对教育生活进行深度的反逼，从肤浅走向深刻，从粗糙走向精致，从工作走向信念。教师要挤时间捧起书本，让文字浸润心灵；要打开回忆，记录教育生活的闪光瞬间，让心灵反逼教育。

5. 聚焦课堂，厘清教书与育人的关系。课堂教学水平的高低，除了需要不断在教学技能上进行训练和打造外，更重要的是唤醒教师的思想意识，认识到学科之间的差异，认识到课程的使命，认识到教书与育人的关系。目前，青年教师成长，最重要的是由内而外的自我认识的改变，自我成长内驱力的产生，这些需要主持人有意识地去激发和引导。而对于课堂教学的经验，除了要进行适当的点评和建议外，还要让大家通过"国家智慧教育平台""宁夏教育资源公共服务平台""中教云数字教材平台"等网络平台，多看名师课堂，博采众家之长。从博采到专采，就是一个为自己的教学风格定位，为自己的教育追求定位的过程。扬长避短，让自己的优势和特长成为自己专业发展的靠山。

6. 立足优势，引领大家寻找写作素材。工作室主持人在定位工作室工作目标时，一定要准、小、实。虽然名师工作室主持人相比较而言，在某些方面有自己的独特之处和综合能力的优越性，但也不可能是多面手。故主持人要充分发挥自己的优势资源和能力，为工作室成员提供帮助和引领。以宁夏回族自治区邵虎虎创新素养教育名师工作室为例，工作室将重点放在如何引导班主任科学艺术地管理班级，并能重点针对班级形成凝聚力和向心力、增强活跃度等方面，引导大家写教育随笔，将班级管理中学生、教师、家长、师生、家校之间的故事，及时捕捉并记录下来。在记录中捕捉，在梳理中反思，在积累中沉淀，在反思中提高，循序渐进改变带班理念，形成带班风格，达到科学、艺术育人的目的。

7. 因地制宜，让工作室不成为教师的负担。从时下教师的实际工作而言，"忙"字成为几乎所有爱岗敬业教师工作的常态。要有节奏、持续地开展工作室的活动，多开展线上活动，少开展线下活动。线上活动借助方便快捷的网络条件，可以通过腾讯会议、工作室ＱＱ群或微信群进行专题讲座、读书分享、问题研讨或咨询等，线下活动要少，而且要精，要精设计，精安排，要与当地教研部门教育活动、校本教研紧密结合，借力发力，做到能整合就整合，能依托就依托，避免重复活动。

六、名师工作室的未来发展

名师工作室已经成为中国教师专业发展的重要推动力，作为一种促进教师专业化发展的组织形式，在中国的发展已经取得了一定的成效，但同时也存在一些问题需要解决。

未来，名师工作室的发展应更加注重顶层设计、资源整合、培训内容的设计和开发以及评价机制的完善等方面。应加强各地区、各学校之间的交流与合作，学习先进的教育理念和方法，共享先进经验和创新型做法，为教师提供更加广阔的发展空间和机会。社会各界也要加大支持力度，给予政策支持和资金投入，支持工作室的发展，同时制定相关法律法规，保障教师的权益，维护教育公平。

未来，名师工作室还应该更加注重对教师素质的全面培养，包括教育教学能力、研究能力、团队协作能力等方面。通过多种形式的活动和培训，激发教师的内在潜力，促进其全面发展。

未来，名师工作室更应该开放建设。可以站在"巨人"的肩上薪火相传，借助全国、全区名师工作室及工作室联盟的专业优势和广阔的人脉资源，以更新的教育理念为先导，以解决学校管理和教育教学中存在的突出问题为突破口，以学习研究立德树人、培养教师和学生核心素养为重点，在名师名家的引领下，加快培养一支高素质、创新型校长队伍和一支师德高尚、业务精湛、结构合理、充满活力的高素质专业化教师队伍，为推进教育事业又好又快发展提供强有力的人才支撑。

　　在未来的日子里，我们有理由相信，名师工作室将会继续发挥其独特的优势和影响力，为教师的专业成长提供更多的支持和帮助。同时，名师工作室也将与时俱进，不断创新。未来的名师工作室将更加注重现代信息技术的运用，如人工智能、大数据等，为教师提供更加智能化、个性化的培训和学习服务。

　　总之，名师工作室作为中国教师专业发展的重要推动力量，将在未来继续发挥其独特优势和影响力，为教师的专业成长提供更多的支持和帮助。同时，也需要政府、学校、教师等各方面的共同努力，共同推动名师工作室的健康发展，为教育事业做出更大的贡献。

第二章 名师工作室的生存现状及发展建议

名师工作室作为一种新型的教师专业成长模式，已经从"催化剂""助力器"变成了主要的"承载器"，是传统教师成长模式的有效补充。但是，由于受各地地方经济发展水平和教育的发展水半等因素影响，各地名师工作室的发展状况也不尽相同。总体来说，大部分名师工作室都存在目标定位不准、工学矛盾突出、保障措施不力等诸多问题，直接影响着名师工作室的生存发展。

第一节　名师工作室的生存状态

所谓生存状态，就是以什么样的状态而存在。可以说，当前各地名师工作室存在不同的样态。有质量高的，有质量低的；有实实在在取得成果的，有只挂名不干活的；有得到大力支持的，也有挂名后无人关顾半死不活的。这些都与当前名师工作室的建设途径、生态建构等方面有密切的关系。

一、名师工作室建设的特点

名师工作室有以学科方向为主建设的，也有以热点主题为方向建设的，还有以城乡区分为主建设的。无论以什么方向为主建设，都有以下几个方面的特点。

1. 自上而下的行政属性

名师工作室都是经过申报、审核、批准几个环节，由上级教育行政部门命名挂牌成立的。也就是说，名师工作室要建设，首先要取得建设的"许可证"，这个许可证就是上级教育行政部门批准的。这样的建设途径，确保了名师工作室的合规性，也为名师工作室建设提供了政策和资金方面的保障。当然，这种名师工作室的建设模式，也就要求名师工作室在建设规划、人员构成、发展目标等方面要符合上级的建设要求。

由于批准建设名师工作室的教育行政部门级别不同，名师工作室的级别也不同，有的是国家或省级（自治区）级批准建设的，有的是地级市批准建设的，还有的是县级批准建设的。不同级别的名师工作室得到的资金支持也不同，以宁夏回族自治区名师工作室建设为例，自治区级名师工作室每年的工作经费为3万到5万元，而市级、县级的工作经费差别也是比较大的，与当地经济发展水平有很大的关系。这就导致在一个区域内存在的名师工作室的"贫富"差距比较悬殊，部分名师工作室开展活动的经费也是捉襟见肘，导致工作室的质量也参差不齐。

2. 学习共同体的学术自主性

名师工作室是在名师引领下的学习共同体组织，名师就是这一组织在学术方面的榜样和标杆。也就是说，一个名师工作室，在专业方面向什么方向发展、怎么发展，发展到什么程度，这都是由名师这个领衔人决定的，与名师的专业背景、专业功底、组织能力等方面有密不可分的关系。名师工作室虽然是由教育行政部门批准建设的，但是建成以后，在学术方面的发展是由名师工作室自身决定的。工作室的研修方式、工作室的凝聚力、成员之间的合作意识等因素都影响着工作室的工作质量。

总体来说，名师工作室是行政约束性和学术自主性的统一体，只有达到这两方面的高效融合，才能确保名师工作室的高效运行。

二、名师工作室面临的现实困境

1. 主持人遴选不准

一个工作室当中，名师是其主持人，也称为领衔人，其重要性也就不言而喻。但是在主持人的选拔培养过程中，也存在种种问题。有时候在选拔过程中，对主持人的专业素养考查不严，导致部分主持人无法指导工作室的工作；有的把工作室主持人当作一种荣誉，由行政领导或与学术无关的人员担任，强化了工作室的行政领导力，弱化了工作室的专业引领力。

2. 成员分布不合理

不同级别的名师工作室对成员的分布有不同的要求，一般省级工作室要求成员跨市域选拔，市级名师工作室要跨县域选拔，县级名师工作室要跨乡选拔。这样的选拔模式，能够达到为不同区域培养名师的目的，使名师工作室的辐射面更广，但也为名师工作室开展活动带来了很大的不便。比如，日前笔者组织开展了全县名师工作室送教下乡活动，也为各级名师工作室搭建了一个交流展示的平台，有一个自治区级名师工作室邀请其他县域的成员承担送教任务，但由于需要教育行政部门的沟通才能放行，导致成员无法参加这次活动。

3. 名师工作室分布不平衡

从地域的角度来说，由于受地方经济的支持力度和教育行政部门的重视度不同，名师工作室的数量、建设质量也有很大的差异。从学科方向来说，一个区域内大多数都存在名师工作室学科不全的现象，造成了区域内学科教师专业发展不均衡的现象。一般来说，有名师工作室的学科，教师的发展较快，领头拔尖的教师就相对较多。

4. 功利主义思想比较浓厚

一般的名师工作室，都承担着名师或骨干教师的培养任务，有一部分成员，就是奔着这个荣誉而来，只为了完成任务而参加活动，主动性、积极性不高，个人的专业发展理想不明确、专业发展动力不足。有些工作室，只是把工作室当作展示个人荣誉的一个场所，存在活动不实、闭门造车的情况。

5. 保障机制不健全

健全的机制，是保障工作室高效运行的先决条件。但是由于多方面的原因，名师工作室的保障机制方面还存在诸多的问题。有的工作室在成员研修方面没有明确的制度措施，造成工作室内不同地域、区域的成员开展日常研修活动存在种种障碍；有的工作室管理主体不明确，存在不同级别共建共管的现象，导致工作室管理混乱；有的工作室在活动资金、活动场所、设施设备方面得不到有力支持，导致活动无法开展。解决这些制约工作室高效运转的堵点问题，在当前显得尤为迫切。

下面是某一县域 2020 年名师工作室检查报告，从中也可看到当前名师工作室的生存状态。

【案例】××县 2020 年名师工作室检查报告

一、基本情况

目前，全县部分名师、名校长工作室由于主持人工作岗位变动等原因，工作室正在重建之中，其中××名校长工作室、××名师工作室正在购置工作室的相关硬件设施，相关制度正在完善之中。部分名师名校长工作室由于主持人的身体原因，无法正常开展工作，如××名校长工作室、××名师工作室。其他名师、名校长工作室硬件设施完备，有专门的工作场所，各项规划、制度比较齐全，也能够力所能及地开展各项活动。

二、工作室的亮点工作

正常开展工作的 9 个名师名校长工作室能够根据 2019 年工作室工作规划，进一步加强工作室自身建设，通过示范课、帮培教师、送教下乡等形式发挥工作室在培养培训方面的示范作用，能够积极开展课题研究，工作室成员能够积极参加各类教学比赛并取得较好的成绩。××名师工作室能够以课题为引领，组织成员积极参加"一师一优课 一课一名师"的磨课研课和区市县开展的各类竞赛活动，带头研究应用"互联网＋教育"在课堂中的应用，目前其工作室正在研究的区级课题四项、市级课题 3 项，2019 年共开展送教下乡活动 5 次，组织工作室 10 余人次参加全国及区级研讨活动，有多名工作室成员在市级"杏坛杯""五个百"比赛中获一等奖，工作室参与的研究2019年"全区第十四届小学数学优质课暨主题教研成果展示观摩研讨活动"中获一等奖。××名师工作室能够以教师专业能力建设为核心，以中青年骨干教师培养培训为重点，以课堂教学为主阵地，以课例研究为主要渠道，开展教育教学改革和教育科研工作，探究提高课堂教学有效性的科学途径和方法，组织名师工作室成员整合资源、采用师带徒、集中和分散、线上和线下相结合的培训形式，共同开展一系列研修活动。工作室成员成长目标明确，各项管理制度规范，网络名师工作室内容丰富，点击量高。工作室成员参与的全区第五届基础教育课题《信息化技术与数学课堂教学深度融合的研究》已经通过中期评估，现在顺利实施中，现有2篇研究成果发表在省级刊物上。工作室参与的研究在2019年在"全区第十四届小学数学优质课暨主题教研成果展示观摩研讨活动"中获二等奖。××名师工作室聘请全国知名专家赵炳庭老师为顾问，以名师为引领，以学科为纽带，以先进的教育思想为指导，努力将工作室建设成为"研究的平台、成长的阶梯、辐射的中心"；能够积极组织工作室成员学习，分享读书体会，购买各类书籍20余本；能够借助网络QQ群和微信以及"网络名师工作室"空间，有计划地开展研讨和讲座活动，2019年开展活动十余次；能够借力学校教研活动，积极参与，实现工作室活动与学校整体教研活动的有机融合。××名师工作室能够关注平时教学工作中突出的教学问题，针对问题及时进行反馈交流，撰写成教育小故事、教学反思、课（案）例、学习心得等，并能在工作室交流汇报；能够关注青年教师的成长，通过研磨、授课、说课、评课等环节，帮助成员在教学风格和特色上下功夫，形成自己的教学风格和教学思想。×××名师工作室各项规章制度和档案齐全，能够积极组织成员参加各类学习培训，并组织成员进行送教下乡活动，2019年有多名学员在市级"杏坛杯""五个百"比赛中获奖。××名校长工作室能按要求建立工作室，规划、制度、计划、总结齐全；能将工作室建设与学校文化建设、教研工作紧密结合，相互推动，以校本小课题研究引领学校的教研工作，使学校的教研工作焕然一新；能够通过工作室成员引领教师观念的转变，强化提升师德师风建设，促进课堂教学改革，推动教师专业发展。××名校长工作室采取"1+N"模式，以工作室牵头，在学校各个教研组成立了校级名师工作室，开展了"如何上好一节课"大讨论活动，在探讨中不断实践，工作室成员积极参加各项活动，有多人次在银川市"五个百"系列比赛中获奖。××名校长工作室能够积极组织成员，借助与兴庆区实验二小结成的"跨县域教研共同体"这个平台，开展校本课程的开发研究工作，并取得了初步的成绩。××名校长工作室的建设已初具模型，工作场所布置完成，并开始开展工作。

三、存在的问题

××县名师名校长工作室建设运行处于启动摸索建设阶段，虽已经取得了一定的成绩，但还存在好多问题，主要表现为以下几个方面。

1. 大部分工作室的目标定位不准，培养方向不明，看似干了好多工作，开展了好多活动，但形式大于内容，活动没有主线，没有形成系统性活动，研究主题没有实质性突破。名师工作室应该以培养成员成为将来的名师为方向，同时以工作室成员辐射带动周边教师的成长，要有学科定位和研究主题目标；名校长工作室应该以培养未来的名校长和后备干部为方向，专注于治校方面的培养和研究。

2. 大部分工作室在遴选成员时考虑不够周全，出现扎堆现象。有的工作室只选了本校成员，没有起到辐射带动的作用；有的工作室成员数量过多，达不到精准培养的目的（工作室成员一般在 10 人以内）；大部分名校长工作室成员为一线教师，研究的内容偏重学科方向，没有发挥名校长工作室应有的作用。

3. 大部分工作室成员的学习力不强，除了成员参加上级组织的培训以外，工作室集体学习时间安排不足，购买的专业书籍不多，成员读书交流的次数较少。

4. 工作室在示范引领和帮培教师方面发挥的作用不强。有部分工作室组织成员在校内进行示范课教学，部分工作室联系学校开展了送教下乡活动，但次数都比较少，有些活动只是流于形式，没有达到应有的效果。

四、发展建议

1. 各工作室主持人所在学校要进一步加大对工作室的支持力度，要提供专门的活动场所和必备的通信网络设备，并给予一定的经费支持，保证工作室的正常运行。各工作室成员所在学校要积极配合工作室的工作，保证成员学习和参加活动的时间。

2. 各工作室要进一步加强自身建设，完善工作室运行周期规划和成员培养方案，完善考核管理制度，要指导成员制定明确的专业发展规划，并扎实做好各项常规工作。

3. 各工作室要积极借助各种平台，在培养培训示范方面发挥作用。一是借助各级教育行政部门开展的各项活动，组织成员参加活动并帮助辅导周边的教师参加活动，扩大辐射面，增加活动效果。二是县城教师发展中心要给各工作室积极搭建平台，每年让各工作室承担一定的送教下乡和教研交流活动，让各工作室成员有成长的平台和机会，同时弥补县城教师发展中心教研力量薄弱、覆盖面不广的短板。三是工作室要积极和有需要的学校联系，自发性地开展各种帮培活动。

4. 各工作室要进一步加强课题研究，让成员在研究中成长。工作室要根据每个学员的专业发展规划和工作室目标定位确定研究方向，指导成员立足学校教育和学科教学，勤思考，善钻研，搜集归纳教育教学问题，开展小问题研究，确立研究课题，积极申报上级课题并进行研究，在研究中实践，在实践中反思，在反思中成长，力争在运行周期内完成研究任务，并尽可能利用各种渠道对研究成果进行物化推广。

第二节　名师工作室的发展建议

创建一流的名师工作室，为教师成长和发展提供一个更好的平台，更是为教育教学及其科研引领开辟一个新的渠道，以期达到在域内逐渐辐射带动、引领教师发展、提升教育质量的目的。根据当前名师工作室存在的现实问题，就工作室发展提出以下建议。

一、把握名师工作室的工作重点

名师工作室的工作重点是通过提高教育质量、创新教学方法、共享教育资源、促进教师专业发展、服务社会等方式，推动教育的发展和进步。

1. 提升教师教育水平

名师工作室的主要任务是提升教师的教学能力和教育水平，通过共同研究、共同教学、共同反思，不断提高导师和成员的教育教学水平。

2. 创新教学方法

名师工作室应积极探索新的教育教学方法，使用新的教育技术、开发新的教学资源、尝试新的教学策略等，并能将新的教育理念和方法应用到教育教学实践中，以提高教学效果和学习效果。

3. 共享教育资源

名师工作室应建立一个资源共享的平台，共享教学设计、课件、作业设计、优秀案例等研究成果，使所有的教师和学生都能受益。

4. 促进教师专业发展

名师工作室应提供教师专业发展的机会和平台，如提供培训、研讨会、教育研究等。

5. 服务教育发展

名师工作室应通过公开课程、讲座等方式，服务社会，推广优秀的教育理念和教学方法。

二、规范名师工作室建设

1. 选拔优秀的主持人

名师工作室的主持人是工作室的核心，他们需要有丰富的教学经验、高超的教学技艺和深厚的教育理论素养。同时，他们还需要具备良好的沟通能力、团队精神和创新精神。因此，在选拔时要制定科学合理的标准，争取把想干事、会干事、能干成事的名师选拔到主持人岗位，做到公平公正。

2. 建立合理的管理制度

名师工作室只是一个标志，不是主持人自己的事情，需要大家共建共享。工作室的生命力与成员的德育情怀相牵，与成员的工作经历相连，与大家的生命成长相系。工作室想要实现目标清晰、实践真实、反思进步的工作效果，就要使工作室不仅是理论提升的殿堂，也是经验分享的空间，更是艺术表达的舞台。为保证本工作室的正常、有序运转，需要制定相关制度，让全室成员遵照执行。名师工作室建设之初，就必须配套相关的管理制度，包括工作目标、工作任务、成员遴选和人事、财务、评价激励机制等相关制度，工作室内部也要有明确的人员分工，这样，才能确保工作室的工作有条不紊地进行。

3. 遴选适合发展的成员

成员是名师工作室日常运行的主要人物，他们的素质直接影响到工作室的运行效果。因此，不同级别的名师工作室在选拔成员时要按照培养目标制定适切的成员选拔标准，从成员的自我发展意愿、学科方向、地域分布、专业基础等方面制定明确的规定。

4. 制订合理的个人专业发展规划

工作室不仅要注重整体发展，还要注重成员的个人发展。工作室主持人要帮助每个成员制订适合个人的专业发展计划，明确成员的专业发展方向和目标，并能够提供专业发展的机会和平台，为成员实现个人目标注入工作室的力量。

5. 建立科学的考核评价机制

科学合理的考核评价机制是工作室高效运行的重要保障，考核评价的条款事关工作室的工作方向和工作质量。因此，考核评价制度必须与工作室的建设目标相一致，与当地教育发展的目标相一致，评价措施可操作，评价过程可视化，评价结果有用处，形成学研评一体化发展格局。这样，才能使工作室的工作有目标、不混乱。

三、完善名师工作室保障机制

1. 提供政策支持

当地政府和相关教育管理部门要将名师工作室建设纳入人才培养体系，在学术自主管理、成员遴选权限、工作经费使用、工作量核定、参加活动时间等方面提供必要的政策支持，以保障工作室的正常运行。

2. 提供资源支持

工作室开展工作的资源包括物质、人力、财力、信息、培训等方面。由于各个工作室的建设级别不同、工作条件不同、社会教育活动参与面不同，导致不同工作室获取相关资源的能力也存在很大差异。管理工作室的教育部门要针对不同工作室的实际情况，因室而异，尽可能提供相关的资源支持，这样才能确保工作室顺利开展各项活动。

3. 建立良好的沟通机制

工作室运行中的沟通包括外部沟通和内部沟通两个方面。外部沟通主要包括工作室与教育管理部门、相关支持单位或机构之间的沟通，是工作室运行的保障。内部沟通主要包括主持人与成员之间的沟通、成员与成员之间的沟通，是工作室凝聚合力、提高质量的重要手段。保持良好的沟通，可以及时了解工作室的运行状况，及时发现和解决问题，以保证工作室的正常运行。

4. 建立知识产权保护制度

工作室主持人和成员在工作室运行期间创造的知识产权归本人所有。在开发和共享教育资源的过程中，需要注意知识产权的保护，避免侵权行为。

5. 加强宣传推广

通过媒体、平台等多种渠道，宣传工作室的成果和先进事迹，提高工作室在社会各界的知名度和影响力，树立良好的社会形象。

6. 建立风险评估制度

在工作室运行过程中，需要评估可能出现的各种风险，如人员流失、资源不足、教育质量下降等，并制定相应的应对策略。

四、丰富名师工作室研修形式

1. 专业发展培训

通过校本培训、域内培训和赴外研修等培训方式，定期组织成员进行专业发展培训，提升成员的教育教学能力和专业素养。

2. 实践教学

开展域内校际交流，或者利用教育数字化模式，开展联合教研、教学类竞技比赛等活动，通过参与教学实践，成员可以在实践中提升教育教学能力，同时也能从名师的指导和反馈中学习和成长。

3. 学术研讨

采用"请进来"和"走出去"相结合的方式，组织学术研讨活动。可以邀请专家、名师进行授课和指导，提高名师工作室成员的教育教学水平。同时，要定期组织工作室内部的研讨交流活动，鼓励成员之间的交流与合作，促进成员共同进步。

4. 资源共享

利用国家中小学智慧教育平台和地方资源公共服务平台等渠道，建立一个工作室综合资源共享的平台，为成员建立一个网络的"家园"，鼓励成员在平台上共享资源、分享经验、交流心得，实现资源的优化配置和合理利用。

5. 导师指导

聘请域内专家或域外专家名师作为导师，对成员的教学工作进行指导，帮助他们提升教育教学能力。

6. 示范引领

名师工作室主持人通过举办示范教学、专题讲座等活动，展示自己的教学思想和研究成果，发挥榜样示范作用，引领工作室成员成长。

7.课题研究

围绕教育教学的热点难点问题，组织开展课题研究。通过研究与实践，探索有效的教育教学方法，推动教育教学改革，并通过课题驱动，促进成员成长。

8.对外交流

积极参与工作室外部的研讨交流、质量分析、政策研究等活动，与其他名师工作室建立合作关系。通过对外交流，拓宽视野，学习先进的教育教学理念和方法，提高名师工作室的整体水平。

9.反馈与评估

定期对成员的工作进行反馈和评估，帮助他们了解自己的优点和不足，提供改进的建议。

第三节　名师工作室发展现状调查案例

名师工作室当前的生存发展现状是多样化的，特别随着"互联网＋教育"以及当前教育数字化转型的发展，名师网络工作室也遍地开花。笔者分别对宁夏区域内的名师网络工作室和西吉县域内的实体名师工作室进行了调查，以期研究名师工作室存在的问题和破解策略。下面以案例的形式呈现调查结果。

【案例1】关于网络名师工作室应用情况的问卷调查报告

一、问卷形式

利用问卷星制作了《关于网络名师工作室应用情况的调查问卷》二维码，采取定向发放和利用微信朋友圈分享的方式，共计收到有效问卷320份。同时采取线上集中访问调查网络名师工作的方式，定期不定期地依托宁夏公共教育资源服务平台名师广场了解网络名师工作室的应用情况，全面了解当前学校网络名师工作室的真实水平及存在的问题，并根据调查结果分析存在问题的原因并提出相应改进措施。

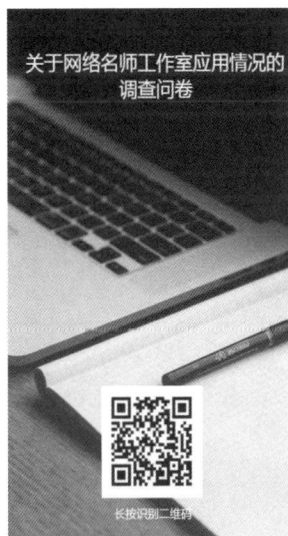

关于网络名师工作室应用情况的调查问卷

长按识别二维码

二、调查情况

1.调查位置分布

本次问卷面向全区，来自银川市、吴忠市、中卫市、固原市的网络名师工作室的主持人、成员、教师参加了网络问卷，参与面广，涵盖中小学各个科目的网络名师工作室应用与建设情况。

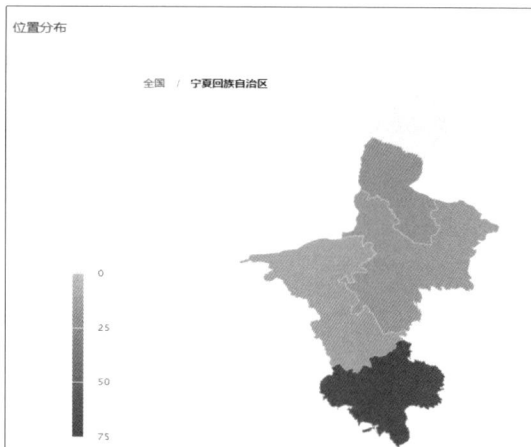

位置分布

全国 / 宁夏回族自治区

2.具体数据统计

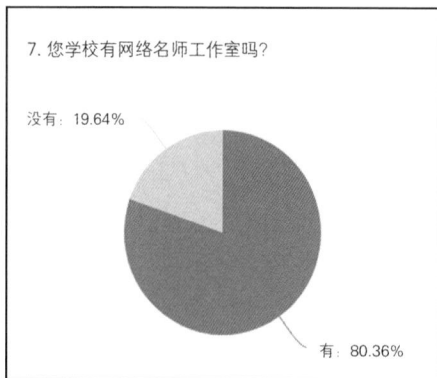

7.您学校有网络名师工作室吗？

没有: 19.64%
有: 80.36%

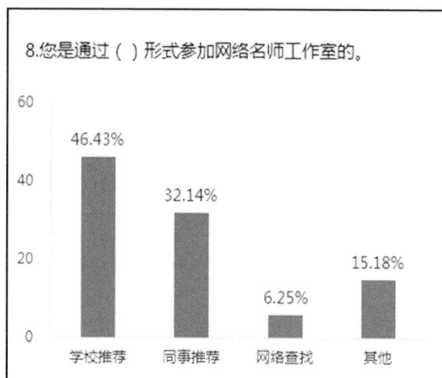

8.您是通过（ ）形式参加网络名师工作室的。

学校推荐: 46.43%
同事推荐: 32.14%
网络查找: 6.25%
其他: 15.18%

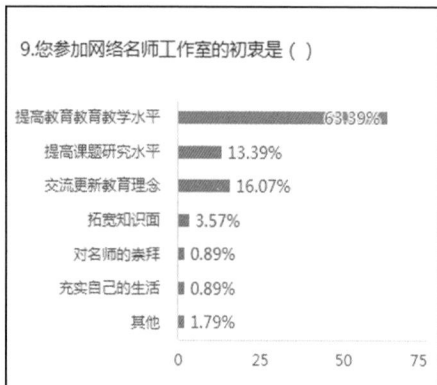

9.您参加网络名师工作室的初衷是（ ）

提高教育教育教学水平: 63.39%
提高课题研究水平: 13.39%
交流更新教育理念: 16.07%
拓宽知识面: 3.57%
对名师的崇拜: 0.89%
充实自己的生活: 0.89%
其他: 1.79%

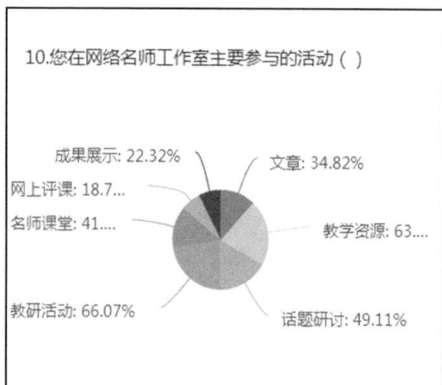

10.您在网络名师工作室主要参与的活动（ ）

成果展示: 22.32%
文章: 34.82%
网上评课: 18.7...
名师课堂: 41....
教学资源: 63....
教研活动: 66.07%
话题研讨: 49.11%

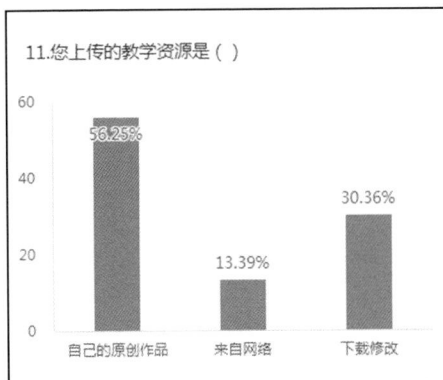

11.您上传的教学资源是（ ）

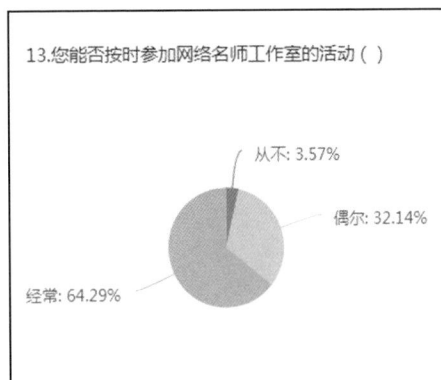

13.您能否按时参加网络名师工作室的活动（ ）

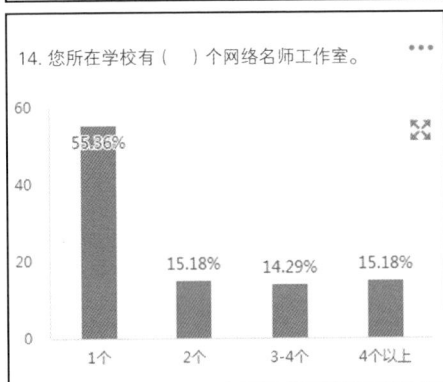

14. 您所在学校有（ ）个网络名师工作室。

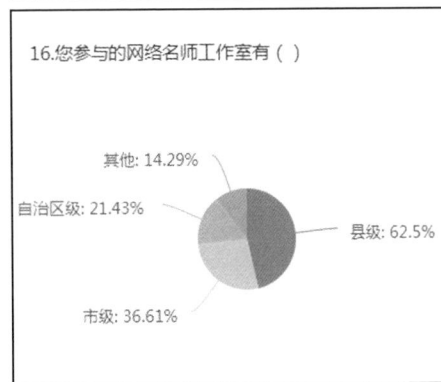

16.您参与的网络名师工作室有（ ）

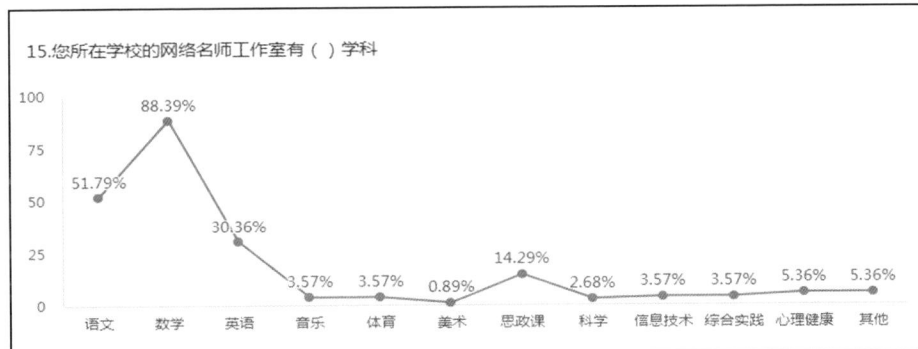

15.您所在学校的网络名师工作室有（ ）学科

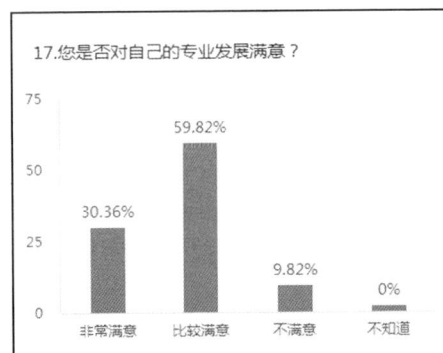

17.您是否对自己的专业发展满意？

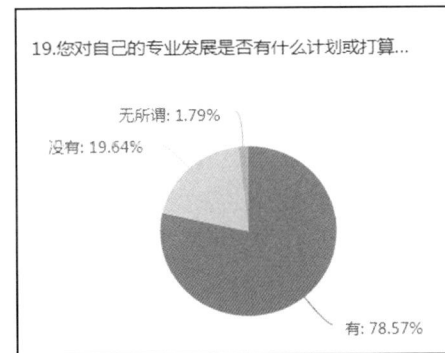

19.您对自己的专业发展是否有什么计划或打算...

21. 您认为网络名师工作室的活动形式对您专业发展比较大的，省先是（ ），其次是（ ），再次是（ ）

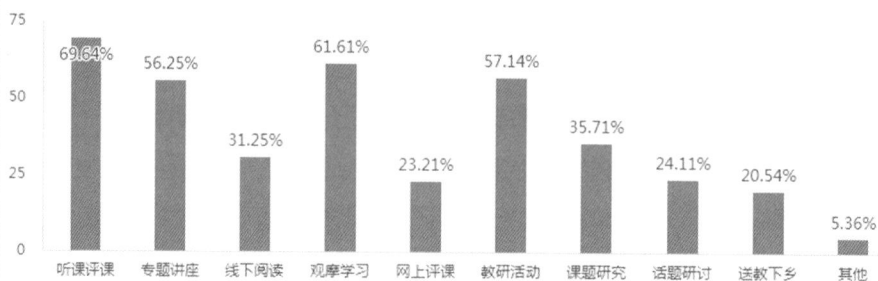

听课评课	专题讲座	线下阅读	观摩学习	网上评课	教研活动	课题研究	话题研讨	送教下乡	其他
69.64%	56.25%	31.25%	61.61%	23.21%	57.14%	35.71%	24.11%	20.54%	5.36%

22. 您认为网络名师工作室，对您的专业能力提……

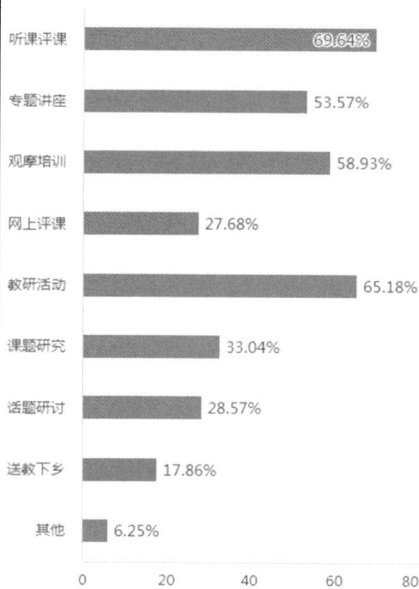

听课评课	69.64%
专题讲座	53.57%
观摩培训	58.93%
网上评课	27.68%
教研活动	65.18%
课题研究	33.04%
话题研讨	28.57%
送教下乡	17.86%
其他	6.25%

23. 根据您的专业发展和实际需求，您更愿意选……

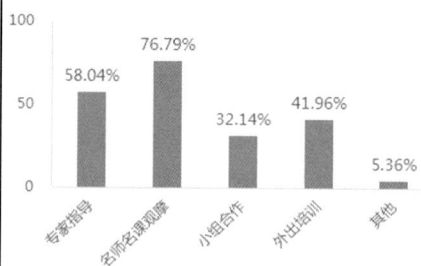

专家指导	名师名课观摩	小组合作	外出培训	其他
58.04%	76.79%	32.14%	41.96%	5.36%

24. 您所在的网络名师工作室是否建立激励机制……

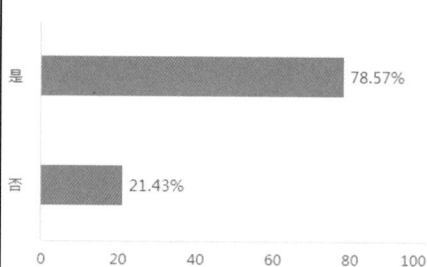

是	78.57%
否	21.43%

25. 您所在的网络名师工作室建立了（ ）激励机……

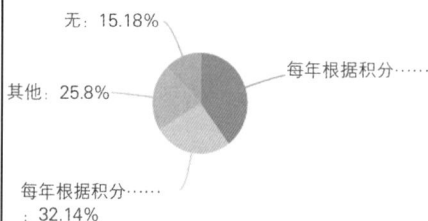

无：15.18%
其他：25.8%
每年根据积分……
每年根据积分……：32.14%

26. 您对目前网络名师工作室的建设和应用有何……

从调查情况可以看出，一是名师网络工作室发展迅速。教育工作者越来越意识到名师网络工作室的独特优势和重要作用，增加了对名师工作室建设的投入，工作室的数量不断增加。二是名师网络工作室涉及面广，分布均衡，协调发展。三是整体而言，工作室的建设重点在中小学阶段，大多数学校重视程度很高，但是投入相对较少。

近年来，宁夏在深化教育教学改革中高度重视名师工作室建设，不断加大建设经费和政策扶持，坚持以信息化支撑引领教育现代化，构建信息化教育教学环境。各市县（区）纷纷开展名师网络工作室项目建设，为本地区的教育发展注入了新的活力。自 2018 年 7 月宁夏获批建设全国"互联网 + 教育"示范区以来，宁夏教育信息化管理中心始终按照示范区建设规划和实施方案的要求，围绕互联网教育资源共享、创新素养教育、教师队伍建设、学校党建思政和现代教育治理五个方面全面开展工作。截至目前，宁夏建立了 484 个网络名师工作室、626 个网络教研社区，带动青年教师网上交流学习和专业发展。

三、数据分析

1. 教师在网络名师工作室主要参与的活动（可以多选）中，网络教研活动占 65.96%，共享教育资源占 62.77%，话题研讨占比 48.94%，名师课堂占 19.15%，可以看出大多数教师能紧紧依靠"互联网 + 教育"的优势，能不断主动发展，并积极参加网络名师工作室的各种活动。

2. 从教师上传的教学资源看，教师的原创作品占 55.32%，下载修改的占 32.98%，来自网络的占 11.7%，由此得知，网络名师工作室的资源建设的质量还有待提高，主持人对资源的审核比较宽松，致使资源的质量不高，无效资源较多，占用了工作室的储存量。

3. 从网络名师工作室是否建立了激励机制的统计数据看，每年根据积分高低由学校进行表彰的占 48.94%，每年根据积分高低县级教育主管部门进行表彰的占 29.79%，其他的占 25.53%，无激励机制的占 17.02%，激励机制的建立对提高教师参与网络名师工作室的积极性起到至关重要的作用，尤其是各级教育主管部门每年通过考核，对工作室贡献比较大的成员进行表彰，能激发教师的兴趣，带动更多的教师加入网络名师工作室。

四、网络名师工作室的平台功能分析

名师网络工作室很大程度上是依托网络平台展开活动的，因此平台的功能模块分类、设计成熟度就非常重要。通过对名师网络工作室的平台功能归类整理来看，比较完善的平台设计与使用应分为基础功能、业务功能和管理功能三大块。

1. 在空间模块，工作室的基本栏目（如工作室简介、团队风采、公告资讯）是必须有的，这是展示工作室风貌的"第一形象"。对于"成果展示""最新动态""最近访客""留言板"栏目，绝大部分工作室会设立，这也是网络工作室的优势所在，以实时和非实时形式记录工作室的运行轨迹。既体现了整体风格的一致性，又充分发挥了每个工作室的创造性，形成自己的独特个性。

2. 资源作为支撑工作室发展的重要因素之一，其内容质量好坏决定着工作室的水平高低。"名师课堂"主要包含：微课、公开课、示范课和汇报课，名师以其高超的教学技巧和课堂掌控力来达到教学目标，提高教学效果。学员通过仔细揣摩名师的授课过程，对照自身，发现问题，取长补短，实现质的飞跃。还有一部分工作室针对课程标准落地，研究考试出题点和解题技巧，改进后期的教学。

3. 学员在工作室不仅要学习实践性知识，还要努力成长为专家型教师，通过理论学习，将日常工作中出现的问题转化为可研究的课题，潜移默化中提高自己的理论水平，经过实践—理论—实践的循环反复，专业水平得到升华，职业满足感也逐步提高。

4. 活动方式多样以及活动频率适当是保持工作室活跃程度的重要因素。绝大多数工作室通过专家引领或外出学习的形式，转变学员的理念态度，接触到更多的前沿理论来指导教学工作。同时，我们也可以看到贯穿于学员在名师网络工作室学习全过程的"集体培训""教学论坛""感悟反思"有待提高和改进。所有成员只有不断学习、不断研讨、不断反思，才能够有所收获和成长。

五、存在的问题

1. 由于平台空间的容量有限，从而导致平台负载过大而不能满足教师上传资源的需求。这些问题直接影响到了名师与学科带头人的工作积极性。

2. 个别工作室只是有名无实，由于主持人工作比较繁忙，也无暇顾及工作室的活动开展情况；或是主持人确实很有名，但是该名师不具备管理一个团队以及领导他人方面的素质和技巧，致使工作室建设缓慢、内容匮乏、缺少活力、没有成效。我们都知道名师是工作室的总负责人，某种意义上说，名师的高度决定着名师工作室的高度。因此，这不仅在开始时要精选名师，还在后续工作中要将其作用最大化，想方设法激发名师和学员的热情和活力。

3. 通过对优秀的工作室进行对比分析，可以发现一些相同点：空间模块多样、资源精简优质、活动参与度高、工作有序高效。要想达到这种效果就必须保证各项工作责任落实到具体的人，保证事事有人做、人人有事做，打造责任明确、分工协作、沟通顺畅、执行高效的团队。

4. 工作室只是为了凑数，长时间没有动态，只在某几天内便堆砌了大量的资源，并且论坛和留言区的内容只是为了留下足迹，搞形式主义，没有实现交流讨论的目的。

六、结语

当前，在"互联网＋教育"背景下网络名师工作室已找到合适的土壤生根发芽，作为一种全新的模式其注定会具备独特的优势，但同时不可避免地存在很多不足。因此，我们更应该创新思维、大胆尝试，多维度地分析梳理网络名师工作室的发展现状，以此完善网络名师工作室这一教师在线成长的长效机制。

【案例 2】西吉县名师工作室线上线下运行管理情况调查问卷

一、调查提纲

为更好了解 ×× 县名师工作室建设、运行、实施情况及成效，进一步完善名师工作室运行机制，更好发挥名师工作室示范引领作用，特制作本问卷。请您予以配合调研、客观填写，真实反映名师工作室运行现状。本问卷只作调研之用，不记名、不作评价。在每题后面填写选项即可，请各名师工室给予大力支持！

（一）个人基本情况

1. 您所处的年龄段是

A. 30 岁以下　　　B. 30 ~ 40 岁　　　C. 40 ~ 50 岁　　　D. 50 岁以上

2. 您的职称是

A. 正高级　　　B. 副高级　　　C. 中级　　　D. 其他

3. 您任教的学段是

A. 小学　　　B. 初中　　　C. 高中　　　D. 幼儿园

4. 您任教的学科是

A. 语文　　　B. 数学　　　C. 英语　　　D. 道法

E. 科学　　　F. 物理　　　G. 化学　　　H. 生物

I. 政治　　　　　　G. 历史　　　　　　K. 地理　　　　　　L. 艺体

5. 您所处的学校是

A. 县城　　　　　　B. 乡镇　　　　　　C. 农村（村小）

6. 您曾获得的最高荣誉称号

A. 国家级荣誉称号　　　B. 省级荣誉称号　　　C. 市级荣誉称号

D. 县级荣誉称号　　　　E. 没有获得过荣誉称号

7. 您曾获得的最高专业奖励

A. 国家级　　　　B. 省级　　　　C. 市级　　　　D. 县级　　　　E. 校级

8. 您曾主持或参与的最高级别的课题研究情况

A. 国家级课题　　　B. 省级课题　　　C. 市级课题　　　D. 县级课题

E. 没有主持或参加过课题研究

（二）名师工作室建设、运行及成效情况

9. 你主持或所在工作室的级别是

A. 省级　　　　　　B. 市级　　　　　　C. 县级

10. 您在工作室中的身份角色是

A. 主持人　　　　　　B. 成员

11. 您最希望您在工作室中充当的身份角色是

A. 主力队员　　　B. 指导者　　　C. 观察者　　　　D. 配合者

12. 您所在的工作室是否建立了网络工作室？

A. 有　　　　　　　　B. 没有

13. 您所在的工作室有哪些网络交流平台？

A. 微信　　　B. 宁夏教育资源公共服务平台　　　C. 微信公众号　　　D. 其他

14. 您认为工作室多长时间举行一次活动为宜？

A. 一周　　　　B. 两周　　　　C. 一个月　　　　D. 两个月　　　　E. 半年

15. 您所在的工作室多长时间开展一次线下活动

A. 一周　　　　B. 两周　　　　C. 一个月　　　　D. 两个月　　　　E. 半年

16. 您所在的工作室多长时间开展一次线上线下同步活动

A. 无线上活动　　B. 一周　　　C. 两周　　　D. 一个月　　　E. 两个月　　　F. 半年

17. 您所在的工作室开展线上活动主要采取的形式是

A. 主题研讨　　B. 课例探讨　　C. 专题培训　　D. 专题讲座　　E. 无线上活动

18. 您认为名师网络工作室的运行效果如何

A. 很好，能展示工作室的整体动态和进展

B. 很好，提供了工作室成员交流的平台，并辐射引领外围成员发展

C. 一般，只有活动记录和简报，流于流水账模式

D. 没有有效利用，显得单薄、沉闷，纯粹是应付检查

19. 您认为名师工作室年度考核和周期考核评价项目可以包含

A. 教学实绩　　　B. 公开课或学术讲座　　　C. 听评课　　　D. 参加培训情况

E. 自我阅读提升情况　　　F. 参与课题研究情况

20. 您认为评价工作室成效最主要应该看什么？

A. 教学效益　　　B. 学生发展　　　C. 课题论文　　　D. 成员专业发展

E. 教学主张　　　F. 获奖表彰　　　G. 对区域教学教研的推动成效

21. 您认为工作室运行过程中需要加强对教学设计、作业设计、教学方法等日常教学工作的研究吗？

A. 非常有必要，这是赢得教师认可的最重要指标

B. 有必要，这样才能提高教学质量

C. 没有必要，这是一般教师做的事，对骨干教师来说应着重于专题和课题研究，会浪费时间

D. 有必要，但这种研究不能创新，否则会扰乱正常教学秩序 E. 有必要，但这种研究要有突破，如果不能突破就没有必要

22. 您认为工作室在"接地气"方面需要做出哪些努力？

A. 研究日常教学工作与一线教师共同完成，关注日常教学中的细节，为一线教师解决实际问题和难题

B. 以教育案例的形式，将一些教育理念和思想揭示出来

C. 指导一线教师形成自己的基本教学主张，走教师个性化发展之路

D. 指导一线教师进行课题研究和论文写作撰写调研报告，提高教科研能力

E. 以上课、评课、讲座的形式开展序列研讨活动，与一线教师交流互动

23. 您认为工作室的工作重点应定位在

A. 成员的成长　　　　B. 辐射带动一线教师的成长

C. 主持人的成长　　　D. 推动区域教学教研发展

24. 您认为工作室推动区域教育质量提升最有效的方式是

A. 个别指导　　　B. 主题研讨　　　C. 网络交流　　　D. 蹲点服务

E. 示范展示　　　F. 跟踪指导　　　G. 成员辐射　　　H. 汇报宣传

I. 其他

25. 您认为当前工作室的运行效果如何

A. 好　　　B. 较好　　　C. 实际作用没发挥出来　　　D. 耗时费力实效不大

26. 您对工作室开展的每次系列活动满意吗？

A. 满意　　　B. 较满意　　　C. 不满意　　　D. 说不清，不太好说

27. 课题、论文作为工作室运行成效的重要指标，您认为目前工作室成员的课题和论文还存在的问题有

A. 与工作室活动主题相关性不大　　　B. 质量不高，期刊发表的文章少

C. 主持人的成果多，成员成果少　　　D. 实践指导性不强

28. 您认为参加工作室对个人提升目标及计划的达成效果如何？

A. 达到要求　　　B. 部分达到　　　C. 不能达到

29. 您认为工作室制订的工作计划

A. 高效落实　　　B. 基本落实　　　C. 部分落实　　　D. 不能落实

30. 您认为工作室制订的活动方案及开展的活动有利于工作室成员的教育教学能力的提高及专业发展吗？

A. 作用很大　　　B. 作用不大　　　C. 感觉不到专业成长

31. 您认为工作室成员在参与工作室各项工作期间专业发展如何？

A. 有很大提高　　　B. 有所进步　　　C. 成效不明显　　　D. 没有效果

32. 您认为目前制约工作室运行成效的主要因素是

A. 上级资金投入不足，外出学习交流、展示机会少

B. 工作室凝聚力不足，缺乏认同感

C. 指导管理力度不足，成员没有更多发展

D. 与日常教学工作有冲突，学校不太支持　　　E. 其他（说明观点）

33. 您认为目前对工作室成果的宣传和辐射力度方面做得怎么样？

A. 工作室成果在主持人和成员所在学校得到推广

B. 还不够，影响力仅限于本工作室成员

C. 有名师网络工作室，既发展了内部核心成员，又辐射引领外围网络成员发展

D. 成果得到县级教育行政部门认可，并通过线上线下在县域内外推广

34. 您所在的工作室开展主持人及成员双向听评课活动的频次如何？

A. 每学期全覆盖 1 次　　　　　B. 每年全覆盖 1 次

C. 每年只能覆盖部分人员　　　D. 没有开展听评课活动

35. 您所在的工作室开展薄弱学校送教下乡帮扶指导活动吗？

A. 没有具体的联络学校，没有开展

B. 没有教育行政部门支持，不好开展

C. 对要送教的学校情况不明，效果不佳

D. 有具体的帮扶联络学校，经常开展活动，效果良好

36. 您所在的工作室承担过县级及以上课例研磨或示范展示活动吗

A. 经常承担　　B. 偶尔承担　　C. 没有承担　　D. 工作忙，无法承担

37. 您所在的工作室和县域内外其他工作室开展交流活动吗

A. 没有组织者，无法开展　　　B. 自己联系，偶尔开展

C. 通过线上线下经常开展　　　D. 找不到开展对象，没有开展

38. 总的来说，您对您所在的名师工作室满意程度是

A. 满意　　　B. 比较满意　　　C. 不满意　　　D. 不好评价

39. 您认为有必要成立县级工作室联盟吗？

A. 非常有必要，可以促进工作室协同发展

B. 可有可无，自己说不清楚

C. 没有必要，只是增加额外负担

40. 您认为名师工作室想要更加高效运行，需要关注哪几个方面的问题？有哪些针对性策略和建议？（请如实写下您的想法）

二、案例分析报告

为全面了解 ×× 县名师区域分布、学科分布和名师工作室建设、运行、实施情况及成效，不断完善名师工作室管理考核办法和运行机制，充分发挥名师工作室示范引领带动作用，助力教师专业成长，推动课堂教学模式变革，课题组就"西吉县名师工作室线上线下运行情况"制作了调查问卷。

调查问卷共设置 2 个部分，40 道小题。第一部分为个人基本情况，共 8 个小题，为客观题，用于了解受访教师的工作区域、教龄、学科、学段、学历以及个人专业发展情况等信息；第二部分为名师工作室建设、运行、管理及成效情况，共 30 个小题，用于收集受访教师所在工作室基本情况、线上线下活动开展、促进成员

专业发展、管理考核、引领带动作用发挥以及对工作室工作的满意度和今后工作的意见建议。调查问卷通过宁教云问卷星发放，西吉县名师工作室主持人及成员填写，共收到问卷 129 份。

（一）基本情况

1. 工作室人员组成情况。××县各级各类名师工作室主持人年龄在 40~50 岁之间占 85.71%，47.62% 的为副高级职称；57.14% 的任教学段为小学，占比最高，初中、高中、幼儿园学段依次递减；任教学科主要集中在语文、数学、英语三科，占比 85.7%；95.24% 的工作室设立在县城学校，71.43% 的主持人参与过省级和国家级课题，85.72% 获省级及以上专业奖励。

工作室成员年龄在 30 ~ 50 岁之间的高达 93.52%，94.44% 的人为副高级以下职称；60.19% 的任教学段为小学，占比最高，初中、高中学段依次递减；任教学科主要集中在语文、数学、英语三科，占比 79.63%；85.19% 的工作室成员在县城学校，56.48% 的人未主持或参加过课题研究，88.89% 的人获过县级及以上专业荣誉。

总体来看，××县各级各类名师工作室主持人和成员年龄普遍在 50 岁以下，大部分主持人获得过省级及以上专业奖励，主持或参与过省级和国家级课题。从数据来看，主持人和成员年龄结构合理、富有活力，正处在精力旺盛和经验丰富的阶段，工作室主持人普遍具备较高的专业素养和学术水平。可以预见，××县各名师工作室未来具有广阔的发展前景。

2. 工作室活动开展时间。23.26% 受访者认为工作室每两周举行一次活动为宜，52.71% 的认为一个月举行一次活动为宜；工作室开展线下活动时间间隔为一周、两周、一个月、两个月、半年的分别占 14.73%、24.81%、43.41%、10.08%、6.98%。

3. 工作室工作成效。51.94% 的受访者认为工作室的运行效果好，34.88% 认为较好；对名师工作室满意和比较满意分别为 64.34%、29.46%，71.32% 的受访者对每次系列活动满意，22.48% 的为比较满意。数据反映出，受访者对工作室运行情况整体满意度高，绝大多数人认可工作室当前开展的各项活动。

4. 工作室管理方面。有 81.4% 的受访者认为有必要成立县级工作室联盟，53.49% 的工作室能通过线上线下方式和县域内外其他工作室经常开展交流活动；54.26% 的工作室成员在参与工作室各项工作期间专业发展有很大提高，37.98% 认为有所进步；82.95% 的受访者认为工作室制定的活动方案及开展的活动有利于工作室成员的教育教学能力提高及专业发展。数据反映出，当前全××县工作室内部管理制度比较完善，发展规划比较合理，工作落实情况较好，能有效促进工作室成员专业发展，同时也能很好发挥工作室的示范引领带动作用。

5. 送教下乡活动开展情况。在工作室开展薄弱学校送教下乡帮扶指导活动方面，18.6%的工作室没有具体的联络学校，没有开展送教活动；17.05%认为没有教育行政部门支持，不好开展；12.4%工作室对要送教的学校情况不明，效果不佳；51.94%的工作室有具体的帮扶联络学校，经常开展活动，效果良好。

6. 工作室开展活动的形式和内容。在推动区域教育质量提升最有效的方式上，80.62%的受访者选择了主题研讨，71.32%的受访者选择了示范展示。这两种活动辐射面大、针对性强、时效性高，应成为今后各工作室重点工作内容。

（二）问卷反映的主要问题

1. 不均衡情况比较突出。各工作室主持人和成员学科主要为语文、数学、英语三科，学段主要在小学，且绝大部分在县城学校任教，表现为学科分布不均、地域分布不均、学段分布不均。

2. 辐射作用还有待提高。62.02%的受访者认为工作室成果在主持人和成员所在学校得到推广和宣传；45.74%的认为影响力仅限于本工作室成员，辐射力度不够；43.41%的认为通过名师网络工作室，既发展了内部核心成员，又辐射引领外围网络成员发展；17.05%的认为成果得到县级教育行政部门认可，并通过线上线下在县域内外推广。

总体来说，各工作室辐射作用发挥还不够，虽然部分工作室能通过线上线下的方式开展活动，提高辐射范围，但很大比例的工作室成果仅限于工作室所在学校和成员所在学校，没有很好地发挥工作室示范引领辐射作用。

3. 对工作室支持力度还不够。目前制约工作室运行成效的主要因素仍是上级资金投入不足，外出学习交流、展示机会少。此外，工作室内部管理和成员发展方面还需大力完善优化，提高工作规划落实能力，更大限度发挥工作室作用。

（三）对名师工作室发展的几点建议

名师工作室开辟了一条教师专业发展的新路径。建设好名师工作室，就要充分发挥工作室传帮带作用，壮大中小学骨干教师和领军人才队伍；就要充分发挥名师示范引领带动作用，为所在地教育发展服务，促进教育教学质量提升。

1. 优化完善工作室管理体制

要以提高工作室工作实效为出发点和落脚点，整合全县各级各类工作室资源，从管理运行体制机制破题，建立"互联网＋教育"背景下全县各级各类名师工作室线上线下联动、高效、顺畅的管理体系，严格执行区、市、县各级各类工作室管理办法，实现名师工作室规范、高效运作。一是成立名师工作室工作领导小组，由县教育体育局局长担任组长，县教育体育局分管领导担任副组长，人事室、财务与项目室、教师发展中心主任和各工作室落地学校（园）校（园）长为成员，细化任务，明确职责，统筹协调全县各工作室总体工作。二是整合全县各级各类名师工作室，在全县名师工作室工作领导小组的领导下，组建西吉县名师工作室联盟，建立县域内工作室集中统一管理新体制。联盟设主席、副主席，成员若干，定期召开工作室联盟会议，统筹协调各项工作，既突出各工作室特色，又协调有序形成工作合力。三是优化工作室内部运行机制，激发名师工作室活力，如建立日常工作机制、教学活动机制、科研活动机制以及青年教师培养机制，形成主持人和成员分工合理、职权明晰、工作室发展规划科学合理的工作室规章制度，为工作室高效运行提供制度保障。

2. 明确工作室的职能作用

各工作室要以实施"六个一"为主要目标，明确发展方向，制定发展蓝图，努力在工作实绩上不断取得新突破。一是培养一个专家。各级名师工作室主持人属于教师队伍中的"关键少数"，名师工作室不仅要充分发挥名师的示范、引领、辐射作用，还要促使"关键少数"成长为教育专家。二是带动一门学科。名师工作室成员要充当学科发展的排头兵，勇立学科发展前沿，了解本学科（领域）最新研究成果，掌握发展动态，推动本学科始终紧跟教育发展步伐。三是引领一个团队。"课堂、课程、课题"是学校发展的原动力，是教师专业成长的关键，是引领名师工作室专业发展的重要抓手。各名师工作室要以课堂、课程、课题为载体广泛开展教学研讨、课例研究、送教送培等活动，引领团队成员专业成长。四是建设一批资源。名师工作室是优秀课程资源的汇聚地。特别是在数字化时代背景下，名师工作室围绕新时代教育教学改革新要求，集群研发系列化、系统化的课程内容、活动设计、教学片段、作业设计等数字化课程资源，为全县优质数字教育资源建设做出示范。五是结出一批成果。物化的成果（教学成果和教育科研成果）更能产生持久、广泛的引领示范效应。工作室要将团队的教育智慧和实践探索融合起来，把对教育教学实践探索上升为理性认知，以案例、论文、报告、专著等形式呈现教学和科研成果。六是辐射一个区域。名师工作室要借助网络覆盖面大的优势，大力开展线上线下同步的送教下乡、送培到校、专题讲座、教师培训活动，辐射一个区域，让更多教师和学生受益，吸引一批一线教师成为名师工作室的追随者和教育理念与实践的认同者。

3. 加大工作室支持和激励力度

强有力的外部环境和政策支持是名师工作室健康运行、发展的前提、基础和保证。人事、财务、教研等部门要在资金、项目管理、教研活动策划及组织、网络工作室的建设及管理、教师培训等方面给予工作室全面支持，加强管理和业务指导，为工作室开展工作创造良好的外部环境。工作室落地学校（园）要为工作室提供办公场所及必要的办公设施设备，并在时间、场地、资金等方面给予支持。工作室主持人及成员所在学校（园）要将名师工作室活动纳入学校工作量计算，保证名师工作室统一活动的时间，在外出培训学习、学术研讨活动中优先选派名师工作室成员，将名师工作室工作业绩和成果纳入学校年终考核、评优选先，提高工作室成员工作积极性。

4. 加强名师工作室成果宣传

名师工作室的发展壮大和作用发挥离不开优秀教师的加入和广大教师的支持。因此要通过校（园）长会、教育教学会、教师培训、各类教研活动等，大力宣传名师工作室在教师专业发展、教学思想交流、教学改革试验、教学成果产出、教师培训、提高教育质量、助推教育改革等方面的重要作用，让教师知晓名师工作室的价值和意义，吸引更多优秀教师加入名师工作室，形成教师普遍认同、支持、参与名师工作室工作的良好氛围。

5. 严格工作室考核评价

建立行之有效的考核评价机制是名师工作室高效运行的保证。县级教育行政部门要以区、市、县各级各类名师工作室管理考核办法为依据，对各工作室工作开展情况进行定期考核，将过程性评价与终结性评价结合起来，将激励性评价与甄别性评价结合起来，将工作室的整体考核与个人的考核结合起来。各工作室要建立各具特色的内部工作绩效考评机制，并与教育主管行政部门对名师工作室整体综合考评有机结合，激发每个成员成长的内在动力，促进名师工作室高效运行。

第三章　名师工作室建设路径

　　名师工作室建设是一项系统的工程，每一个环节都直接影响着工作室后期的运行质量。工作室建设包括名师培养、名师工作室组建两个方面。名师培养一般包括培养对象的选拔、培养方案的制定、培养过程的实施、培养结果的考核认定等流程；名师工作室组建一般包括主持人遴选、工作室成员遴选、场地建设、命名挂牌等多个环节。只有建设起工作室的整体框架，才能为工作室安下一个稳定的"家"。

第一节　名师培养

组建名师工作室，首先得有名师。名师的来源是多层面的，一般来说，特级教师、拔尖人才、享受政府津贴的专家等都是大家公认的名师。但这样的人才少之又少，特别对于一个县域教育系统来说，简直是凤毛麟角。在很长一段时间里，大多数人把地级市一级及以上的骨干教师、学科带头人也称为"名师"，但从近几年遴选名师工作室主持人及各类比赛的相关文件来看，"骨干教师"和"名师"是完全不同的两个概念，"骨干教师"基本成了遴选"名师"培养对象的一个条件。

以宁夏回族自治区教育厅的有关文件为例：

【案例1】《自治区教育厅关于组织实施自治区级名师工作室主持人、乡村教学名师和自治区级骨干教师培养对象培养工作的通知》中提出了这样的目标任务。

1. 自治区级名师工作室主持人。2021年启动培养，培养周期为1年。培养周期内，帮助参训名师掌握工作室开展工作的方法路径，制定名师工作室工作计划，探索形成"名师带徒弟"的培训模式，提升名师工作室主持人对教师专业发展的指导、支持、提升和优化等能力。培训结束经考核合格后，将命名建立自治区级名师工作室。

2. 乡村教学名师培养对象。2022年启动培养，培养周期为2年，培养周期内，将采取理论学习、课题研究、跟岗实践等方式，重点突出在师德师风、教育理论、课堂教学、班主任工作、课题研究、主持人工作策略等方面进行培训。培养结束经考核合格后，将命名为自治区级乡村教学名师，并建立自治区级乡村教学名师工作室。

3. 自治区级骨干教师培养对象。2021年启动培养，培养周期为2年，培养周期内，为每名培养对象选派理论和实践导师，针对师德教育、理论学习、课题研究、实践提升、成果发表等目标任务，分年度组织开展理论学习、实践指导、名校访学、示范提升、成果推广等培训研修活动，帮助培养对象提升教育教学水平。培养结束后通过考核答辩、成果展示，合格者将被认定为"自治区级骨干教师"。

【案例2】宁夏回族自治区教育厅《全区第一届中小学教师课堂教学"四课"比赛实施方案》中对赛课类型进行了这样的分类：

1. 新入职教师达标课。新入职教师能适应新时代课堂教学新要求，加快形成课堂教学基础能力。达标课侧重评价课程标准是否掌握；教材理解是否准确；重点是否突出、难点是否突破；教学方式方法是否恰当；学生发展观是否形成；课堂组织是否有序；教学基本功是否扎实；教学环节是否完整；信息技术应用是否熟练；教学评价是否恰当等。参赛对象为入职3年（含3年）以内的教师。

2. 学科教师优质课。学科教师能树立正确的育人观和科学质量观，深刻准确把握教学规律，提升课堂教学水平和学科育人能力，力争成长为骨干教师。优质课侧重评价课程标准是否熟练掌握；教材理解是否深刻；教学方式方法是否优化；是否善于指导学生自主学习、合作学习、探究学习；学科核心素养、知识体系、主干知识是否落实；课堂组织是否高效；教学基本功是否扎实；信息技术融合应用是否适切；作业设计能力是否全面；教学评价是否恰当等。参赛对象为入职3年以上的教师。

3. 骨干教师示范课。骨干教师能深刻挖掘教学中本质性、规律性、发展性问题，创新性解决并应用于课堂教学之中，能思考探索前沿课程教学理念和思想，推动课堂变革。示范课侧重评价教师课标理解是否深刻；学科核心素养是否高效落实；是否解决学科共性问题、关键问题；教材处理是否独到；学生认知、思维是否得到发展；作业设计是否优化；教学经验是否可推广、模式是否可借鉴、方法是否可迁移等。参赛对象为县（区）级及以上骨干教师。

4. 教学名师精品课。教学名师能基于学科课程标准，能深度探索教学规律，教育教学理念先进，教学风格鲜明，教育境界、教学成果、育人成效显著。精品课侧重评价教学是否具有代表性；教学风格是否形成；是否体现课程新理念、展示新成果、开拓新领域、推广新模式、应用新技术等。参赛对象为县（区）级及以上教学名师、国家及自治区政府特殊津贴专家、塞上英才、特级教师、青年拔尖人才等，同时具有骨干教师和教学名师身份的，参加教学名师精品课比赛。

从以上案例可以看出，要组建名师工作室，培养名师就成了第一步要做的工作。没有名师，组建的名师工作室也就名不正、言不顺。

名师培养一般要按照名师培养对象的选拔、培养方案的制定、培养过程的实施、培养结果的考核认定等程序进行。

一、名师培养对象选拔

不同级别的名师培养对象都有不同的选拔标准，一般国家级、省级名师培养对象的要求比较高，而市、县级名师培养对象的选拔要求相对较低。

【案例1】《自治区教育厅办公室关于遴选自治区级名师工作室主持人、乡村教学名师和自治区级 骨干教师培养对象的通知》中评选条件是这样要求的：

（一）基本条件

1. 全面贯彻党的教育方针、政策，热爱教育事业，具有强烈的事业心和责任感，具有高尚的道德品质，具有创新精神和改革意识，教书育人，为人师表。

2. 具有扎实的专业基础知识，掌握与学科相适应的教育学、心理学和新媒体教学技能，善于学习先进教育教学理念，具有科学的教育观、学习观和学生观。

3. 具有扎实的教育教学基本功，善于使用先进教学手段创新教学方式，教学成绩优异，教学水平得到学生高度认可，在本学科教育教学领域及改革实践中发挥模范带头作用，在学科教学、科研中有一定建树，能形成和发展自己的教育教学风格或专长。

（二）具体条件

1. 自治区名师工作室主持人培养对象候选人年龄原则上在 55 岁以下，需具备以下荣誉之一：国家"万人计划"教学名师、教育部领航校长、国务院政府特殊津贴获得者、自治区政府特殊津贴获得者、塞上英才、特级教师、塞上名师、313 人才、青年拔尖人才等，符合条件的往期塞上名师工作室主持人和乡村教学名师工作室主持人可继续申报。

2. 自治区乡村教学名师培养对象候选人原则上年龄在 50 岁以下，具备自治区级骨干教师资格。在农村支教符合条件的自治区级骨干教师可申报"乡村教学名师"培养对象，认定后须坚持在农村学校工作 3 年以上。

3. 自治区级骨干教师培养对象候选人原则上年龄在 45 岁以下，具有市级骨干教师资格。推荐的候选人一线教师比例不低于80%，乡村教师比例要略高于本地区乡村教师占比。

【案例2】《自治区教育厅办公室关于开展中小学（幼儿园）创新素养教育"名校长工作室"建设的通知》对主持人培养对象提出了这样的要求：

（一）基本条件

1. 忠诚党的教育事业，执行党的教育方针，模范履行校长职责，有良好的师德师风和较高的社会知名度，师生爱戴，社会认可度高。

2. 担任校（园）长管理岗位6年以上，有多校任职经历，并具有相应系列副高级以上专业技术资格，任职期间个人没有违反国家、自治区师德师风相关规定行为，学校没有发生过重大责任事故或因办学行为不规范造成不良社会影响。

3. 始终坚持教育教学管理研究，教育教学工作每周任课时数不少于专任教师周课时数的1/3。

（二）具体条件

1. 创新素养教育成绩显著。能够组织学校教师大胆实践、勇于创新，有先进的创新素养教育教学理念，对学生综合素质评价有深入挖掘和研究，并在教学中已形成本学校独特的课程体系等。

2. 创新素养教科研成果突出。多次承担地市级以上教育部门立项的创新素养教育教学科研课题研究，取得较高水平的研究成果，科研成果对全区基础教育教学改革有一定的推动作用；在自治区级以上公开刊物发表有较高学术价值和良好社会效益的学术著作不少于2篇。

3. 引领创新素养教育科学发展，在教育教学改革实践中具有带头示范作用，并将继续致力于创新素养教育的研究，争做一名学习型、研究型、创新型校长。

【案例3】宁夏回族自治区《固原市"名师名校名校长"培育工程实施方案》对名师名校长培养对象提出了以下条件。

（一）名师名校长基本条件

1. 政治素质：全面贯彻落实党的教育方针政策，教学理念先进，改革创新意识强，教书育人，为人师表，师德高尚，爱岗敬业。

2. 资格条件：男性校长和教师年龄在50岁、女性年龄在45岁以下，中学教师具有本科及以上学历，小学（幼儿园）教师具有专科及以上学历；且中学教师具有高级教师、小学（幼儿园）教师具有一级教师及以上职称；市级以上骨干教师，中小学特级教师在同等条件下优先选拔，校长需任正职校长5年以上。

3. 能力素质：具有先进的教育教学理念，学科教学在区域内领先并具有扎实的理论功底和丰富的教育教学经验，且业绩突出。

4. 管理素质：重视理论学习和科学研究；重视德育工作，积极参与课程改革，推动课堂教学创新；重视学校文化建设，善于团结协作，办学有特色，管理有创新，能在同类学校中起示范带动作用。

（二）名师名校长业绩条件

近10年来，符合下列5项条件中的两项。

1. 有自己独创的教育管理或教育教学方法，取得显著教育教学成绩，或2次及以上在市级以上各类培训班开展专题讲座，并产生广泛影响（市以上教育部门出具证明）。

2. 在市级及以上教育类刊物（含固原教育）上独立发表教育教学论文3篇及以上，或出版教育类学术著作1部以上（含合著第一作者），教研员每年论文不少于1篇。

3. 获得过地市级及以上表彰1次和县级两次的"优秀教师""优秀教育工作者"，或评为市级及以上骨干教师、学科带头人。

4. 主持过的市级及以上教育教学科研课题，经专家鉴定具有一定的应用价值。

5. 在市"五个百活动中"获一等奖3项，在自治区基础教育科研成果获二等奖以上1项，在国家级教育科研等获三等奖及以上1项（教育行政部门组织）。

有悖下列师德行为之一者，不得评选。

1. 受到党纪、政纪处分未撤销者。

2. 管理不善、不服从组织分配，无故拒绝承担教学、教研、班主任等工作，工作严重失职者。

3. 作风不正派，有侵害学生等行为发生，并对学生身心健康造成危害的。

4. 言行不文明，或借助互联网、手机等工具故意散布或发表违法、有害和低俗信息，且造成不良社会影响者。

5. 乱收费，进行有偿家教，或未经允许擅自到校外兼课取酬等行为且造成恶劣影响者。

6. 对学历、资历、教育教学成绩及学术成果等弄虚作假者。

7. 参与赌博、传销、封建迷信等活动，且造成不良社会影响者。

二、制定名师培养方案

名师培养对象选拔好之后，就要制定科学合理、切实可行、紧贴培养意图的名师培养方案。培养方案一般包括培养目的、培养周期、培养方式、考核认定等内容。下面以宁夏回族自治区固原市"六盘名师名校长"培养方案进行说明。

【案例】固原市"六盘名师名校长"培养培训方案

根据中共固原市委组织部、市教育体育局、市财政局、市人力资源和社会保障局《关于印发〈固原市"名师名校名校长"培育工程实施方案〉的通知》的安排部署，结合工作实际，制定本方案。

一、培训目标

利用3年时间，努力培育一批师德高尚、业务精湛、业绩卓著、群众公认的教学名师，造就一批政治过硬、品德高尚、思维新、善管理、创新意识强、办学治校有特色的名校长，在全市教育改革发展中发挥示范引领和辐射带动作用。

二、培训对象

中共固原市委组织部、市教育体育局、市财政局、市人力资源和社会保障局确认的固原市"六盘名师"培育对象100人，固原市"六盘名校长"培育对象30人。

三、培训内容

以习近平新时代中国特色社会主义思想为指导，围绕师德修养、现代教育管理、教师专业化发展、教育教学改革、信息技术与学科教学深度融合、教育科研等六个模块为主要内容设计培训方案，着力培育一批研究型、专家型、学者型的"名师名校长"，形成具有当地特色的教育教学模式和管理风格。

四、培训形式

集中研修与自主研修相结合，专家引领与跟岗实践相结合，学习实践与教育科研相结合。

五、培训安排

分六个阶段进行。

第一阶段：集中学习。

制定培养培训方案、培训研修手册、培训管理制度等，聘请国内知名专家，在教育理论、教育管理、教学方法等方面进行集中培训，完成理论与技能培训，确定研究课题并开题。研修时间为4天，共32学时。

第二阶段：教育科研。

培育对象根据课题研究指南，结合学校管理和教育教学实际，围绕教育改革的重点、难点、热点问题，在导师指导下分层次、分类别开展课题研究，撰写课题研究论文，主持或参与市级及以上课题研究。培育对象参加每年的"名师名校论坛"，展示阶段性培养成果，向市级教育主管部门提交一份教育教学或学校管理调研报告或建议。

第三阶段：自主研修。

培养对象制定自主发展规划，自主阅读师德修养、现代教育理论、现代教育技术、教育教学改革等方面的书籍，勤记读书笔记；在市、县（区）、校三级每年上示范课或开展专题讲座 2 节以上。

第四阶段：外出研修。

组织"名师名校长"培育对象参加区内外高级研修，进行跟岗实践 1 周，共40 学时。

第五阶段：学习实践。

组织"名师名校长"培育对象在市域内学校交流挂职研修锻炼，开展"传、帮、带"活动，强化实践培训。

第六阶段：全面总结。

建立健全培训档案，对培育对象进行综合考核，全面总结培训工作。培训考核工作重点通过过程性考核与综合考核相结合的办法进行，按照百分制进行考核，综合考核成绩达到 85 分及以上视为合格。

1. 集中学习 10 分，由承担集中培训的教育培训机构进行量化考核，包括学习期间的表现（如学习态度、听课笔记、出勤情况等）占 40%，课程考核占 60%。

2. 教育科研 30 分，主要依据培育对象撰写的课题研究论文、主持或参与的课题研究、参加每年的"名师名校论坛"交流、提交的教育教学或学校管理调研报告或建议等发表、获奖、交流级别等情况，由培育对象提供材料，市教育体育局教师工作科和师资培训中心进行量化考核。

3. 自主研修 30 分，包括所在学校鉴定占 30%，所在县（区）教育主管部门依据上示范课或开展专题讲座情况考核占 70%。

4. 外出研修 10 分，由承担高级研修的教育培训机构进行量化考核。

5. 学习实践 20 分，由交流挂职所在学校进行量化考核。

六、培训管理

1. 强化培训管理。培训工作在市教育体育局领导下，由教师工作科和师资培训中心组织实施，进行日常管理和培训考核。考核实行积分卡制度，请"六盘名师"和"六盘名校长"培育对象妥善保管好自己的积分卡，在每次培训学习期间随身携带，方便积分记录。

2. 实行导师制。每位培育对象在宁夏师范学院或市内塞上名师、六盘名师、自治区级骨干教师中自主选择聘请一名导师，对自己在培训期内各类研修活动进行全程指导，重点指导示范课和课题研究。

3. 加强督查指导。市、县（区）教育行政部门和培训机构要为相应的"名师名校长"培育对象建立考核档案，每年对培育对象的履职情况进行考核，考核结果报市教育体育局师资培训中心，作为培育对象的综合考核依据之一。要加强对培养培训工作的督查、指导，促使培训工作扎实开展。

4. 相关学校要为培育对象搭建良好的发展平台，保证离职培训时间，提供在岗实践和课题研究便利条件，进行岗位实践考核。

案例分析：《固原市"六盘名师名校长"培养培训方案》非常全面地对"六盘名师名校长"培养画出了路线图和指标线，培养目标明确，培养步骤清晰，培养措施全面。特别在培养措施的制定方面，把个人自学和集体同学相结合，把理论学习和实践总结相结合，培养对象既有上接理论"灵气"的机会，也有下接实践"底气"的场所，通过这样的培养能够达到综合提升的目的。

三、名师培养过程的实施

名师培养过程实施是按照培养方案实施培养的过程。如果说培养方案是为名师培养画出了蓝图的话，那培养过程就是把蓝图付诸实践的过程。只有培养过程扎实，才能达到预期的培养效果。名师培养过程中要注意以下几个方面的事项。

1. 严格落实培养方案

培养方案是经过前期调查、认真考量制定出来的为达到培养预期效果的路线图，每个环节都是紧密相连的。因此，要将培养方案列出的时间表细化每一个环节培养措施，步步为营，稳扎稳打，这样才不会出现前松后紧、虎头蛇尾、本末倒置等问题。同时，实施过程中的时间要与方案安排的时间基本保持一致，这样也符合培养对象对自己参加培养期间的整体规划，能够避免工学矛盾、时间冲突等问题。

2. 及时做好方式方法调整

培养方案在一定程度来说也是一个预案，培养对象的原有基础、惯性学习方式等不同学情也会影响方案的实施效果，加之培养期间可能出现的不可控的突发事件，也可能影响培养过程的实施。因此，培训方案的执行者在实施过程中要通过问卷调查、学员访谈等途径及时了解学情，根据实际情况及时调整培养的方式方法。

3. 加强过程考核

培养方案能不能落到实处，关键在过程。培养过程中切忌只重视结果轻视过程的做法。每一个环节结束后，要对培养对象的学习效果进行考核，对存在问题的要及时指导补救，这样才能确保每一个培养对象顺利完成培养任务。如果缺乏过程考核，只是在培养结束提交相关材料，就会出现临时赶工、凑材料或弄虚作假等问题，既不符合学习的规律，也达不到应有的效果。过程性考核的方式要灵活多样，可以提交方案、反思、报告、案例、视频资料等材料，也可以通过召开汇报会、交流研讨会的形式进行考核。

4. 发挥好任务的驱动作用

名师培养过程中，每一个环节就是一个任务。布置任务要有明确的指令，干什么、怎么干、干到什么程度、产出什么成果是每个任务的逻辑底线，在活动前要让培养对象心知肚明，这样才会做到有的放矢。培养过程中的课题研究任务，对许多培养对象来说可能是第一次接触的事务，要分解成多个小任务，加大指导力度，使每个小任务都有质量，让培养对象切实有收获。

四、名师培养的考核认定

考核认定是名师培养的最后一道关口，事关能否认定的结果。考核认定的项目要与培养方案制定办法相一致，要把过程性考核和结果性考核相结合。对于没有达到标准的，坚决不能认定，否则就会给名师工作室主持人遴选放开缺口，进而影响后期名师工作室的工作质量。考核标准依培养对象的级别不同而有差异。下面以两个案例进行说明。

【案例1】《自治区教育厅办公室关于遴选自治区级名师工作室主持人、乡村教学名师和自治区级骨干教师培养对象的通知》对培养对象的考核标准是这样描述的：培养时间为2年，采取"脱产研修＋网络研修＋访名校培训＋岗位实践（课题研修）＋综合考核"的方式进行。培养实行双导师制，为每位学员指派理论导师和实践导师跟踪指导。在区内外确定教学实践基地，聘请一线名师进行教学示范和实践指导，帮助培养对象提升教育教学实践能力和示范引领能力。培训后根据师德表现、培训参与度、结业成绩等综合因素，对培养对象进行综合评定，根据考核成绩、学科、地区等因素，分别按照一定比例予以认定。

【案例2】《固原市"名师名校名校长"培育工程实施方案》对考核认定提出了明确的要求，并制定了考核量化表。具体如下：

1. "名师名校长"培育对象每年向市级教育部门提交一份高质量的教育教学调研报告或建议，形成资料汇编。

2. "名师名校长"培育对象在市、县（区）、校三级发挥教育教学示范作用，每年至少开设2~3次示范课或学术讲座。

3. "名师名校长"培育对象承担培养青年教师的任务，并与3个市域内学校签订结对协议，有目的有计划地指导培养青年教师，开展"传、帮、带"活动，发挥引领作用。

4. "名校"培育对象积极开展教育教学研究，承担区、市、县教科研项目，大力推动校本研训，每年要有一项教科研成果。

5. 市教育体育局组织有关专家定期进行检查评估，对培育期内考核不合格者，取消其资格与相应的培养待遇，优秀者提供专项资金建立名师工作室，培养教学科研能手和课堂技能高手。

6. 在培育周期内，县（区）教育行政部门要为"名师名校名校长"培育对象建立考核档案。每年对培养人和学校的履职情况进行考核，考核结果报市教育体育局师资培训中心，形成最终认定依据。

7. "名师名校名校长"培育对象经考核合格者，认定命名为"六盘名师名校名校长"，并作为"塞上名师"推荐对象。

第二节　县域名师培养流程系列案例

笔者在负责宁夏回族自治区固原市西吉县第二批名师培养过程中，参考各地名师培养流程，扎实组织开展了名师培养工作，取得了实实在在的效果。下面以案例的形式把培养的过程进行展示，供大家参考。

【案例1】培养对象遴选

关于开展第二批"西吉名师"培养对象评选活动的通知

为进一步加强教师队伍建设，培养各学段各学科本土领军人才，有力发挥人才在全县教育脱贫攻坚中的支撑作用，根据《关于实施西吉县"十百千"人才培养计划的实施方案》和《关于印发《西吉县中小学（幼儿园）名师、名校长评选及名师、名校长工作室管理办法（试行）》的通知》有关精神，经教育体育局研究决定，开展第二批"西吉名师"培养对象评选活动，现就有关事项通知如下：

一、评选对象范围

全县各中小学、幼儿园和教研机构在职在编教师。首批认定的"西吉名师"和国家、区、市认定的各类名师（包括培养对象）本次不再参与评选。

二、评选名额

本次共评选"西吉名师"30名，具体指标根据申报情况和学科建设需要进行统筹分配。

三、评选条件

（一）资格条件

1.具备相应的教师资格且近三年在本学科领域任教或担任教研工作。

2.近5年内考核合格。

3.具有中小学一级及以上教师职务。

4.男性年龄在50周岁以下，女性在45周岁以下（提供身份证复印件）。

5.身体健康，能正常坚持工作。

（二）思想政治条件

1.贯彻执行党和国家教育方针政策，忠诚人民的教育事业，教书育人，为人师表。

2.坚持原则，作风正派，热爱集体，团结同志，在教师中享有较高的威望。

3.品德言行堪称师表，有悖下列师德行为之一者，不得推荐申报。

（1）受到党纪、政纪处分未撤销者。

（2）不服从组织分配、无故拒绝承担教学、教研、班主任等工作，工作严重失职者。

（3）作风不正派，有侵害学生等行为发生，并对学生身心健康造成危害的。

（4）言行不文明，或借助互联网、手机等工具故意散布或发表违法、有害和低俗信息，且造成不良社会影响者。

（5）搞有偿家教，或未经允许擅自到校外兼课取酬等行为且造成恶劣影响者。

（6）在学历、资历、教育教学成绩及学术成果等方面弄虚作假者。

（7）参与赌博、传销、封建迷信等活动，且造成不良社会影响者。

（三）教育教学成绩条件

参与评选的教师至少要符合下列条件中的一项。

1.被评为市级及以上骨干教师或学科带头人。

2.近5年获县级及以上人民政府或市级及以上教育行政部门表彰的优秀教师、优秀班主任等荣誉称号。

3.近5年内年度考核优秀2次以上。

（四）教育教学及教研成果条件

参与评选的教师至少要符合下列条件中的一项。

1.具有较强的教科研能力，对本学科的教育教学有独到的见解，近5年来主持完成一项县级及以上科研课题，或作为骨干成员（排名前三）参与一项市级及以上科研课题并有阶段性成果。

2.近5年在省级及以上公开发行刊物上发表学术论文1篇以上，或在市县级刊物发表论文2篇以上（包含固原教育、西吉教育），或撰写的论文获市级一等奖1次或省级二等奖1次。

3.近5年在省级及以上优质课（技能比赛）中获二等奖1次，或执教的课例被评为市级及以上优课，或在市级优质课（技能比赛）中获一等奖1次，或在县级优质课（技能比赛）中获一等奖2次。从事艺术和体育教学工作的教师，其本人近 5 年在教育、体育、文化部门主办的会演、汇展或比赛中获市级二等奖以上奖项 1 次或县级一等奖以上奖项 1 次。

4. 近 5 年撰写或制作的教育教学作品获省级一等奖 1 次或二等奖 2 次，或获市级一等奖 2 次，或获县级一等奖 3 次。

5. 近 5 年在县级及以上教育行政部门组织举办的观摩交流活动中承担示范课或专题讲座 1 次，效果良好。

（五）课堂教学效果条件

本次评选的名师须是本学段本学科领域的一线教师或教研人员，在县级初审结束后确定的人员须提交一节近期课堂教学录像课。录像课要求画质清晰，声音清楚，教学过程能体现创新素养教育理念，教学方法新颖，能合理应用信息技术手段解决教学中的重点难点问题，教学效果良好。

四、评选流程

（一）个人申报

符合评选条件的教师按照自愿的原则向学校提出申请，并提交相关证书和材料，交由学校审核。

（二）学校推荐

各学校（园）对申报教师材料进行初审，在确保基本条件的前提下择优推荐。在推荐培养对象人选时要统一组织，充分考虑学科结构，推荐人员必须满足评选条件（一）（二）项的所有条款，然后在同一学科内部按照评选条件（三）（四）项中的条款择优推荐。

（三）县级初审

由教育体育局成立评审小组，对各学校（园）推荐人员进行汇总统计，分学段学科逐一审核提交材料，按照评选指标 3 倍的比例推荐出培养对象初步人选。

（四）终审

成立各学科评审专家团队，对提交的录像课进行评价，根据评价结果评选出第二批西吉名师培养对象人选，并上报县人才工作领导小组办公室备案。

五、认定及培养

培养对象人选评选出之后，由教育体育局进行公示，公示期满无异议的，由相关机构发文确认培养对象，并通过考察学习、访学研修、论坛交流等形式进行为期一年的培养，培养期内完成考核任务的，由发文机构认定并颁发"西吉名师"证书。

六、工作要求（略）

【案例 2】公布培养对象并下发培养方案

关于公布第二批"西吉名师"培养对象暨下发培养培训方案的通知

根据《关于开展第二批"西吉名师"培养对象评选活动的通知》要求，经各学校（园）推荐申报，教育体育局进行了审核、评分评选和公示，现对确定的第二批"西吉名师"培养对象进行公布，并下发培养培训方案，各相关学校（园）要积极组织培养对象参加培养培训工作，督促指导相关人员按时完成期间的各项任务。

附件 1：第二批"西吉名师"培养对象名单（略）

附件 2：

第二批"西吉名师"培养培训方案

根据《关于实施西吉县"十百千"人才培养计划的实施方案》相关精神，参照区、市名师培养办法，结合我县实际，制定本方案。

一、培养目标

利用 1 年时间，努力培育一批师德高尚、业务精湛、业绩卓著、群众公认的教学名师，在全县教育改革发展中发挥示范引领和辐射带动作用。

二、培养对象

本次确认的第二批"西吉名师"培养对象 30 人。

三、培养培训内容

以习近平新时代中国特色社会主义思想为指导，围绕师德修养、现代教育管理、教师专业化发展、教育教学改革、信息技术与学科教学深度融合、教育科研等方面内容开展培养培训工作，着力培育一批研究型、专家型、学者型的"县级名师"。

四、培养培训形式

集中研修与自主研修相结合，专家引领与学习实践相结合，教育科研与教学实践相结合。

五、培养培训安排

（一）自主研修

培养对象制定自主发展规划，自主阅读师德修养、现代教育理论、现代教育技术、教育教学改革等方面的书籍，完成1万字左右的读书笔记。

（二）集中学习

通过"请进来"或"走出去"的方式，聘请国内或区内知名专家，在教育理论、教育管理、教学方法等方面进行集中培训，具体方案另行通知。

（三）教育科研

培育对象根据课题研究指南（见附件3），结合学校管理和教育教学实际，围绕教育改革的重点、难点、热点问题，主持开展课题研究，撰写课题研究论文，完成课题研究报告。

1. 课题申报

第二批"西吉名师"培养对象根据"课题研究指南"自行确定研究课题，撰写课题申报书。

2. 课题审核

县教育体育局组织专家对所有申请课题进行审核，审核通过的以文件形式予以确认。

3. 课题培训及开题

县教育体育局聘请专家进行开题讲座，课题主持人进行开题陈述，专家对每个课题进行指导。

4. 课题研究

课题主持人组织成员进行课题研究，收集整理研究材料，撰写研究论文，完成研究报告。

5. 课题结题审查

县教育体育局组织专家组采用现场答辩、材料审查等方式，对研究成果进行考核评价并评出等次，合格及以上的予以结题，以文件形式予以公布并颁发证书。课题结题时需提交结题报告和研究过程性资料，课题组要有1篇以上论文在《西吉教育》及以上杂志上公开交流或发表。

（四）学习实践

第二批"西吉名师"培育对象在县域内学校开展"传、帮、带"活动，培养周期内承担一次全县教育教学观摩交流示范课或专题讲座主讲任务。

（五）总结考核

收集第二批"西吉名师"培养对象（一）至（四）项相关材料，对培养对象进行综合考核。考核时通过过程性考核与综合考核相结合的办法进行，按照百分制进行考核，综合考核成绩达到85分及以上视为合格。其中自主研修20分，集中学习20分，教育科研40分，学习实践20分，由考核小组根据各个项目完成质量进行评分。

六、培养培训管理

1. 强化培训管理。培养培训工作在县教育体育局领导下，由人事室和教师发展中心组织实施，进行日常管理和培训考核。

2. 做好过程辅导。各相关学校（园）要协助培育对象在县内塞上名师、六盘名师、自治区级骨干教师中自主选择聘请一名辅导教师，对培训期内各类研修活动进行全程指导，重点指导示范课和课题研究工作。

3. 加强督查指导。县教育体育局人事室和教师发展中心要加强对培养培训工作的督查、指导工作，促使培养对象扎实开展工作，并为培育对象建好考核档案。

4. 各相关学校（园）要为培育对象搭建良好的发展平台，提供在岗实践和课题研究便利条件，保证离职培训时间，并协助做好岗位实践考核。

附件3：

第二批"西吉名师"培养对象课题研究指南

课题指南说明：课题指南旨在引领广大教育工作者，围绕西吉县教育中心工作和重点工作，着力研究和解决西吉县教育教学中存在的现实问题，加强应用研究，服务教学一线，提升教育教学质量和效益，推进全县教育事业持续、科学、健康发展。该指南中的名称是对申报者选题的研究领域、研究方向的指引和提示，不作为具体指定的课题题目，申请者可根据实际或自己研究专长和能力，按照课题指南的指向选择更加具体的研究问题，将其设计为研究课题。

一、教育教学研究

1. 校本教研活动与机制研究

2. 学生发展性学习研究

3. 新中高考改革与课程建设研究

4. 基于核心素养的课程与教学改革研究

5. 课堂教学改革研究

6. 学习困难学生教育援助策略研究

7. 学生综合素质评价研究

8. 个性化作业设计研究

9. 新课程理念下的教学设计研究

10. 小规模学校教学策略研究

11. 校本课程开发研究

12. 学校（园）管理现状分析及改进策略研究

二、德育研究

13. 优秀传统文化进校园进课堂研究

14. 教师职业道德研究

15. 教师专业发展策略研究

16. 学生同理心培养研究

17. 学生社会责任感养成研究

18. 学生社团组织建设研究

19. 学生互助合作能力培养研究

三、教育心理研究

20. 学生积极心理品质研究

21. 学生焦虑、厌学的心理疏导教育研究

22. 学生心理异常教育干预研究

四、体育卫生艺术研究

23. 阳光体育活动的实施效果研究

24. 学校健康体育实施模式研究

25. 学生逃生避难教育研究

26. 学生健康行为养成教育研究

27. 学生艺术素养培养研究

28. 学校美术教育课程研究

29. 学生特殊才艺能力发现培养研究

30. 美育促进学生创新思维的有效途径研究

五、教育信息技术研究

31. 教育信息技术开发转化研究

32. 教育教学与信息化深度融合的研究

33. 教育信息化使用效益研究

34. 学生网络教育资源使用研究

七、学前教育研究

35. 幼儿教育教学资源开发研究

36. 学前保教研究

37. 幼儿游戏教学研究

38. 幼儿亲子教育研究

39. 学前教育质量评估研究

40. 幼小衔接研究

附件4：第二批"西吉名师"培养对象教育教学科研课题申报书（略）

【案例3】集中培训

第二批"西吉名师"培养对象集中培训方案

为贯彻落实《中共中央　国务院关于全面深化新时代教师队伍建设改革的意见》等文件精神，培养一批业务精湛、能够充分发挥示范引领作用的名师、名校长队伍，引领西吉县教师队伍、校长队伍业务水平的整体提高，特制定本培训方案。

一、培训主题

提升专业能力，实现示范引领。

二、培训目标

（一）名师

1. 帮助学员开阔教育视野，了解当前教育教学改革的新要求与优秀成果，学习区内名校名师先进的教学理念、教学模式和教学科研成果，提升专业理念。

2. 根据当前教学改革的新要求，为学员提供先进的教学策略与教学示范，使学员学习、反思、借鉴，能够改进自身的教学工作，进行教学改革的创新实践。

3. 帮助学员提升"互联网＋"背景下教学创新的意识，掌握新技术，能够主动应用新技术助力教学的优化与创新。

4. 提升学员的教学研究意识与能力，为学员在工作实践中开展教学研究提供科学的方法与理论支持，促进学员教科研水平的全面提升，引领带动其他教师成长。

（二）名校长

1. 帮助学员开阔教育视野，了解当前教育教学改革的方向和学校管理的新政策，充分认识教育教学改革和学校管理新政策对校长提出的新挑战，深刻理解学校管理改革与推进教育教学改革的目标要求，更新管理理念。

2. 使学员深刻认识新时期校长应该具备的专业素养和专业能力，提升个人素养，积极探索新时代教育教学改革和"互联网＋"背景下符合本校实际的办学治校方法，创新管理方法，提升信息化管理能力，提升学校管理水平，形成自己的管理特长，重塑办学风格，能够在本县范围内起到示范引领作用。

3. 关注名校长专业发展，帮助学员完善办学思想，凝练办学主张，具备独立承担学校管理领域课题研究的能力，提炼自身办学治校经验和教育管理思想，加快并提高其管理成果的形成和转化，提高其先进办学理念与实践引领能力，带动县域学校快速发展。

三、时间地点

（一）培训时间

（略）

（二）培训地点

（略）

四、培训对象

第二批"西吉名师"培养对象

五、培训内容

1. 名师

（1）理念更新：新时代基础教育教学改革的方向与目标。

（2）教学创新：基于新教改的教学新思路与新探索、"互联网 +"环境下的教学创新。

（3）教研指导：树立科研意识，进行教学研究、推进教学改革，实现示范引领。

（4）名校现场教学。

2. 名校长

（1）理念更新：新时代基础教育的发展与变革。

（2）管理创新：基于基础教育改革的学校管理创新、创建特色学校的有效途径、提升信息化领导力，实现智慧管理。

（3）科研指导：强化科研意识，提炼管理经验。

（4）名校现场教学。

六、培训计划

为了使培训有序进行，保证培训质量，特制定了培训工作计划，明确了各项工作内容和时间节点。

时间	工作内容
与培训承办方签订合同后（2天）	训前调研与对接，调整培训实施方案
培训开始前一周	确定线下集中培训的地点，布置会场；准备研修手册等
培训开始前一周	收集学员名单，做好资料准备工作
培训开始前一周	联系授课专家，确定授课内容
实施培训（5天，40学时）	开展名师、名校长集中培训和名校现场教学
培训结束后一周	学员考核、评优
培训结束后一周	整理汇总学习过程性记录文件及总结资料
培训结束后一周	项目验收
培训结束后	项目跟踪指导

七、课程安排（略）

八、培训方式

（一）专题讲座

培训中，针对理念更新、教学创新、教研指导、管理创新、科研指导等培训内容，采取专题讲座的方式开展培训。专家站在理论高度，结合实践经验，高屋建瓴地阐释专题内容，让学员更新理念，开阔视野，提升素养和能力。在讲座过程中专家就关键问题组织学员进行研讨，并留出一定的时间，解答学员疑问，对学员进行现场指导，帮助其丰富专业知识，澄清模糊认识，增长实践智慧，使其能将培训中所学的知识、方法和技能运用于工作实践之中。

（二）案例分享

培训中注重案例分享，强化培训的借鉴性、引导性、可操作性；强化任务驱动，引导学员进行以反思为主的探究性学习，针对实践案例进行探讨，提升专业能力和解决实践问题的能力，并通过问题引领，培养其开展行动研究的能力，提高学思结合、知行统一、解决问题的能力。

（三）名校现场教学

组织学员到区内教育发达地区的名校进行现场教学，在真实的校园环境中学习先进的教学理念、教学方法、办学理念和办学治校经验，体验名校的育人模式和文化建设，与名校校长、名师进行交流研讨，在真实情境中丰富体验，深化认识，感受先进的教学方法、管理方法，反思内化、切实提升自身专业能力。

（四）任务驱动

在培训的过程中，为学员布置研修任务，将研修所学应用到工作实践中，生成实践成果，及时上传到网络平台。学员之间互相学习，彼此启发，提升集体智慧，实现学习共同体的集体成长。

九、培训考核

本次培训考核评价采取过程性评价与终结性评价相结合、合格性评价与激励性评价相结合的方式进行。

1.过程性评价与终结性评价相结合：培训过程中根据学员参训表现形成过程性评价；培训过程中安排研修任务，根据学员完成任务的整体情况形成终结性评价。

2.合格性评价与激励性评价相结合：合格是被考核对象的最基本标准，学员成绩满60分为合格；激励是指按照考核评优标准，完成激励性评价任务，遴选出优秀学员，并对其进行表彰。

考核维度	评价内容	分数（分）	备注
过程性评价（40%）	认真参加全部学习活动、出勤情况情况良好（迟到或早退每次扣1分，旷课每次扣4分）	20	班主任记录
	学习态度端正、上课认真、积极研讨	20	组长、班主任记录
终结性评价（50%）	根据每天的研修内容，每天完成一篇心得体会日志	20	组长、班主任记录
	名师：结合自身工作实际，提交一个教学创新的优秀课例；名校长：结合自身工作实际，提交一个管理创新的优秀案例	20	组长、班主任记录
	项目结束后，撰写提交研修总结，并进行反思改进	10	班主任记录
激励性评价（10%）	提交一份个人专业成长的计划	10	班主任记录

（三）学员评优

学员的考核结果分为优秀、良好、合格、不合格四个等级，满分100分，其中60分为合格分，85~90分为良好，90分以上为优秀，成绩合格的学员由县教育体育局网颁发合格证书，90分以上的学员可以参与项目评优，优秀学员颁发优秀学员证书。

十、教学要求

1. 名师

（1）对学员进行理论引领，使学员了解当前教育教学改革的前沿理念、政策要求；

（2）进行教学创新的实践指导，为学员提供优质教学案例，组织学员到区内教育发达城市的名校访学，观摩名师课堂，学习、借鉴名师的教学经验和先进方法，能够在自身教育教学实践中应用；

（3）进行教学研究的实践指导，使学员提升教研能力，能够在县域内进行示范引领。

2. 名校长

（1）对学员进行理论引领，使学员了解当前基础教育改革与发展的前沿理念、政策要求；

（2）进行学校管理创新的实践指导，为学员提供优质管理案例，组织学员到区内教育发达城市的名校进行现场教学，学习名校校长的管理经验和特色学校建设的方法，和名校校长进行交流，学习、借鉴名校长的管理经验和先进方法，能够在自身学校管理实践中应用；

（3）进行课题研究指导，提炼自身学校管理实践经验，提升科研能力，能够在县域内进行示范引领。

十一、保障措施

（一）组织管理

为规范培训项目的组织管理与实施，保证培训质量，加强对培训项目的统筹管理，成立了项目专项管理组。在项目实施过程中，管理团队人员要分工明确，及时发现培训中的问题，搜集相关反馈信息，整体把控培训进展动态，全方位监督培训服务，保障培训质量。

（二）管理制度

为保证培训顺利、高效实施，特制订与教师培训项目相关的各类项目管理制度，包含《教师培训项目管理制度》《教师培训质量保证体系》《教师培训经费管理制度》《集中培训安全保障制度》等相关管理制度，并安排由专人负责落实。

（三）食宿条件

为学员配备设施齐全、环境良好的住宿条件，两人一间。提供一日三餐，就餐形式为自助餐，就餐条件便利、品种多样，卫生良好，保证学员的学习生活所需。另外配备专门的项目小组全程陪同学员，负责接待授课教师、反馈培训学习情况并安排学员交通食宿等。

（四）教学条件

教学场地教室干净整洁，教学设施齐全，运行良好；教室视野清晰，隔音扩音效果良好，具备无线网络环境，提供饮用水、茶叶等。根据培训内容和方式的要求提供满足学员集中培训需要的计算机教室，保证教学环境中提供投影、电子白板、音响等多媒体设备及其他必要的教学设施。

（五）医疗与治安

在培训场所的选择上优先考虑临近医院和派出所的培训地点。培训地点要求全天候无死角视频监控，并且防火等其他安全设备齐全。此外，在培训期间安排专人负责安全的维护以及隐患的排除等工作。

十二、跟踪指导

培训结束后，各级学习共同体以及专家持续为学员开展指导活动。此外，还将通过"实时调研+网络辅导"的混合式研修形式对学员进行后续的免费跟踪指导。同时，专家将进行持续的实地引领与示范指导，推动全县教育教学水平和学校管理水平的整体提升。

（一）网络跟踪指导

创建本项目的学员微信群、QQ群，专家以及教务团队成员利用微信群、QQ群及研修平台提供的站内短信、问答库等在线交流工具，并结合邮件回访、短信通知等方式与学员进行沟通，及时了解学员的学习情况、实践情况和训后满意度。

为每一位学员生成平台账号，将学员分成区域工作坊，学员可以通过工作坊和研修社区进行在线学习与交流，在研修结束之后，学员仍然可以登录网络研修平台继续进行学习与交流。

利用网络研修平台为学员训后的学习服务，在网上设立"训后专区"与"跟踪在线"栏目，供学员交流培训收获、实践困惑等；定期组织专家视频答疑活动，解答学员疑难问题。

（二）线下行动指导

组织项目跟踪指导服务组，深入学员所在地区调研和指导，结合学员实际情况给予有针对性的、个性化的指导。项目结束一年内，通过问卷调查、访谈等形式，针对学员在教学实践、学校管理实践等方面的具体问题给予指导，促进学员专业能力持续发展。

（三）持续开放教师研修服务平台

项目管理团队将整合培训资源，具体包括项目实施方案、培训工作总结、培训手册、教学质量评价表、培训简报、培训过程活动图片及影音资料等，形成项目资料库，上传至平台，供学员查阅。

继续开放研修平台资源库、个人空间、工作坊及培训课程等，使学员仍可以基于研修平台进行各类自主研修活动，保证研修的持续性。形成常态化的交流、反馈与帮扶机制，总结提炼优秀成果并促进成果转化。

【案例 4】课题立项通知

关于第二批"西吉名师"培养对象研究课题立项的通知

为全面贯彻党的教育方针，落实立德树人根本任务，充分发挥教科研促进教师专业发展、提高教育教学质量的作用。根据《关于公布第二批"西吉名师"培养对象暨下发培养培训方案的通知》要求，组织开展了名师课题申报工作，共收到课题立项申请书 30 个，经过西吉县课题管理委员会指导与评审，决定对 30 名培养对象申报的研究课题予以立项。现将课题研究有关要求通知如下。

1. 由西吉县教师发展中心具体负责本次课题实施管理工作，在认真总结以前工作经验的基础上，精心策划、周密部署，将本次课题研究与推进教育教学改革、创新素养教育、"互联网 + 教育"等重点工作结合起来，做好课题培训、指导、管理、审核等方面工作。

2. 各有关学校要按照《西吉县基础教育教学研究课题管理办法》配合做好课题管理工作，并根据研究需要给予一定的经费支持。要注重研究的针对性、实效性，加强过程指导，确保课题研究按期完成，并通过研究切实解决学校教育教学中存在的问题。

3. 各课题负责人要组织课题组成员认真做好研究工作，并按期将开题报告、中期报告、结题报告及相关论文或成果交教师发展中心。

附件：第二批"西吉名师"培养对象立项课题名单（略）

【案例 4】课题开题

关于组织开展第二届"西吉名师"培养对象课题开题评审的通知

根据《关于第二批"西吉名师"培养对象研究课题立项的通知》，教师发展中心将组织开展西吉县名师课题开题评审工作，现将相关事宜通知如下：

一、评审时间：（略）

二、评审地点：（略）

三、评审内容：研究的背景和意义、研究方法、研究步骤、预期成果、主要参考文献等。

四、相关要求

1. 各课题负责人准备课题开题报告 3 份，开题前 2 天交教师发展中心。

2. 每个课题负责人现场汇报 10 分钟，通过 PPT 展示课题开题内容，专家现场点评。

五、评审分组（略）

【案例 5】课题结题评审

关于组织开展第二批"西吉名师"培养对象课题结题评审工作的通知

根据《关于第二批"西吉名师"培养对象研究课题立项的通知》工作安排，教师发展中心决定集中开展西吉县名师课题结题评审工作，现将相关事宜通知如下：

一、评审时间（略）

二、评审地点（略）

三、评审内容

1. 项目完成情况（研究背景、研究过程等）。

2. 取得的成果及价值（成果形式为论文、调研报告、研究报告等）。

3. 存在问题及思考。

四、评审流程

1. 召开课题结题评审工作会议。

2. 课题主持人汇报，评审专家提问、点评。

五、相关要求

1. 各课题负责人准备课题结题报告 3 份，评审前 2 天交教师发展中心。

2. 每个课题负责人现场汇报 5 ~ 10 分钟，并回答评审专家的提问。

六、评审分组（略）

【案例6】公布课题评审结果

关于公布第二批"西吉名师"培养对象课题评审结果的通知

根据《关于公布第二批"西吉名师"培养对象暨下发培养培训方案的通知》《关于第二批"西吉名师"培养对象研究课题立项的通知》和《关于组织开展第二批"西吉名师"培养对象课题结题评审工作的通知》等文件精神,按照课题申报评审程序,县教育体育局组织学科专家对30个批准立项的第二批"西吉名师"培养对象申报课题进行了结题评审,评选出一等奖16项、二等奖14项,同意×××老师主持的《高级中学学生社团组织发展的问题与对策研究——以西吉中学为例》等30项课题结题。

各学校(园)要以本次课题研究为契机,及时做好课题研究总结工作,推广课题研究成果,鼓励获奖教师珍惜荣誉、再接再厉。同时组织广大教师积极参加教育科研活动,充分发挥教育科研对促进教师专业成长、提高教育教学质量的引领带动作用,以高质量的教科研水平推动学校教育高质量发展。

附件:第二批"西吉名师"培养对象课题研究结题及获奖名单(略)

【案例7】名师考核认定

关于对第二批"西吉名师"培养对象考核认定的通知

根据《关于开展第二批"西吉名师"培养对象评选活动的通知》《关于公布第二批"西吉名师"培养对象暨下发培养培训方案的通知》和《关于第二批"西吉名师"培养对象研究课题立项的通知》等文件精神,县教育体育局积极组织开展第二批"西吉名师"选拔培养工作,并按计划完成各阶段的任务,县教育体育局决定对本批"西吉名师"培养对象进行考核认定,现就有关事宜通知如下。

一、考核主要内容

考核内容主要包括自主研修、集中学习、教育科研、学习实践四个方面,其中自主研修主要检查教育教学理论自学笔记,集中学习主要考查培养对象参加"西吉县名师名校长引领能力提升培训"期间的学习表现和学习反思，教育科研主要考查培养对象的课题研究情况和研究成果，学习实践主要考查培养对象承担学校教育教学观摩交流活动情况及实际效果。

二、考核形式

通过查看"西吉名师"培养对象提交的相关实证性资料和课题答辩情况进行考核认定。

三、考核认定程序

（一）"西吉名师"培养对象向所在学校提交下列申报材料：

1. 理论学习笔记。

2. 将下列材料用 A4 纸打印装订成册，封皮用硬皮彩色 A3 纸包贴，封面注明"第二批"西吉名师"培养对象考核认定材料"，封面中下注明学校、姓名和日期。

（1）第二批"西吉名师"培养对象考核认定登记表（见附件）。表中的基础信息由本人填写，"学习实践"栏目由培养对象所在学校考核评分并加注意见，"自主研修""集中学习"栏目和"教育科研"栏目中的课题立项、研究成果由教育体育局根据培养对象提供的相关材料及考勤记录进行评分，"教育科研"栏目中的"结题答辩"由教育体育局组织课题答辩后进行评分。

（2）第二批"西吉名师"培养对象集中学习总结或学习心得，2000 字左右。

（3）第二批"西吉名师"培养对象教育科研课题实施方案及开题报告、过程性研究材料、结题报告（研究成果）和课题结题答辩评分表（装订空表，答辩时补充记录）。

（4）第二批"西吉名师"培养对象在校学习实践中承担示范课或专题讲座相关材料，承担示范课的提交自己所上示范课的教学设计（包括教材分析、学情分析、如何实现信息技术与学科教学的融合、教后反思等），承担专题讲座的提交活动方案、讲稿等材料。

（二）培养对象所在学校成立校级评审小组，对培养对象申报材料进行审核，对在学校的"学习实践"情况进行鉴定考核，在考核认定登记表中评分并加注意见，同时核对完善汇总表中的相关信息。

（三）课题答辩时间另行通知。

（四）课题答辩结束后，教育体育局成立考核小组，对培养对象提交的各项材料进行考核评分，考核合格的颁发"西吉名师"证书。

四、有关要求

各培养对象所在学校（园）要高度重视，安排专人负责，认真组织做好培养对象上交材料的审核和"学习实践"鉴定考核工作。如培养对象工作单位有变动的，"学习实践"中的成绩由原单位考核，相关上交材料由现单位收集汇总上报。

第二批"西吉名师"培养对象考核登记表

姓　　名		性　　别		民　族		照
参加工作时　　间		出生年月		政治面貌		
职　　称		最后学历		任教学段学科		
毕业院校			联系电话			片
工作单位						

（一）自主研修（20分）		
内容	考核成绩	简评
自主研修情况及学习笔记		

（二）集中学习（20分）		
内容	考核成绩	简评
集中培训表现及学习总结或学习心得		

（三）学习实践（20分）		
内容	考核成绩	简评
承担示范课或专题讲座情况及完成效果	校长签名： 单位公章 　　年　　月　　日	

（四）教育科研（40分）		
内容	考核成绩	简评
课题实施方案及立项报告（10分）		
课题结题报告或研究成果（20分）		
课题结题答辩（10分）		

		（五）综合考核	
考核成绩合计		综合考核结论	
考核组长签名： 考核成员签名：			年　　月　　日
县 教 育 体 育 局 审 核 意 见	（公　章） 　　　　年　　月　　日		

注：1. 表中基本情况由学员本人填写后，交由学校考核"学习实践"成绩，完成后由学校将此表与其他材料一并交县教师发展中心（考核登记表双面打印黑色笔填写）。

　　2. 其他考核项目由县考核小组考核，"简评"栏中要给出考核项目质量或存在的问题。

　　3. "考核成绩"栏以每个项目总分为准按照实际完成情况赋分，总成绩85分合格。

【案例8】公布考核结果

关于认定第二批"西吉名师"的通知

　　根据《关于实施西吉县"十百千"人才培养计划的实施方案》精神，县教育体育局制定下发了《关于开展第二批"西吉名师"培养对象评选活动的通知》《关于公布第二批"西吉名师"培养对象暨下发培养培训方案的通知》等文件精神，县教育体育局组织开展了第二批"西吉名师"选拔培养工作，共遴选了30名优秀教师作为培养对象，并通过自主研修、集中学习、教育科研、学习实践四个方面对30名培养对象进行为期一年的培养，其间组织为期7天的集中研修1次，完成县级立项课题30项，培养对象在教学过程中结合实际开展了自主研修和岗位实践。县教育体育局根据《关于对第二批"西吉名师"培养对象考核认定的通知》，成立了考核小组，通过查看资料、现场答辩等形式，开展了"西吉名师"培养对象考核工作。

　　经考核小组考核，30名培养对象在培养期间完成了各项任务，考核成绩全部合格。后经西吉县教育体育局党组会议研究，并报西吉县委组织部审核，同意认定×××等30名教师为第二批"西吉名师"，并颁发"西吉名师"证书。

　　附件：第二批"西吉名师"认定名单（略）

第三节　名师工作室的组建

组建名师工作室，通俗地说，就是以名师为主心骨，以工作室成员为骨干力量，以实现共同的愿景为目标组织建立起来的学习共同体。各级教育行政管理部门是组织建立名师工作室的牵头单位，是为了实现一定的教育目的或培养某一方面的专业教师需要而统筹规划实施的。名师工作室的组建通常要按照主持人遴选、工作室成员遴选、场地建设、命名挂牌等流程进行。

一、名师工作室主持人遴选

要组建名师工作室，首先要遴选主持人。有些名师工作室主持人是定向培养的，相关教育行政部门在前期培养名师时，基本上把最后考核认定的名师都会确定为主持人；有些是差额培养的，也就是在前期培养了一批名师，根据考核认定结果和当前名师工作室建设需要以及当地人才经费等因素，分年度、批次、缓急陆续建设工作室，让培养的名师陆续承担名师工作室主持人，当然，有一些名师会因为各种原因，成为名师后一段时间不会主持工作室；也有一些工作室主持人是根据需要从相关对象中直接选拔的。

无论哪一种形式的名师工作室主持人选拔方式，前期都要制定遴选条件，由名师或相关人员进行申报，最后由教育行政部门审核确认。名师工作室主持人的遴选条件一般包括主持人的身体健康情况、道德修养、专业素养、组织能力等方面。部分名师工作室主持人还要与教育行政管理部门签订协议。

【案例1】宁夏回族自治区固原市《关于做好推荐固原市美育名师工作室、乡村教学名师工作室、塞上名师工作室主持人的通知》中对主持人提出了以下几个方面的条件。

（一）基本条件

1.全面贯彻党的教育方针、政策，热爱教育事业，具有强烈的事业心和责任感，具有高尚的道德品质，具有创新精神和改革意识，教书育人，为人师表。

2.具有扎实的教育教学基本功，善于使用先进教学手段创新教学方式，教学成绩优异，教学水平得到学生高度认可，在本学科教育教学领域及改革实践中发挥模范带头作用，在学科教学科研中有一定建树，能形成和发展自己的教育教学风格或专长。

（二）具体条件

1. 美育名师工作室主持人年龄原则上在 50 岁以下，直接在区级骨干教师、塞上名师中推荐。

2. 固原市乡村教学名师工作室主持人原则上年龄在 50 岁以下，直接在区级乡村教学名师工作室主持人中推荐。

3. 塞上名师工作室主持人原则上年龄在 55 岁以下，直接在区级"塞上名师"中推荐。推荐不足者可在特级教师中推荐。

【案例 2】宁夏回族自治区固原市《关于公布 2022 年名师工作室主持人的通知》中制定了主持人与教育行政管理部门的协议框架。

固原市教育体育局与名师工作室主持人目标责任书

甲方：（市教育体育局）＿＿＿＿＿＿＿＿＿＿＿＿＿＿＿

乙方：（主持人）＿＿＿＿＿＿＿＿＿＿＿＿＿＿＿＿＿

为了进一步扩大名师知名度，建立起全市中小学优秀教师间合作互动的培养人才新机制，发挥全市高水平教师的专业引领作用，使其成为培养全市优秀教师重要的发源地、优秀青年教师的集聚地和未来名师的孵化地，不断促进全市教育事业更快更好地发展，根据《固原市名师工作室管理办法》的有关规定，就完成工作室研究项目、培养中青年教师、质量评估、各项保障等方面有关事项，经固原市教育体育局（以下简称甲方），＿＿＿＿＿＿＿＿＿＿＿名师工作室（以下简称乙方）协商达成如下协议：

第一条　甲方必须履行的职责

第一款　对工作室的成立、运行起政策保障、组织指导和协调监督职能。

第二款　帮助乙方对工作室研究成果进行推广和辐射。

第三款　相关部门、学校为乙方的研究、培训工作提供时间、设备、物质、场所、智力等方面的支持。

第四款　对乙方进行过程性、终结性考核评估，并组织认定是否实现了本协议所确定的目标。

第五款　根据《固原市名师工作室管理办法》相关规定支付乙方工作经费，并视培养成效对乙方实施奖励。

第二条　乙方必须履行的职责

第一款　制定《某某名师_____工作室工作方案》，确定总工作目标及年度工作目标。

第二款　确定工作室教育教学专题研究项目及主要研究方式、达成的研究目标、预期成果及呈现（辐射）方式：

1. _____
2. _____
3. _____
4. _____

第三款　制定工作室成员培养考核方案，包括培养（成长）目标、培训形式、研究形式、培训考核等，使所有成员在一个工作周期内必须分别达到如下具体培养（成长）目标。

成员姓名　　　　培养（成长）目标

_____

_____

_____

_____

_____

工作室成员培养考核方案另附。

第四款　主持一个市级以上研究课题或完成甲方布置的一个科研课题，并在市级及以上刊物至少发表论文_____篇；

第五款　建立"某某名师工作室博客或 QQ 群"，并使之运行良好；

第六款　协助甲方开展相关学科的教育教学和教科研活动；

第七款　乙方主持人职责：

乙方主持人_____为乙方的责任人，必须对本协议第二条之一、二、三、四、五、六款负责，同时，必须完成以下工作：每年至少在县（校）级教师培训中进行 1 次讲座或在市级论坛（报告会、研讨会）中进行 1 次主题报告。

第三条　协议的中止

在协议执行期间，乙方需中止本协议，必须提出书面报告，陈述理由，并经甲方批准方可中止协议，并酌情减拨工作津贴；甲方对乙方实行过程性、终结性评价淘汰制，考核不合格则摘牌停止运行，并相应停止核拨工作津贴。

第四条　附则

1. 本协议一式二份，甲乙各执一份。

2. 本协议经甲乙双方签字盖章后生效。

甲方（盖章）_____　　乙方（主持人签名）_____

年　　　月　　　日

二、名师工作室成员遴选

名师工作室成员是工作室建立后运行的骨干力量，每个工作室一般要求的成员数量是 8 至 10 名，成员的身体健康情况、思想状态、专业追求、专业能力等方面直接影响着工作室的运行质量。因此，在遴选成员时一定要综合考虑，切实选出符合要求的学员，有必要的情况下主持人与学员还要签订协议。选拔工作室成员要注意以下几点。

1. 热爱党的教育事业，思想上积极进取。从名师工作室建设的初衷来说，就是通过名师工作室培养落实"为党育人 为国育才"和"立德树人根本任务"等党的教育方针政策的领头人，从而带动更多的教师将党的教育方针政策落到实处。因此，对党的教育事业的热爱、践行党的教育方针政策的积极思想是遴选工作室成员的首要条件。

2. 身体健康，有参加工作室活动的时间。名师工作室的工作，说到底是教师正常教学工作之外的额外工作，虽然教育行政部门在建设工作室时要求学校将工作室的工作量计入教师的工作量之中，但由于学校教师缺乏等原因常常将这一政策难以落到实处，工作室的工作大多是在正常教学时间之外开展的。因此，成员的身体健康状况、家庭负担等因素都是决定成员能否完成工作室工作的必要条件。如果成员的身体健康有问题，就没有足够的体力参加工作室的工作；如果成员的家庭负担比较重，可能就没有参加工作室活动的充裕时间。

3. 有强烈的自我专业发展意愿。不管是学生还是成年人，学习兴趣和学习动机都是决定学习质量的关键因素。有人说，一个鸡蛋从外部打破是食物，从内部打破是生命。如果把工作室成员比作一个鸡蛋的话，进入工作室这个平台和主持人的引领只是外因，要想让这个"鸡蛋"真正蜕变成"生命"，还需要自己把"蛋壳"啄破，才能成为绽放教育生命的人才。因此，成员的自我专业发展意愿是是否适合参加工作室的必要条件。

4. 要符合工作室的学科（主题）方向。以学科方向为主建设的工作室，成员一定是从事这个学科教学的教师。以某一主题为主建设的工作室，成员在这一主题方向要有一定的专业基础。比如：建设名班主任工作室，成员一定要遴选从事班主任工作的优秀教师；建设"创新素养教育"名师工作室，成员就是在"创新素养教育"这一主题领域有一定研究或实践的优秀教师。

下面以两个案例来说明工作室成员的遴选条件。

【案例1】《宁夏回族自治区教育厅关于公布2023年全区美育名师工作室建设名单的通知》对遴选成员提出了如下条件：

1. 热爱教育事业，具有良好师德风范，有科研热情和改革创新的意识，勇于拼搏，乐于钻研，善于学习，具有较强的自我发展能力和团队合作精神。

2. 获得市、县（区）级骨干教师或教学竞赛活动中区级二等奖（市级一等奖）以上，或市级教研活动中示范课的执教者优先。

3. 每个名师工作室遴选成员8～12人，成员可在本市、县（区）级择优遴选，要求骨干与青年教师相结合，其中40岁以下中青年教师不少于6～8名。

【案例2】《宁夏回族自治区教育厅办公室关于命名挂牌新一轮自治区中小学名师、名校（园）长、乡村教学名师工作室和遴选工作室成员的通知》文件中对工作室成员的遴选条件和程序做出了明确的规定。

（一）成员条件

自治区中小学名师、名校（园）长工作室成员须为市级骨干教师或符合破格评选自治区骨干教师条件的优秀教师，年龄不超过45周岁；乡村教学名师工作室成员为县级骨干教师或培养对象，年龄不超过 40 周岁，身心健康。

同时须具备以下条件：

1. 认真贯彻党和国家的教育方针，具有一定的政策水平和理论水平。热爱教育事业，师德高尚，善于学习，勤于钻研，乐于奉献。

2. 在教学一线从事学科教学教研工作，具有较强的教学和科研工作能力。能够承担相应的职责任务，在本学科领域具有一定知名度。

3. 熟练掌握现代教育技术，能够利用网络技术进行资源开发和交流研讨等活动，自愿接受主持人管理与指导。

（二）遴选程序

采取教师申请、学校推荐、县（区）教育行政部门和名师工作室主持人联合审核，自治区中小学名师、名校（园）长工作室成员报自治区教育厅审定，自治区乡村教学名师工作室成员报市教育局审定、教育厅备案。

【案例 3】宁夏回族自治区固原市《关于公布 2022 年名师工作室主持人的通知》中制定了工作室成员与工作室主持人、所属教育行政部门的协议框架。

固原市名师工作室主持人与成员互相合作共同提高协议书

甲方：（主持人）＿＿＿＿＿＿＿＿＿＿＿＿＿＿＿＿＿＿＿

乙方：（工作室成员）＿＿＿＿＿＿＿＿＿＿＿＿＿＿＿＿＿

丙方：（主持人所属教育行政部门）＿＿＿＿＿＿＿＿＿＿＿＿

为了进一步扩大名师知名度，建立起全市优秀教师间合作互动的培养人才的新机制，发挥全市高水平教师的专业引领作用，使其成为培养全市优秀教师的重要发源地、优秀青年教师的集聚地和未来名师的孵化地，不断促进全市教育事业更快更好地发展，现就名师工作室主持人（以下简称甲方）、名师工作室成员（以下简称乙方）、所属地教育行政部门（以下简称丙方）三方协商达成如下协议。

第一条　甲乙双方在工作室中承担的研究任务分工

甲方主持＿＿＿＿＿＿＿＿＿＿＿＿课题研究及成员专业化发展培训等工作。

乙方＿＿＿＿＿＿＿＿＿＿＿＿＿＿＿＿＿＿＿＿＿＿＿＿＿

第二条　培养（成长）目标

根据《固原市名师工作室管理办法》和工作室成员培养考核方案，乙方必须达到如下具体培养（成长）目标：

_____

_____

_____

第三条　甲乙双方的职责

甲方：

1. 根据管理办法中"名师工作室的主要职责"确定的培养目标制定乙方的具体培养考核方案，明确其发展方向和培养方法、途径、考核指标。

2. 帮助乙方制定 1～3 年专业成长计划，认真实施培养计划，根据乙方的成长情况不断调整和完善培养计划、方法和模式，使乙方在专业素养、专业能力得以快速成长，具有一定专业建树。

3. 每学年对工作室成员专业化发展作出评价，并记入学员专业化发展成长袋中。

4. 甲方可根据乙方实际，推荐其参加市级及以上骨干教师培训。

乙方：

1. 制定 1～3 年个人成长发展目标，配合甲方共同制定具体培养计划。

2. 积极参加工作室的活动，完成工作室的学习、研究任务，并有相应的成果显现，努力实现培养计划所确定的目标。

3. 在个人专业化发展成长袋中增加在工作室中学习、成长的内容记录，包括学习内容安排、学习结果、阶段性成长变化、导师指导情况及评语等。

4. 尊重甲方及工作室其他成员，互助合作，共同提高。

第四条　考核

依据《固原市名师工作室管理办法》第七部分第四条，由甲方对乙方进行考核，并认定是否实现了本协议所确定的目标，考核不合格者则调整出名师工作室。

第五条　协议的中止

在协议执行期间，甲、乙方需中止本协议，必须提出书面报告，陈述理由，并经丙方批准方可中止协议；丙方对甲方实行过程性、终结性评价淘汰制，考核不合格，可以报请市教育局取消工作室主持人资格。

因不可抗拒的原因造成协议无法履行的，本协议所约束的责权利终结。后续事宜由市教育局协调有关部门或个人解决。

第六条　附则

1. 本协议一式三份，甲乙丙各执一份。

2. 本协议经甲乙丙签字盖章后有效。

甲方（签名）　　　　　乙方（签名）　　　　　丙方（盖章）

年　　　月　　　日

三、名师工作室场地建设

名师工作室要有固定的工作场所，一般都设在主持人所在学校或单位。名师工作室成员是由多个地域多所学校的教师组成的，成员到一个新的地方会有陌生感，设立工作室工作场地，就相当于给成员建立了一个学习的"家"，让成员到一个新环境有了"我的""我们的"这样的感觉，对于形成成员的归属感、增强成员之间的凝聚力具有十分重要的作用。如果条件允许，名师工作室应设立独立的工作场地，一个学校或单位有多个名师工作室的，根据学校或单位的条件，可给每个工作室设立独立的工作场地，也可以给几个名师工作室设立一个共同的工作场地错时使用。一般工作室的工作场地不要设在其他教师的办公场所或功能室。

四、名师工作室命名挂牌

名师工作室是由教育行政管理部门以下发文件的形式命名，并制作名师工作室标志牌。大多数名师工作室在挂牌时会举行授牌仪式。下面以两个案例进行说明。

【案例1】《宁夏回族自治区教育厅办公室关于命名挂牌新一轮自治区中小学名师、名校（园）长、乡村教学名师工作室和遴选工作室成员的通知》文件中对名师工作室命名是这样表述的。

经个人申报、县（区）推荐、地市审核、自治区教育厅审定，现命名×××等55名教师为自治区中小学名师工作室主持人，×××等9名校（园）长为自治区中小学名校（园）长工作室主持人，×××等20名教师为自治区乡村教学名师工作室主持人（见附件1），并以主持人姓名挂牌成立工作室。工作室建设周期为3年，每个工作室遴选6～8名同市域、同学科、同学段（高中学段主持人可适当遴选初中学段教师）成员。

【案例2】宁夏回族自治区固原市《关于公布2022年名师工作室主持人的通知》文件中对名师工作室命名挂牌的表述如下。

市教育体育局选择适当形式命名各名师工作室，授予证书和牌匾，并以工作室主持人所在学校为基地挂牌，工作室依据有关规定和协议开展工作。

下面再以笔者负责起草的宁夏回族自治区固原市西吉县成立第二批"西吉名师"工作室的文件为案例，呈现名师工作室组建的整个过程，以期与前面的"名师"培养过程相衔接，形成名师工作室组建的闭环。

【案例1】关于开展第一批"西吉名师""西吉名校长"工作室终期考核暨第二批"西吉名师"工作室主持人申报工作的通知。

为深入贯彻落实《自治区教育厅办公室关于进一步加强各级骨干教师队伍建设的通知》《中共西吉县委办公室 西吉县人民政府办公室关于印发〈西吉县基础教育质量提升行动实施方案〉的通知》有关精神，推进新时代强师工程建设，盘活全县名师资源，打造高质量的名师工作室学习共同体，引领带动更多青年教师的专业成长，根据《西吉县中小学（幼儿园）名师、名校长评选及名师、名校长工作室管理办法（试行）》，教育体育局决定对第一批"西吉名师"工作室"西吉名校长"工作室进行终期考核，并组织开展第二批"西吉名师"工作室主持人申报工作。现就有关事项通知如下。

一、第一批终期评估

（一）考核对象

第一批挂牌成立的10个"西吉名师"工作室、10个"西吉名校长"工作室

（二）考核流程

1. 工作室成员考核

由工作室主持人组织进行，具体考核办法按照《西吉县中小学（幼儿园）名师、

名校长评选及名师、名校长工作室管理办法（试行）》相关条款执行。考核相关材料及结果存入工作室专项档案。

2. 工作室及主持人考核

由西吉县名师、名校长工作室管理办公室组织进行，办公室设在教育体育局人事室，工作室主持人提交以下考核材料。

（1）工作室终期考核总结。内容主要包括工作室自身建设情况、作用发挥情况、成员培训学习效果情况、教育教学科研成果情况、培训经验和成果推广情况等。

（2）工作室专项经费使用情况。上交材料包括专项经费使用情况说明及票据复印件。

（3）工作室主持人在工作室运行期间的相关业绩成果。提交材料按照《西吉县中小学（幼儿园）名师、名校长评选及名师、名校长工作室管理办法（试行）》相关条款进行准备。

3. 考核结果及运用

工作室考核结果分为优秀、合格和不合格三个等级，考核结束后进行公示。对于在中期检查中没有活动场地、没有开展工作的工作室不能评为优秀等次。对于经费使用不合规定的责令限期整改。对于考核为优秀的工作室，主持人同时确定为优秀，并由主持人推荐2名优秀成员，由教育体育局按照等同于"优秀教师"荣誉择时表彰。考核结束后，本批工作室结束运行，工作室主持人可申报第二批工作室主持工作，对于未申报第二批工作室主持工作或未通过审核的，工作室结束运行并摘牌，后期不再下拨工作室专项经费。

二、第二批"西吉名师"工作室主持人申报

（一）申报对象

第一批"西吉名师""西吉名校长"和第二批"西吉名师"可以申报"西吉名师"工作室，已经主持区、市各类工作室并正在运行的不再重复申报。

（二）推荐原则

按照"自愿申报、组织推荐、择优认定"的原则，由"西吉名师"所属学校通知相关人员进行申报，学校审核后向教育体育局推荐，最后由西吉县名师、名校长工作室管理办公室组织审核，并根据学科建设需要择优确定工作室主持人。

（三）工作室建设指标

本次拟建设不同学科的幼教名师工作室 1 个、小学名师工作室 4 个、初中名师工作室 3 个、高中名师工作室 2 个，具体视申报情况确定。

（四）申报条件

1. 基本条件

（1）全面贯彻党的教育方针、政策，热爱教育事业，具有强烈的事业心和责任感，具有高尚的道德品质，具有创新精神和改革意识，教书育人，为人师表。

（2）具有扎实的教育教学基本功，善于使用先进教学手段创新教学方式，教学成绩优异，教学水平得到学生高度认可，在本学科教育教学领域及改革实践中发挥模范带头作用，在学科教学科研中有一定建树，能形成和发展自己的教育教学风格或专长。

2. 具体条件

（1）名师工作室主持人年龄原则上在 55 岁以下。

（2）近 5 年年终考核在"合格"及以上等次。

（3）近 5 年在县级及以上教学教研比赛中获奖，或主持县级及以上科研课题结题。如果同一学段同一学科申报人数较多的，按照教学科研成果量化确定主持人选。

（五）申报时间

（略）

三、相关要求

1. 各有关学校（园）校（园）长为名师管理及工作室建设管理直接负责人，要按照名师培养及工作室建设的有关规定，督促做好第一批名师、名校长工作室考核和第二批名师工作室主持人推荐申报工作。对于第一批名师、名校长工作室主持人因退休等原因不在岗的，要组织工作室成员做好终期考核相关材料的准备工作。要根据本校名师分布情况和学科建设需要，积极动员推荐符合条件的人员参加第二批名师工作室主持人申报工作，同时对主持人开展工作给予一定的支持，确保把第二批名师工作室建设成为引领全县教育发展的高质量名师工作室。

2. 第一批"西吉名师""西吉名校长"工作室成员所属学校要积极配合工作室主持人，做好相关人员的考核工作，确保考核的激励导向作用和公平公正。

3. 符合第二批"西吉名师"工作室主持人申报条件的人员，要积极向所属学校（园）进行申请，主动承担县级名师工作室的主持管理工作。同一学段同一学科领域符合条件人员较多的，各有关学校（园）要遴选推荐，力争名师工作室覆盖更多的学科。对于主持第一批工作室效果良好、成果丰富的，可优先推荐。

【案例2】关于公布第二批"西吉名师、名校（园）长"工作室主持人的通知

根据《关于开展第一批"西吉名师""西吉名校长"工作室终期考核暨第二批"西吉名师、名校（园）长"工作室主持人申报工作的通知》，经个人申报、学校推荐、教育体育局审核，确定3名校（园）长为第二批"西吉名校（园）长"工作室主持人，确定11名教师为第二批"西吉名师"工作室主持人，现将主持人名单予以公布（见附件1）。

本批确定的工作室按照每个工作室每年 ×× 元配备工作经费，工作周期为3年，并实行年终考核奖励机制。工作室日常工作和财务运行由主持人所在学校直接管理，教育体育局负责工作室工作完成情况的考核评价。请各相关学校（园）高度重视，组织工作室主持人按照工作室考核管理办法（见附件2），制定工作室三年发展规划和年度工作计划，遴选工作室成员，完成工作室基础设施建设、团队组建、目标责任书签订等工作，并将相关材料交教育体育局人事室审核备案。

附件1：第二批"西吉名师、名校（园）长"工作室主持人名单（略）

附件2：

第二批"西吉名师"工作室管理办法

为规范名师工作室管理，发挥工作室在深化教育教学改革中的引领示范作用，加快优秀教育教学人才培养，建设一支适应教育现代化建设需要的高素质教师队伍，特制定本办法。

一、工作室的性质与宗旨

工作室是在县教育体育局指导下，以名师、名校（园）长姓名及其专业特色

命名的非行政性工作机构，是以名师、名校（园）长为带头人，由同一学科领域骨干教师或管理人员共同组成的集教学、科研、培训等职能于一体的合作共同体。

工作室以名师、名校（园）长为引领，以学科或学校管理为纽带，以先进的教育思想为指导，旨在搭建促进中青年教师专业成长以及名师自我提升的发展平台。工作室实行任期制，每3年为一个周期，任期满后考核合格的，可以参加下一期的工作室申报。

二、工作室的组成与成员选拔

工作室由工作室主持人和工作室成员组成。主持人由县级命名的名师、名校（园）长担任，经个人申报、学校推荐、县教育体育局审核选拔通过后公布。工作室成员经个人申报、学校推荐、工作室主持人初选，报教育体育局审核通过后备案，名师工作室成员一般由县域内本学科领域的中青年骨干教师担任，名校（园）长工作室成员一般由区域内校（园）长、副校（园）长、中层管理人员、后备干部、骨干教师担任。

工作室成员要具备以下条件：

1.认真贯彻落实新时代党的教育方针，具有一定的政策水平和理论水平。

2.具备良好的师德师风和团队合作精神，有自我专业发展的强烈愿望。

3.具有较强的教育科研能力和积极钻研的精神，能够积极承担工作室安排的任务。

4.具有"互联网＋教育"背景下开展教育教学的信息技术能力，在各类教育教学比赛或评选中获县级一等奖及以上奖励。

5.在文稿撰写、信息化能力等方面有专长的可适当放宽条件。

三、工作室的职责任务

（一）培养培训优秀教师

工作室主持人为工作室其他成员的导师，负责制定工作室工作方案和成员培养方案（包括培训目标、培训内容、培训形式、研究专题、培训考核等），指导和帮助工作室成员在工作周期内达到培养目标。周期内，工作室成员应在当前全县优秀教师成长梯队中相应提升一个层次或成为在某一方面学有专长、术有专攻的知名教师。

（二）开展课题研究

工作室以工作室主持人专长为基础，以工作室成员集体智慧为依托，针对教育教学实践中的重点、难点问题进行专题研究。工作周期内，完成一个市级以上重点研究课题并取得相应成果，撰写出一定数量的高质量论文或专著，促进学科教学的理论建设。

（三）推广教育教学成果

工作室的教育教学研究成果应以论文、专著、讲座、公开课、研讨会、报告会、名师论坛、专题纪录片、现场指导、观摩考察等形式在全县及以上范围内介绍推广。工作周期内，工作室要承担县级教育行政部门安排的本学科领域教师培训、课例辅导、示范引领、课堂诊断、质量分析等活动，同时结合工作室发展需求，创造条件或搭建平台，由主持人带领工作室成员开设一定数量的市、县级公开课、培训讲座或教学论坛（报告会、研讨会），定期组织工作室全体成员下基层送教，或与农村学校开展结对帮教活动。

（四）开发、整合教育教学优质资源

工作室要结合新课程实施，根据本学科特点和本工作室目标系统地建立教育教学资源库。工作室要建立自己的网络名师工作室，使之成为工作动态发布、成果辐射推广和资源生成整合的中心，通过互动交流，实现优质教育教学资源的共享。

四、工作室的建立程序

（一）确定名师、名校（园）长

每个名师、名校（园）长工作室设主持人1名，由"西吉名师、名校（园）长"担任，经个人申报、学校推荐、教育体育局审核后进行公布。

（二）选拔成员

每个工作室设成员6至10名，一般从主持人所在共同体内同学科教师中进行选拔，原则上农村学校教师应不少于三分之一，45岁以下中青年优秀学科教师不少于5名，成员分布优先考虑参加工作室活动时食宿便捷，再考虑区域均衡和区域辐射。

工作室主持人名单公布以后，符合条件的教师个人申请，填写工作室成员申报表，经学校推荐、工作室主持人初选后，报县教育体育局审核，审核通过后进行备案并将结果反馈给工作室主持人。

（三）上报审核

工作室主持人将本工作室三年工作规划、年度工作计划、成员组成、预期工作效果等相关资料上报县教育体育局审核后拨付工作经费。

（四）签订协议

县教育体育局与工作室主持人签订《工作室主持人目标协议书》，在完成研究项目、培养中青年教师、质量评估、保障措施等方面规定双方权利和义务。

工作室主持人与工作室成员签订《工作室成员目标协议书》，在完成工作室项目研究和成员专业成长等方面制定周期发展目标，规定双方职责、任务及评价办法。

（五）挂牌运行

县人才办与县教育体育局联合，选择适当的形式命名各工作室，授予牌匾，并以工作室主持人所在学校为基地挂牌，工作室依据有关规定和协议开展工作。

五、工作室的保障措施

（一）条件保障

工作室挂牌学校应为工作室设置独立的工作场所，配备相应的基础设施。

工作室成员所在学校应为工作室成员开展工作提供便利条件，在参与工作室工作和经费等方面给予积极支持。

（二）经费保障

1.经费支持

工作周期内为每个工作室每年核拨业务经费××元，工作室主持人所在学校根据实际情况，配套一定数量的经费。

2.经费用途

工作室经费必须用于工作室的各项业务活动，主要包括：聘请专家及团队开展报告、讲学、技术指导、示范引领等活动费用；组织工作室成员学习考察及培训费用；开展课程开发、试验活动、教材编印、送教下乡等活动费用；工作室日常办公材料费用等。

3.经费管理

工作室经费拨付到工作室主持人所在学校，单独列支，专款专用，要严格按规定的经费用途有计划支出。工作室主持人所在学校要严格财务和财产管理，定期进行收支核算统计。工作室一个工作周期结束后，工作室主持人所在学校要报送经费使用情况清单，由主管部门会同审计部门进行审计。

六、名师工作室的组织管理机构

县教育体育局负责工作室的领导工作；县教育体育局人事室负责工作室的制

度管理和考核评估，县教师发展中心负责工作室的业务安排和业务指导，各主持人所在学校负责工作室的日常工作管理和督促落实，各工作室成员所在学校配合工作室主持人督促本校参与工作室成员按时完成工作任务。工作室主持人负责工作室发展规划及日常活动安排组织工作，相关活动经主持人所在学校审核报教育体育局同意后组织开展。主持人中途因事因病等原因不能主持工作的，经主持人推荐，由挂牌学校确定一名核心成员代为主持周期内的工作，并报教育体育局备案。

七、工作室的考核评估

1. 工作室 3 年为一个工作周期。在一个工作周期内，按有关评估标准，通过查阅资料、调查访谈、成果检验等考核方式，对工作室进行过程性评价和工作周期结束时的终结性评价。

2. 考核内容主要包括工作室自身建设发展的情况、工作室在培训指导教师和完成县级安排的教研任务方面取得的成效、工作室在教育教学科研中取得的主要成绩三个方面。

3. 每周期考核的结果分为优秀、合格和不合格三个等级。考核为"不合格"者将撤销该工作室建制；考核达到"优秀"的予以表彰和奖励，考核达到"合格"及以上的推荐进入下一周期的工作室建设。

4. 工作室成员的考核由工作室主持人负责，主要依据成员培养方案考察其是否达到培养目标，分为年度考核和工作周期考核。年度考核不合格的调整出工作室，同时可按有关程序吸收符合条件、有发展潜力的新成员进入工作室；工作周期考核达到合格的，由县教育体育局颁发县级骨干教师证书。

第四章　名师工作室管理策略

　　高质量的管理是工作室高效运行的根本保障。如果说名师工作室建设是建造一座房子的话，那工作室的管理就是对房子的布局进行设计规划、美化装修。工作室管理一般包括教育行政部门管理和工作室内部管理，这两个方面是当前管理名师工作室的主要渠道。笔者在实践的基础上，还提出了名师工作室联盟管理策略，试图实现"专业的人管专业的事儿"的目的。构建起名师工作室的管理体系，制定符合实际切实可行的管理措施，才能保证工作室的正常运行。

第一节　教育行政部门管理

名师工作室是各级教育行政管理部门根据需要组织建立起来的学习共同体，要按照教育行政管理部门的相关要求开展工作，接受教育行政管理部门的指导、考核、评估等管理工作。一般情况下，组建名师工作室的教育行政管理部门负责制定名师工作室考核管理办法，开发名师工作室网络研修的平台、资源等；属地教育行政管理部门负责名师工作室的日常管理。

各级教研部门或教师发展中心负责名师工作室的业务指导、高端研修、业务培训等工作，参与名师工作室的平时考核和终期考核。要指导名师工作室制定合理的周期规划、年度工作计划、个人专业发展规划，同时要把名师工作室纳入区域教研体系，在制度方面形成与行政教研组织相互补充、相互融合的教研工作体系，在需求方面要搭建名师工作室开展研究活动、送教下乡、示范引领等活动的平台，在资源方面要形成共同开发、共建共享、互相补充的一体化资源优势。

一、明确工作室的目标任务

组建名师工作室要干什么、达到什么程度、产出什么成果，组建名师工作室的教育行政管理部门要有明确的目标任务。目标就是名师工作室的工作方向，任务就是达成目标的驱动程序。有了明确的目标和任务，工作室开展工作就会有据可依，工作过程中就不会走弯路。各种级别的名师工作室的目标任务是不同的，下面以几个案例进行说明。

【案例1】《宁夏回族自治区教育厅办公室关于命名挂牌新一轮自治区中小学名师、名校（园）长、乡村教学名师工作室和遴选工作室成员的通知》文件中对工作室的目标任务是这样定位的：

按照建设"学习型、辐射型、合作型"名师工作室要求，搭建促进中青年教师专业成长以及名师自我提升的发展平台，进一步发挥名师工作室对教师专业发展的指导、支持、提升和优化等功能，形成"名师带徒弟"的培养模式，优化骨干教师的成就路径，将名师工作室建设成骨干成长的基地、名师展示的舞台、教学示范的窗口、科研兴教的引擎、教育改革的论坛，打造区域性教学合作团队，依托自治区中小学名师、名校（园）长工作室培养认定自治区骨干教师，依托自治区乡村教学名师工作室培养认定市、县骨干教师，促进全区教师队伍专业发展。

1. 乡村教学名师培养对象。2022年启动培养，培养周期为2年，培养周期内，将采取理论学习、课题研究、跟岗实践等方式，重点突出在师德师风、教育理论、课堂教学、班主任工作、课题研究、主持人工作策略等方面进行培训。培养结束经考核合格后，将命名为自治区级乡村教学名师，并建立自治区级乡村教学名师工作室。

2. 自治区级骨干教师培养对象。2021年启动培养，培养周期为2年，培养周期内，为每名培养对象选派理论和实践导师，针对师德教育、理论学习、课题研究、实践提升、成果发表等目标任务，分年度组织开展理论学习、实践指导、名校访学、示范提升、成果推广等培训研修活动，帮助培养对象提升教育教学水平。培养结束后通过考核答辩、成果展示，合格者将命名为"自治区级骨干教师"。

【案例2】《宁夏回族自治区教育厅关于公布2023年全区美育名师工作室建设名单的通知》中提出了如下目标任务。

一、工作目标

全面贯彻党的教育方针，落实立德树人根本任务，以美育教学研究为载体，以专业引领为手段，以"名师工作室"为阵地，提升工作室成员教学能力和专业素养，培养一批美育名师后备梯队人选，带动青年教师快速成长，培养以美育人、以美化人、以美润心、以美培元的新时代美育教师，推动学校美育教育高质量发展。

二、工作任务

1. 重视队伍建设，培养优秀教师。名师工作室主持人负责制定工作室工作方案和成员培养方案，指导和帮助工作室成员在工作周期内达到培养目标，引领教师提高师德修养和教育教学研究水平。

2. 立足课堂教学，发挥专业引领。以工作室主持人的专业素养和教研能力为基础，以工作室成员的集体智慧为依托，针对中小学美育教学实践中的重点、难点问题进行专题研究。在工作周期内，名师工作室要完成一个市级以上的课题研究并取得相应成果，撰写出一定数量的高质量论文或专著。争取立项一批效果好、实用强、特色明的美育课题，开展常态化研究。

3. 开展技能培训，助推专业成长。以名师工作室主持人擅长的专业领域开展专业技能研修，推动工作室成员专业技能持续提升。

【案例 3】宁夏回族自治区固原市《关于公布 2022 年名师工作室主持人的通知》文件中对工作室的目标任务是这样要求的。

（一）培养培训优秀教师：名师工作室主持人为工作室其他成员的导师，负责制定工作室工作方案和成员培养方案（包括培训目标、培训内容、培训形式、研究专题、培训考核等），指导和帮助工作室成员在工作周期内达到培养目标。工作室的培养目标是工作室成员应在市优秀教师成长梯队中相应提升一个层次或成为在某一方面学有专长的知名教师。

（二）开展课题研究：名师工作室以工作室主持人专长为基础，以工作室成员集体智慧为依托，针对教育教学实践中的重点、难点问题进行专题研究，工作周期内要完成一个市级以上重点研究课题并取得相应成果，撰写出一定数量的高质量论文或专著，促进学科教学的理论建设。

（三）推广教育教学成果：名师工作室的教育教学研究成果应以论文、专著、讲座、公开课、研讨会、报告会、名师论坛、专题纪录片、现场指导、观摩考察等形式在全市范围内介绍、推广。工作周期内，工作室主持人应带领工作室成员开设一定数量的市、县级公开课、培训讲座或教学论坛（报告会、研讨会）；定期组织工作室全体成员开展下基层送教，或与农村学校开展结对帮教。

（四）开发、整合教育教学优质资源：名师工作室要结合新课程实施，根据本学科特点和本工作室目标系统地建立教育教学资源库。名师工作室要建立自己的专题网页、特色网站或 QQ 群等，使之成为工作动态发布、成果辐射推广和资源生成整合的中心，通过互动交流，实现优质教育教学资源的共享。

二、制定名师工作室考核管理办法

名师工作室考核管理办法是考核、管理名师工作室的依据，也是对名师工作室工作的底线要求。随着"互联网＋"和教育信息化发展，名师网络工作室也成为教育行政管理部门要求组建并负责管理的对象，因此考核管理办法时也要纳入其中。名师工作室考核管理办法一般包括总则、管理与组建、职责与任务、权利与义务、考核与评估、保障措施等内容。下面以笔者起草的县域名师工作室管理办法为例进行说明。

【案例】《西吉县教育数字化转型背景下名师（名校长）工作室考核管理办法》

第一章 总 则

第一条 为认真贯彻落实《中国教育现代化 2035》和教育部《关于加强和改进新时代基础教育教研工作的意见》等文件精神，进一步规范我县名师、名校长（以后统称名师）工作室管理，充分发挥名师工作室在教学研究、教师培养、推进课改、成果孵化等方面的独特作用，开启"数字教育"背景下名师工作室新动能，打造全县教研高质量发展新引擎，特制定本制度。

第二条 名师工作室是由挂牌名师和若干相近学科或领域的骨干教师共同组成的集教学、研究、培训于一体的学习共同体，是以实现"名师引领、团队合作、全员提高、资源共享、均衡互补"的教师专业发展为目标的创新型教师群体，既是开放性的研修组织，也是区域内教育资源的集聚地和骨干教师交流的舞台，成长的摇篮。

第三条 工作室以人才培养为核心，以课堂研讨为主阵地，以课题研究为引领，以先进的教育理念、独特的教学风格、精妙的教学技巧、灵活的教学方法为主要培养目标，努力打造师德高尚、业务精湛、风格多样、活力四射、影响深远的精英教师团队，使工作室成为优秀青年教师的集聚地和未来名师的孵化器，成为引领教师专业成长的"学习型、辐射型、合作型、研究型"的专业组织。

第二章 名师工作室管理与组建

第四条 西吉县教育体育局按照西吉县委组织部人才管理办公室的要求负责名师工作室的管理，积极为工作室开展工作创造良好的工作条件，提供资金、政策等方面的保障。各工作室在学校负责名师工作室的具体管理，要大力支持工作室的建设，保障名师工作室主持人有充分的时间和精力开展名师工作室相关工作。

第五条 成立西吉县名师工作领导小组，由局长担任组长，主管局长担任副组长，人事、财务、教师发展中心等相关股室中心主任为成员，全面负责名师和名师工作室各项工作。领导小组下设办公室，办公室设在教育体育局教师发展中心，具体负责工作室工作计划审核、研修安排、考核评价等日常业务管理和考核评价工作，并将工作室工作开展情况定期向领导小组汇报。

第六条　名师工作室由主持人、顾问和工作室成员组成。其中主持人1名，顾问2～3名，核心成员8至10名，外围成员人数不限。核心成员为培养对象，外围成员为辐射提升对象。

第七条　工作室在县教育体育局统一规划下组建，由县名师工作领导小组办公室具体负责组建及管理工作。各级工作室都要在宁夏教育资源公共服务平台建立名师网络工作室，由县教育行政部门组织申请开通。

第八条　名师工作室主持人由县名师工作领导小组在全县范围内按规定程序遴选。主持人产生后，在县名师工作领导小组办公室指导下，由主持人完成名师工作室组建工作。

第九条　名师工作室主持人的遴选程序：教师自主申报、学校评议推荐、县教育体育局考核认定。工作室主持人要具备下列条件：

1.热爱教育事业，爱岗敬业，师德高尚，堪称育人的模范、教学的能手、科研的专家，在数字化教学教研领域有较强的能力。

2.具备国务院政府特殊津贴专家、特级教师、青年拔尖人才、县级及以上名师等人才称号之一且在教育教学教研一线工作。

3.有较高的理论修养、先进的教育理念和改革创新的意识，有鲜明的教育风格或教育教学特色，业绩突出，在全县、全市、全省乃至全国的相关领域中有较高的知名度。

4.有较强的教育研究和教学实践能力，能组织、培养和指导学员进行课题研究。有理论联系实际、实事求是、扎实稳健的工作作风。

5.近5年主持完成市级及以上研究课题至少1项，或者在公开刊物发表论文2篇，或者近三年有研究成果获得市级及以上成果奖。

6.身体健康，能胜任工作需要，男性年龄不超过57岁，女性年龄原则上不超过52岁。承担过县级及以上名师工作室主持人并有良好反响的对象，在同等条件下可优先聘任。

第十条　主持人依据条件选聘工作室的顾问和工作室成员。工作室顾问由主持人直接确定并报县名师工作领导小组办公室备案，顾问要具备较高的理论水平和专业能力，能够指导工作室工作，能够引领工作室成员专业成长。工作室成员的遴选要注重年轻化，注意区域平衡，向乡村教师倾斜，原则上同一所学校不能超出 2 名，工作室主持人遴选的成员须报县名师工作领导小组办公室审核批准并备案。

第十一条　工作室成员需具备以下条件：

1. 认真贯彻党的教育方针，具有一定的政策水平、理论水平和信息技术水平。

2. 具备良好的师德师风和团队合作精神及强烈的进取心。

3. 具有较强的教育科研能力和积极钻研的精神，能够承担工作室的职责任务。

4. 具有现代意识和时代精神，具有较强的自我发展能力。

5. 业绩突出者可适当放宽以上条件。

第十二条　工作室成员遴选程序

1. 本人申请。

2. 成员所在学校同意后，提交工作室主持人审查遴选，确定初步人选，并按规定名额向名师工作室领导小组办公室推荐。

3. 县名师工作领导小组组织专家对工作室提交的工作室成员进行审核和考察，确定工作室成员最终人选。

4. 报西吉县教育体育局备案。

第十三条　名师工作室以主持人姓名、研究或培养方向命名。在工作室组建完成后，由县人才管理部门和教育行政部门授牌，接受县级教育行政部门和工作室所在学校管理，并将工作室主持人聘请为全县兼职教研员。名师工作室实行任期制，以三年为一个周期，主持人和顾问可以连任，学员不得跨届连任。

第三章　职责与任务

第十四条　名师工作室领导小组主要职责

1. 审查名师工作室主持人资格，审批名师工作室成员；审查名师工作室培养发展计划、年度活动安排，检查名师工作室的活动情况，审查名师工作室工作报告和经费使用情况。

2. 对名师工作室、主持人及工作室成员进行年度考核和任期届满考核。

3. 组织名师工作室开展送教下乡和名师示范课、名师论坛等活动。

4. 对名师工作室的成果进行总结、宣传和推广。收集汇总名师在教育、教学、科研、学校管理、课程建设等方面的理论成果；支持名师出版教育教学著作等。

5.指导名师工作室建好名师网络工作室平台。

第十五条　工作室的主要任务

（一）培养未来教育家。以名师工作室为平台，促进挂牌名师自我成长。挂牌名师在带领团队成长过程中，加强自我修养，提炼教育思想，形成教育风格，不断成长为全省乃至全国知名教育专家。

（二）培养优秀教师。名师工作室的基本目标是促进教师素质全面提升。通过工作室活动，首席名师指导培养核心成员成为名师，辐射引领外围成员专业成长，培养我县优秀教师。

（三）研讨教育教学问题。首席名师带领工作室团队，以课题研究为载体，研究学科教学或学校管理的重难点问题，找到解决问题的方法和策略，在提升教育教学质量的同时，促进成员专业发展。

（四）推广教育教学成果。名师工作室的教育教学研究成果应以论文、专著、讲座、公开课、研讨会、报告会、名师论坛、专题纪录片、现场指导、观摩考察等形式在全县范围内介绍、推广。同时借助名师网络工作室等信息技术手段，进一步扩大影响，辐射引领更多的教师成长。

（五）开发教育教学资源。名师工作室团队要充分发挥示范、引领作用，设计开发教学以及教师培训资源，为学校管理、学科教学和教师培训提供智力支持和保障。

（六）引领学科发展。以名师工作室活动为基础，指导非工作室团队成员有序参与名师工作室活动，进一步发挥名师工作室活动的辐射作用，促进我县学科教学质量的提升和学科教师教育教学能力的提高，全面提高全县基础教育质量。

具体来说，要做好以下几个方面的工作。

1.建一个平台。搭建有利于教师专业发展的新平台，打造全县一流的教师团队，使名师工作室成为研究的平台、成长的示范、凝聚的核心、辐射的窗口。

2.带一支团队。通过三年为一个周期的培养计划的实施，有效推动培养对象的专业成长，力求在一个工作周期内使工作室成员在师德规范上出样板，课堂教学上出精品，课题研究上出成果，实现工作室成员的专业成长和专业化发展，以引领学科教学共同发展。

3.抓一个项目。以领衔名师的学术专长为基础，以参研教师的共同志向、共同研究方向、共同研究愿望为依托，以县域内教育教学重点问题为导向，确定并开展教育教学项目研究。

4. 做一次展示。引领学科建设，每年至少承担一次县级或以上主题展示活动，以研讨会、报告会、名师论坛、课例展示现场指导等形式，有目的、有计划、有步骤地传播先进的教育理念和教学方法，帮助学科教师解决教与学过程中遇到的问题，充分发挥名师的带头、示范、辐射作用，从而形成名优群体效应，实现优质教育资源的共享。

5. 推一项成果。工作室各项工作要紧紧围绕全县教育教学改革思路，重点探索课堂教学模式构建和教学方法的改进。做好教材分析、教学设计、作业设计的指导和研究工作。以激发学生学习兴趣、挖掘学习潜力、培养学生创新能力为落脚点，精心研究课堂教学模式的构建，并在改革试验成功的基础上在一定范围推广。

第十六条　主持人的职责与任务

1. 负责名师工作室顾问、名师团队和学员的遴选，组建名师工作室，并做好名师工作室日常工作的组织与管理。

2. 制定本工作室章程或管理条例；制定本工作室三年发展规划；制定工作室年度工作计划，每年向教育主管部门提交工作室总结；制定工作室主持人年度个人专业发展研修计划，提交研修总结。

3. 负责名师工作室人员的专业规划和活动管理，审核学员的成长计划和规划，组织并管理工作室的常规活动，对学员进行年度和周期培养考核与评价。

4. 实行双向听课制度，当好学科教学的示范者，每学期进行 1 次以上教学展示；每年组织并参与工作室每一个成员的听课、评课活动，研究学科教学，指导成员总结教育教学方法、经验、模式。

5. 不断钻研教育教学理论，定期或不定期组织工作室成员的理论学习及研讨，每个月集中研讨活动时间不得少于 3 小时。经常写教育教学或学校管理札记；每年在市级以上刊物（含同级教学研究）发表教育教学或教育管理论文 1 篇以上，3 年任期内争取有个人或合作著作出版。

6. 坚持教育教学改革实验，研究教育教学中普遍存在的问题，积极主动地提出改进办法；指导工作室成员开展教学研究和科研课题，3 年内主持完成一项县、市级以上科研课题。

7. 参与和指导工作室成员承担校本培训课程开发，每年举办校本培训或其他讲座 2 次以上。举办或参与读书会、名师大讲堂、名师论坛、专题研讨等活动，对于部分活动，要通过线上线下结合的方式同步开展，工作室每年开展线上线下活动不少于 5 次。

8. 做好学校教育教学的参谋，为区域教育的发展建言献策，提出建设性的意见和建议。建立工作室成员成长档案，不断促进工作室成员的专业成长与发展。

9. 建立名师网络工作室平台，为工作室核心成员和外围成员提供教研信息和解决教学问题的途径，促进本校教育教学质量的提高。对于工作室开展的示范课、专题讲座等主题研修展示活动，要利用网络工作室平台同步开展，辐射引领工作室外围成员同步提升。

10. 主动加入县级名师工作室联盟，按照工作室联盟的安排，开展名师工作室主持人能力提升培训、名师大讲堂、"好课优课"研磨、薄弱学校送教帮扶、示范展示等活动，为全县教研活动注入新活力，助推全县教研工作高质量发展。

第十七条　名师工作室顾问职责与任务

1. 为名师工作室提供理论支撑与业务指导。

2. 为名师工作室开展各项工作创造有利条件。

3. 参与制定或修改工作室工作计划、管理细则，协商工作方式、工作时间。

第十八条　工作室成员的职责与任务

1. 树立良好的师德，倡导无私奉献精神；善于向名师学习，在名师的指导下与工作室其他成员合作交流，共同成长。

2. 遵守工作室章程或管理条例；制定个人三年发展规划；每年度制定个人专业发展研修计划，做好各种研修活动记录，提交年度研修总结。

3. 当好学科教学的示范者，每学年在校内进行 2 次以上教学展示，提交 1 份以上优秀教学设计或优质课例实录；每年参加一次县级以上示范展示或教学大赛；不断改进学科教学，总结教育教学经验，提炼教育教学成果，促进本学科教学质量的提高。

4. 不断钻研教育教学或教育管理理论，树立先进的教育教学或教育管理理念，每学期研读一本教育教学专著，完成 1 篇读书笔记；经常写教育教学或管理札记；每年完成 1 篇教育教学论文并在县级以上刊物（含同级教学研究）发表或交流，3 年内争取有 1 篇论文在自治区级及以上刊物公开发表,鼓励个人或合作出版著作。

5. 坚持教育教学改革实验，研究教育教学及学校管理中普遍存在的问题，积极主动地提出改进办法；3 年内参与完成一项市级以上科研课题，积极参加各级各类教学竞赛，努力取得好成绩。

6. 帮助工作室主持人维护运行名师网络工作室平台，积极开展在线互动式研讨，为名师网络工作室平台提供教育教学信息、教育教学资源和教育教学或学校管理经验，引领同领域内外围成员同步发展。

7. 帮助工作室主持人及时整理工作室活动记录、成果业绩档案资料，协助主持人总结、整理教育教学或学校管理改革经验。

第四章　权利与义务

第十九条　工作室主持人享有以下权利

1. 制定工作计划、确定工作方式、安排工作时间、使用划拨经费和其他经费（如自筹经费、赞助经费等）。

2. 在教育行政部门的统一组织下，做好工作室顾问、工作室成员的遴选。

3. 根据实际情况调整工作计划、工作方式、工作时间。

4. 根据考核、评价等情况，向工作室成员所在单位或上级建议对成员进行奖励。

5. 根据需要聘请工作助手。

第二十条　工作室成员享有以下权利

1. 获得名师、顾问悉心指导。

2. 使用工作室编印的各种学习资料。

3. 取得教育教学研究成果后，通过工作室进行推广或推荐发表。

4. 优先参与工作室立项的教育科研课题研究。

5. 成果突出、业绩显著者，优先评优、评职、晋级。

6. 经考核合格，在推荐认定各级骨干教师时优先考虑。

第二十一条　工作室主持人履行的义务

1. 定期向西吉县名师工作领导小组办公室汇报工作室工作开展情况，并接受考核评估。

2. 使用好工作室专项经费，接受财务审计。

3. 认真完成工作室主持人任务，履行主持人职责。

第二十二条　工作室成员应履行以下义务

1. 听取名师指导，接受名师检查评估，向名师报告工作、做出书面总结。

2. 积极配合工作室主持人完成工作任务，全心投入到工作室的各项教育教学研究和实践活动中。

3. 认真总结自身教育教学经验，积极承担课题研究与撰写学术论文、提炼科研成果等任务。

第五章　考核与评估

第二十三条　工作室考核对象为工作室、工作室主持人及核心成员，按"优秀""良好""合格""不合格"评定等级，外围成员原则上不参与考核。

第二十四条　县名师工作领导小组办公室每年度组织人员对名师工作室进行一次考核，考核内容主要包括工作室自身建设情况、作用发挥情况、成员培训学习效果情况、教育教学科研成果情况、培训经验和成果推广情况等。可采取深度访谈、现场答辩、问卷调查、资料查阅、成果检验等方式进行。评定为"不合格"的工作室限期整改，然后再次进行考核评估，如果仍不合格，将取消工作室的命名和相应待遇。

第二十五条　县名师工作领导小组办公室在工作室主持人三年任期结束时对其进行届满考核，考核办法和评定的等次和年度考核相同。凡评定为"优秀"的主持人可以第二次连任，并由教育体育局进行表彰奖励。

第二十六条　名师工作室主持人负责工作室核心成员的年度考核，根据成员学习工作和进步情况，按"优秀""良好""合格""不合格"为成员评定等级。对于年度考核不合格的学员，工作室应将其调整出工作室，并按照有关程序吸收符合条件、有发展潜力的新成员进入工作室。工作室核心成员届满考核在县名师工作领导小组指导下由工作室主持人考核，确定学员是否结业，对结业的学员发放结业证书和县级骨干教师证书。工作室优秀的外围成员可由工作室主持人提名，按照核心成员的标准进行届满考核，能达到结业标准的发放结业证书和县级骨干教师证书，每个工作室提名的外围成员不得超过 3 名。

第二十七条　名师工作室主持人的考核项目及备查资料

1. 师德修养（考核依据见学校评语；一票否决制）

2. 发展规划、研修计划及总结（含三年规划、总结及学年计划、年度总结）

3. 示范课或讲座（教学设计、讲座提纲及音像资料）

4. 指导学科教研活动（活动记录、照片）

5. 课题研究（研究过程记录及成果）

6. 撰写或发表论文（著）（发表刊物复印件）

7. 学科课程开发（校本教材、讲课教案或课件）

8. 校本或其他培训（讲义提纲和课时数）

9. 培养学科骨干教师（活动记录、照片）

10. 网络工作室建设

11. 档案建设（获奖及参加各类学术活动通知复印件）

12. 名师工作室经费开支情况

第二十八条　名师工作室核心成员考核项目及备查资料

1. 师德修养（导师评语；一票否决制）

2. 发展规划、研修计划及总结（含三年规划、总结及学年计划、年度总结）

3. 读书计划及笔记

4. 公开课、示范课或讲座（教学设计、讲座提纲及音像资料）

5. 课题研究及参加教学竞赛成果（研究过程记录及成果）

6. 撰写论文或反思（发表刊物复印件）

7. 档案建设（获奖及参加各类学术活动通知复印件）

8. 参与网络工作室建设情况

9. 参加校本等各类培训（听课记录、讲义提纲和课时数）

第六章　保障措施

第二十九条　工作室主持人所在单位要为工作室创造良好的工作环境，在落实工作地点、保证工作时间和协调工作关系等方面给予大力支持，将完成工作室工作计入工作量，减轻主持人单位工作负担。

第三十条　工作室成员所在学校应为成员学习、参加工作室活动、成果推广等方面创造必要的条件，在时间、经费和政策上予以保障，相关工作计入成员工作量。

第三十一条　工作室专项经费由名师工作室领导小组向县人才管理办公室申请，挂牌后每年给每个工作室拨付工作经费 3000 元，名师工作室经费拨付主持人所在单位，主持人所在学校可根据具体情况为工作室提供必要的配套经费，工作室经费专款专用。工作室主持人负责工作室经费的管理，严格按照财务制度开支，接受所在单位和相关财务管理的督促和审计。对于年度考核优秀的工作室，由县名师工作领导小组采用以奖代补的形式给予奖励，奖励经费纳入工作室工作费用管理。

第三十二条　名师工作室经费主要用于名师工作室的建设、教科研活动、学员奖励、参加培训学习及工作室成员劳务费等。

第七章　附　　则

第三十三条　县级以上名师工作室由县教育行政部门推荐主持人，由批准建设单位授牌，接受批准建设单位、县级教育行政部门和工作室所在学校共同管理，日常工作纳入全县教研工作体系运行，由县名师工作领导小组参照县级名师工作室考核管理办法和批准建设单位考核细则进行过程性考核，并在批准建设单位考核时提供县级考核结果。

第三十四条　本制度自发文之日起执行。

第三十五条　本制度由西吉县教育体育局负责解释。

三、打通行政化教研与名师工作室壁障

在一段时间，某些地方没有建设本级的名师工作室，对于上级教育行政部门建立的名师工作室没有足够重视和充分利用，认为上级建立的名师工作室的管理是上级教育行政部门的事儿，名师工作室培养成员是工作室内部的事儿，没有把名师工作室与当地教研结合起来，导致工作室没有开展活动的平台，或者仅局限在工作室所在校的小圈子里进行活动，名师工作室的发展受限，也没有为当地教育发展发挥应有的作用。

打通行政化教研与名师工作室之间的壁障，把名师工作室汇入当地教研工作体系，是推动名师工作室建设质量和提高教研工作效率的必要选择。一是教研制度方面将教研部门与名师工作室、教研员与名师之间贯穿连通，比如常规管理、教研管理办法、教研员遴选等方面；二是把名师工作室的部分工作纳入区域教研工作计划，统筹安排教研活动，让名师工作室的活动汇入区域教研活动的大河流。笔者起草了几份县域教研方面的制度和活动安排，在这方面进行了有效尝试，收到了良好的效果。

比如：《西吉县中小学幼儿园教学常规管理细则（2023年修订稿）》第二章（学校教学管理规范）第四节（教研管理）第十七条专门提出了名师（名校长）工作室建设的相关管理要求：学校要将名师（名校长）及其工作室作为教研工作的重要资源和载体，加大名师（名校长）培养力度，建设高质量的名师（名校长）工作室，打造优秀网络名师工作室，发挥其带动辐射作用，引领教研工作更快更好发展。

又如：《西吉县关于加强和改进新时代基础教育教研工作提高教育教学质量的意见》中对名师工作室有这样两段表述：

1. 建立县级兼职教研员制度。聘请学养深厚、经验丰富、成果丰硕的名优教师、教研组长担任县级兼职教研员。全县各级各类名师（名校长）工作室主持人和特级教师、塞上名师、国务院政府特殊津贴、青年拔尖人才等荣誉称号（学术职务）获得者，在征求本人意愿的情况下，直接聘请为县级兼职教研员；学前教育和义务教育阶段根据学科教研需要，从名师、教研组长、优秀教师中聘请部分县级兼职教研员；普通高中、职业高中、特教学校教研组长直接聘请为县级兼职教研员。兼职教研员每3年为一个聘期，聘期期满经考核合格的可以续聘。兼职教研员聘任及管理办法参照《新时代宁夏基础教育教研员管理办法》执行。

2. 构建全新的教研工作格局。全县教研工作在教育行政部门的领导和上级教研部门的业务指导下，充分整合全县各级教研组织力量和各级各类名师、名校长、骨干教师等人才资源，通过成立名师（名校长）工作室联盟等措施，打通教研人员成长进阶壁垒，形成上下联动、运行高效、通力协作、人尽其才的教研工作机制，构建城乡一体、区域联动大教研格局。县级名师主要从各级教研人员中产生，一般推荐上一级名师、骨干教师要具备低一级名师、骨干教师荣誉（学术职务）。把县级名师（名校长）工作室作为培育孵化县级骨干教师的主要阵地，全面提高工作室的研究引领能力。

再如：《西吉县教师发展中心2023年工作要点》中在"持续推动教研模式创新"方面充分考虑了名师工作室的助力作用，具体内容是这样表述的："依托自治区级网络直播教研活动、各级各类送课交流研讨活动、全县大型教育教学观摩交流活动、全县教学视导和名师工作室送教观摩活动等载体，通过线上线下相结合的形式，开展以主题教研为主的全县性教研活动，并充分发挥诊断式教研、比赛式教研、网络教研等教研形式的优势，进一步提高教研活动的参与度、针对性和实效性，促进城乡教学质量同步提升和县域内教育优质均衡发展，助力全县骨干教师队伍建设。

下面再以一个整体案例来说明区域教研机构统一协调组织安排名师工作室引领区域教研发展的相关措施。

【案例】西吉县名师工作室送教示范暨 2023 年第二轮教学常规视导共同体互观互学活动安排

为进一步规范全县各学校（园）教学常规管理，全面检查国家质量监测、全县义务教育质量监测、全县 2023 年教学常规视导中问题的整改落实情况，并充分发挥名师工作室联盟、名师工作室和共同体优质资源的示范引领作用，推动课堂教学改革，教育体育局决定组织开展名师工作室送教示范暨 2023 年第二轮教学常规视导共同体互观互学活动，现将相关事项安排如下。

一、共同体视导暨互观互学活动

（一）活动时间（略）

（二）活动组织：各包区域教研员协调，义务段各共同体、学前段集团园牵头校（园）组织落实。

（三）活动流程

1. 义务段活动流程

（1）各共同体牵头校制定活动安排，确定具体的活动时间。

（2）各共同体牵头校组织人员对共同体内所有成员校进行一次全覆盖式常规视导，在视导过程中进行互观互学，共同体校长（或主管教学校长）、包区域专职教研员、兼职教研员、各学校中层及教师代表参加活动。视导观摩内容主要包括课堂教学、教研活动、教师备课、作业设计批阅、实验教学、校本课程开发、校本培训以及教学常规管理和信息化教学等方面的特色亮点，各学校要提前做好视导观摩的筹备工作。

（3）召开总结交流会，梳理共同体的特色亮点和存在的问题，研究共同体协同发展共同提升质量的主要举措。

（4）撰写视导观摩活动报告，由包区域教研员审核后上报教师发展中心。教育体育局将分中小学择期组织召开视导观摩活动反馈会，由各共同体牵头校和包区域教研员汇报反馈视导观摩情况。

2. 学前段活动流程

由各集团园牵头园组织开展一次互观互学活动，观摩地点为牵头园，活动尽量突出主题，避免面面俱到，各成员园选派园长和骨干教师参加活动。观摩结束后，组织开展研讨交流活动，总结观摩收获，梳理平时教育教学活动中存在的主要问题，并由牵头园组织人员针对共性问题、重点问题进行指导答疑。整个活动结束后，由牵头园撰写互观互学活动报告，经包区域教研员审核后报教师发展中心。

二、薄弱学校课堂诊断暨名师工作室送教送培活动

（一）活动时间（略）

（二）活动组织：由教师发展中心相关学科教研员牵头协调组织，工作室联盟负责上课内容的统筹安排，相关名师工作室负责课堂诊断、课堂示范和集体备课等活动，各名师工作室所在学校、成员所在学校负责参加活动人员工作协调、后勤保障等支持服务工作。

（三）活动安排（略）

（四）活动流程

1. 各名师工作室与送教学校对接，在送教学校确定一名上诊断课教师，工作室同时确定一名上示范课成员，按同课异构的形式选定授课课题，提前进行备课，同时将上课人员及课题报名师工作室联盟汇总。

2. 送教当天上午先由送教学校上诊断课的教师进行授课，接着由工作室上示范课的教师授课，然后由教师发展中心负责人和工作室组织，就诊断课进行集体备课，指导上诊断课的教师二次备课。

3. 下午先由上诊断课的教师选另一个班级再次授课，接着由工作室组织开展教学研讨，最后由工作室主持人结合授课中的主要问题进行微讲座。

三、名师工作室全县示范教学活动

（一）活动时间（略）

（二）活动组织：由教师发展中心、承担示范教学工作室所在学校、名师工作室联盟协同组织开展。

（三）活动安排（略）

（四）活动流程

1. 示范教学

承担示范教学的工作室根据本学科主要内容和主要问题，选择四个主题，每个主题选择一个课例进行示范教学。每个学科在当天上午安排好时间，完成示范教学任务。

2. 研讨交流

下午首先由教师发展中心负责人和名师工作室协同负责组织开展基于课例的教学研讨，然后由各名师工作室主持人针对选择的主题结合课例进行微讲座。

（五）注意事项

1. 教师发展中心负责学段学科人员提前做好参加活动教师的报名统计，制作好签到册，活动当天负责签到工作。要积极配合工作室做好活动的统筹协调工作，并根据需要可承担一定的工作室任务。

2. 各学段学科参会人员按时到对应活动地点签到，各学校要提前通知参会人员按时参加活动。

3. 名师工作室联盟做好活动内容统筹谋划，包括各工作室示范课人员的遴选、活动主题的选择、课题的确定等。承担示范课的工作室做好本学科活动的安排，包括场地布置、顺序安排、课题登记、课例研磨等，并将安排提前报工作室联盟和教师发展中心负责人员。活动在地校要做好活动的统筹协调，全力指导、支持工作室开展好本次活动。

四、相关要求

1. 本次活动项目较多，各共同体、学校（园）、名师工作室联盟和各工作室要高度重视，相关负责人员要从细节入手，协调各方积极配合开展工作，确保各项活动顺利进行。

2. 承担送教、示范的工作室要提前做好备课、磨课、演练等工作，要本着实实在在解决问题的目标设计活动内容，确保活动取得实效。

3. 整个活动要本着安全第一的原则，各相关学校要做好外出参加活动人员的安全教育，并做好相关的安全保障措施。

五、活动保障

1. 承担送教、示范教学的工作室产生的费用用工作室专项工作经费报销，对于经费不足的工作室，由工作室在地校给予支持。其他参加活动人员交通费、食宿费按有关规定回原单位报销。

2. 对于承担示范教学、送教人员的教学效果，由教师发展中心、名师工作室联盟、名师工作室主持人综合评价后，效果良好的颁发县级观摩交流证书。

第二节　名师工作室内部管理

名师工作室内部管理包括制定工作室管理制度、发展规划和成员专业发展规划等方面。

一、名师工作室内部管理制度

名师工作室内部管理制度是工作室主持人和成员必须遵守的规范性管理要求。管理制度包括工作室主持人和成员的职责分工、成员研修制度、经费使用制度、后勤保障制度等方面。工作室管理制度是工作室正常运行的重要保障。工作室主持人要带头遵守管理制度，让这种制度成为工作室全体人员一致认同并主动追求的共同价值，形成工作室的制度文化。

【案例】宁夏回族自治区固原市西吉县高中思想政治荣学飞名师工作室管理制度

一、主持人工作制度及职责

1. 主持人必须根据名师工作室管理办公室的要求，在教育主管部门的领导下，制定翔实的工作规划和年度工作计划，主持工作室各种研讨活动的开展。

2. 主持人须根据名师工作室建设标准，完成主持人需要完成的工作任务，督促成员完成工作。

3. 主持人须在主持人所在学校领导下，制定严格的工作室经费使用标准，按规定使用工作室经费。

4. 主持人要制定成长规划和目标，提升自己的专业素养，夯实专业技能，为提高教师教育教学能力和区域教育教学质量做出自己的贡献。

5. 主持人要加强工作团队建设，积极督促工作室成员加强业务学习，指导成员的发展方向，为成员的专业提升提供帮助。

二、顾问工作制度及职责

1. 顾问应积极为工作室的建设及运行提供政策依据、学术支撑，指导工作室主持人开展教学研讨活动。

2. 顾问要根据工作室的活动安排，承担一定的工作室培训任务。

3. 顾问应为工作室的发展目标、规划、年度计划提供指导性的建议与意见。

三、成员工作制度及职责

1. 成员是工作室的学习者、研究者，是工作室建设管理的参与者。

2. 树立良好的师德，倡导无私奉献精神。善于学习，积极主动参加工作室的活动，在主持人和顾问的引导下与工作室其他成员合作交流，共同成长。

3. 制定个人三年发展规划；制定个人年度专业发展计划，做好各种活动记录。

4. 努力提高教育教学实践水平，按照教育规律和学生的心理成长规律，科学有效地开展教育工作。

5. 刻苦学习，努力提升教育科学素养，不断提高教育科学理论水平。

6. 坚持教育教学改革实验，研究教育教学及学校管理中普遍存在的问题，积极主动地提出改进方法。

四、档案管理制

1. 工作室要建立工作档案，主要包括工作室建设方案、三年规划、年度计划等各类资料。

2. 工作室要建立成员培养档案，对成员进行有序规范的培训和考核，成员档案是考核成员的重要依据。

3. 主持人助理负责工作室档案管理。工作室成员的计划、总结、听课（评课）记录、展示课记录、教案等材料及时归档、存档。

4. 工作室所开展的活动要及时上报上级教研管理部门和工作室联盟。

五、经费管理制度

1. 工作室经费管理坚持"科学规范、力求节约、专款专用、权责一致"的原则，将经费效益最大化。

2. 经费支出范围包括：差旅费、办公用品及图书资料购置费、专家（含主持人及成员）讲课费、会务费、外出交流学费、网络建设费、科研及成果出版费及其他确因工作需要支出的费用。

3. 经费不得用于个人消费支出，不得用于主持人所在学校公用经费支出。

4. 工作室经费使用情况接受上级教育行政部门监督和审计部门的审计，主持人所在学校法人、工作室主持人为主要责任人。

二、名师工作室发展规划

名师工作室发展规划是工作室运行期间的路线图，主要包括工作室目标、工作措施、工作步骤、预期成果等方面。

【案例1】宁夏回族自治区马辉才名师工作室三年规划

一、指导思想

根据《宁夏回族自治区教育厅办公室关于命名挂牌新一轮自治区中小学名师、名校（园）长、乡村教学名师工作室和遴选工作室成员的通知》要求，本工作室旨在通过合作开展教师培养和教育教学改革实践研究等，充分发挥名师的引领工作，为区域内一部分教育目标明确、教育理念新、管理能力强、科研能力好、专长突出、风格鲜明、发展潜力大的教育工作者创造成长条件、提供发展平台，带动和促进区域教师队伍水平的整体提升。

二、工作室定位和目标

定位：以"专业引领、同伴互助、交流研讨、共同发展"为宗旨，以教育科研为先导，以课堂教学为主阵地，以网络为交流载体，融科学性、实践性、研究性于一体进行团队研修。

目标：本工作室总工作目标是带一支团队，抓一个课题，做一次展示，建一个网页，出一批成果，力争成为名师的摇篮、教改的基地、研究的平台、辐射的中心，通过课题研究、在线研讨、专题讲座、教育论坛等形式，帮助数学教育工作者更新教育理念和能力结构，在学习中吸收他人的经验和做法，在实践中丰富自己的认识和理论，在创新中提升教学工作的实效和水平。创造出在全市有一定知名度的小学数学教学特色品牌。

三、主要工作措施

1. 制定个人发展规划。工作室成员根据个人的实际情况，科学地制定出本人的两年发展规划，明确今后自己专业发展的目标和步骤。

2. 强化教育理论学习。工作室主持人将向成员推荐教育必读书目和选读书目，每位成员依据自己的情况制订相应的读书计划，完成不少于100万字的读书量。

3. 打造专题网站。通过宁夏教育资源公共服务平台创建的马辉才名师网络工作室，通过网络传播和在线互动，有效地使工作室成为动态的工作站、成果辐射源和资源的生成站。

4. 加强教育教学交流。定期集中开展教学实践研讨活动，同时在网上进行读书、教学感悟等各种研修的交流活动。

5. 开展各种专题研修。定期集中（每月一次）开展课例研讨、评课沙龙等活动，针对成员教学中出现的重点问题进行研究，形成一些解决问题的策略和方法。

6. 自主教学实践。组织开展工作室成员研讨课、交流课等活动，每位工作室成员每学期要有 1 节校级以上公开课或观摩课，或在校内开设 1 次专题讲座。

7. 开展课题研究。工作室成员可以围绕主持人的课题，承担一个子课题研究，也可以在主持人的指导下自主立项课题进行研究，确保每年有一篇质量较高的研究论文在市级以上的刊物发表。工作室本年度研究课题为《基于混合环境下信息技术与小学数学课堂教学深度融合策略研究》。

研究目标：

（1）通过对师生、学校环境等方面的研究，梳理出数学课堂教学中信息技术使用现状，分析低效使用信息技术的因素。

（2）通过研究，建立以课堂教学为载体、以学生为主体、以教师为主导，以混合环境下信息技术为支撑，探索出基于混合环境下让信息技术助力学生学情分析，有效服务学法指导，科学实施学业评价等方面与小学数学深度融合的校本化策略。有效提高学校数学课堂教学的质量和效率。

3. 通过研究，师生得到发展。实验教师的教育科研能力得到提升，形成典型课例、论文、反思等。使教师真正成为信息技术与小学数学课堂教学深度融合的研究者、策划者、执行者。使学生逐步改变学习方式，积极参与，乐学、会学，提高学生的主动学习能力。

研究内容：

本课题以现代信息技术助力课堂效益提高为突破口，开展"信息技术与小学数学课堂教学的深度融合"的研究，形成一套行之有效的数学课堂教学活动中的有效性教学策略，促进教育教学创新，改进教学手段和方法，提高教与学的效率，提高教师运用信息技术的能力，促进教师专业化发展，并提高学生的学习能力和信息素养，为终身学习打下坚实的基础，最终促进学生的发展。本课题研究的主要内容包括：

（1）通过研读混合环境下信息技术与小学数学课堂融合方面的教育著作和文章，转变教师观念，更新教学理念，提高信息技术使用水平，加强对技术赋能课堂教学的理解。

（2）通过开展基于混合环境下信息技术与小学数学课堂教学融合的师生问卷和访谈调查，梳理小学数学课堂教学中低效使用信息技术的因素，采取相应措施，改变数学课堂中简单低层次的使用信息技术现状。

（3）基于数学模型思想、应用意识和创新意识等学科核心素养开展课堂实践研究，提高技术赋能意识，探索混合环境下信息技术与小学数学课堂教学中情境创设、学情分析、合作与交流、学法指导、教学评价等方面深度融合的策略。

研究重难点

（1）学校教师课堂中使用信息技术现状及存在问题分析。

（2）转变教师运用信息技术精准服务教学的理念和提高微能力点在课堂中科学合理使用的技术。

（3）探索出混合环境下信息技术助力学生学情分析，有效服务学法指导，科学实施学业评价等方面与小学数学深度融合的校本化策略。

8.外出观摩学习。有计划地安排工作室成员外出培训、观摩、考察学习，聘请知名教育专家学者担任工作室导师，进行指导。

四、工作方式

1.个人自主研习与团队合作研修相结合。

2.理论研习与实践反思相结合。

3.线下活动与网络研习相结合。

五、具体工作规划

第一阶段：组建团队、完善规划制度。

根据文件要求选拔成员，完善工作室管理制度进行人员分工，布置优化工作室环境。

第二阶段：学习提升、研究实践阶段。

组织成员集中学习《义务教育数学课程标准（2022版）》、学生核心素养等教育理论知识，不断提高理论素养，积极撰写教学工作随笔和教学案例。努力提升团队素养，真正起到引领、示范作用，使成员成为学校优秀教师。不断积累问题案例，深入思考和研究，提出相关的课题，使成员由"实干型数学教师"向"科研型数学教师"转变。

第三阶段：总结评价、成果展示阶段

通过前两阶段的努力，使成员成为学校数学教学工作带头人甚至市区级带头人，梳理总结研究成果，做汇报展示。

六、预期效果

（一）培养一批有自己独特风格的优秀教师。力争成员的教学教研成果在市级以上刊物中发表。

（二）提升课堂教学的实效。在推进区域数学教学质量整体提升的同时，提高工作室的区域知名度和影响力。

（三）成员的工作总结、教育教研论文、案例分析等力争在市级以上获奖或在报刊上发表，课题结束后出版论文集和课题研究专辑。

工作室的研究成果将以论文、专著、研讨会、报告会、名师论坛、专题讲座、教学展示、现场指导等形式向外辐射、示范，进一步提高区域教师教学教研水平。

七、工作原则

1.平等性原则，提倡成员之间相互尊重、合作学习、共同成长。

2.理论联系实际原则，工作室既要促进成员的理论学习，又要聚焦教师实际教学，提升教师成长效能。

3.针对性原则，立足发展，动态调控。以成员的现状及面临的真实问题和困难作为研究的出发点和落脚点，在解决问题的过程中提升成员的专业水平。

4.自主性原则，工作室要注意唤醒教师专业成长，充分调动成员的积极性和主动性，在自我反思与研究中成长。

八、工作室工作规程

1.会议制度

每月召开三次常规工作会议。月初会议重点安排工作室当月重点工作，月中会议了解工作进度，对相关工作督促并交流。月末召开总结会议，展示工作室的研究成果，形成总结材料，向主管部门汇报阶段成果。

2.学习制度

每月确定一个学习主题，采用集中学习和分散学习相结合的办法，围绕主题开展学习活动。

3. 研究制度

名师工作室负责人与工作室每一个成员签订《固原市名师工作室主持人与成员互相合作、共同提高协议书》，在完成工作室研究项目和个人专业化成长方面制定周期发展目标，规定双方职责、权利及评价方法。

工作室负责人为工作室成员制定具体的发展计划，安排相应的观摩学习机会，并及时开展工作室成员的研究成果展示活动。

工作室成员必须履行工作室赋予的各项职能，按时完成工作室下达的各项研究任务，努力实现培养计划所确定的目标。

每年度举行一次工作室成果展示汇报会。

4. 考核制度

（1）工作室成员主要由工作室主持人考核，主要从以下几方面进行。

A. 师德修养（负责人评语；一票否决制）

B. 研修规划、研修计划及学年总结。

C. 读书笔记、教学叙事或案例、论文或反思（发表刊物复印件）

D. 公开课、示范课或讲座（教学设计、讲座提纲及音像资料）

E. 课题研究及参加教学竞赛成果（研究过程记录及成果）

F. 培养青年教师（活动记录）

G. 活动参与（参加各类学术活动通知复印件）

H. 参加教师继续教育或校本培训资料（听课记录、讲义提纲和课时数）

考核不合格者则调整出工作室，同时按有关程序吸收符合条件的、有发展潜能的新成员进入工作室。成员中途退出工作室必须事先提出并经主持人批准。

（2）考核采用达标制，分优秀、合格、不合格三个等次。对获得优秀级的成员进行奖励。

5. 档案管理制度

建立工作室档案制度。档案资料由工作室指派专人负责兼管。监管人员要及时收集工作室成员的研究资料归档，主要包括各类计划、总结和过程性活动的文本资料及音像资料。

【案例2】宁夏回族自治区固原市西吉县荣学飞高中思想政治名师工作室三年规划

根据《关于公第二批"西吉名师、名校（园）长"工作室主持人的通知》精神和要求，在西吉县教育体育局的领导下，在西吉中学大力支持下，在同行专家的指导下，搭建该名师工作室平台，并依托西吉中学政治教研组团队的实力，力求使本工作室成为西吉中学思想政治教研组教学与研究的重要基地、成为西吉县高中思想政治教学与研究的重要基地之一，并力求成为西吉县优秀高中思想政治教师合作互动的"学习共同体"和"发展共同体"，同时成为西吉县优秀高中思想政治教师的"孵化器"。

一、建设目标

目标定位：研究的平台、成长的阶梯、辐射的中心。

1. 研究的平台

研究是本工作室的第一要务和本质属性，主持人在自身开展研究的同时，积极带领和鼓励工作室成员自觉进行研究，使整个工作室始终洋溢着研究的学术氛围，并要"研有成效"。

2. 成长的阶梯

建立名师、学科带头人合作培养机制，在工作室主持人和聘请专家的指导下，依托名师工作室搭建的平台，提供锻炼成员成长的机会，搭建成员成长的台阶，努力促使其专业向更高层次发展，使工作室真正成为成员成长的阶梯。

3. 辐射的中心

通过工作室成员共同努力，提升本工作室在高中思想政治教育的影响力以及对所在学校和周边地区的辐射功能。

二、总体规划

1. 创设研究条件

依托西吉中学的教科研氛围，按照西吉县教育体育局名师工作室建设要求，建立西吉县高中思想政治荣学飞名师工作室基地。

2. 确立研究课题

在"互联网＋教育"新形势下，结合线上教学和线下教学双教学模式，不断实践以导、讲、练、提为主要手段的"漏点教学法"的推广、研究和实践，申报工作室研究课题，力争在一个周期内将"双模"教育模式下"漏点教学法"的研究成果完成论证、实践、推广。

3. 落实研究任务

以"导、讲、练、提"课堂教学模式中推广"漏点教学法"为主题，以开展"课例研究"为抓手，落实工作室成员的独立与合作的研究任务。三年中，每位成员在《西吉教育》或《固原教育》甚至更高刊物公开发表2篇以上专业教育教学论文，或至少获得市级以上教科研部门专业成果奖励3次。

4. 铺设成长阶梯

根据工作室成员发展现状，以名师工作室为依托，在赴外培训、课程开发、教学研究、技能竞技等方面为成员的再发展提供必要的基础和条件，为成员发展铺设成长阶梯。

5. 搭建成长平台

由工作室聘请专家指导，每学期组织开展1次工作室成员参加的内部交流展示活动，每年度开展1次专题讲座，提高全体成员的理论素养；工作室成员每年度承担1次校级以上公开课、示范课或专题讲座；承担教育科研课题，三年里每位成员独立主持1项校级以上研究课题或者参与1项市级或区级课题研究。力争在三年内，工作室所有成员都成为县级以上教学能手。

6. 建立辐射网络

建立网络名师工作室，利用网络及时交流和展示工作室成员在教育教学及教学研究等方面所取得的研究成果，充分利用工作室的影响，共享工作室的资源，发挥工作室的辐射功能。工作室成员每学年在工作室专题网站上上传两篇以上个人教育教学论文、教学心得、教学反思等研究成果，至少上传3篇具有代表性、可推广性的"漏点教学法"课堂教学设计，使网站成为全县高中思政课老师共同学习、共同提高的平台。

三、阶段性规划

第一阶段：

1. 建章立制。制订工作室规章制度、工作室三年发展规划以及工作室成员业绩考评及奖励条例等。

2. 工作室成员制订个人三年发展规划。成员按照工作室三年发展规划，结合自身基础和发展潜力，明确个人成长目标，在主持人的指导下，制订个人三年发展规划。

3. 建立并完善网络工作室。通过申请，在宁夏教育资源公共服务平台开通网络工作室，根据工作需要设计网络工作室栏目，明确各栏目的运行要求和具体负责人，力争使网络工作室的辐射效应最大化。

4. 根据工作室三年发展规划，以公开教学、组织研讨、现场指导、专题研究、课题研究等形式广泛开展活动，营造成员间相互学习、交流、研究、合作的良好环境，促使成员自身专业能力较以前有显著提高。

5. 确立研究课题。以《双模教学模式下"漏点教学法"实践与探究》作为本工作室的研究课题，落实成员研究任务。

第二阶段：

1. 研训结合，共同提升。工作室成员将学习培训与课题研究相结合，理论学习与实践操作相结合，自主学习与专家引领相结合，独立思考与合作交流相结合，自我反思与不断提升相结合，通过参加专题讲座，开展公开课、研究课、研究沙龙等活动，提高自身的教科研能力和教育教学水平。

2. 课题研究，分工合作。工作室以《双模教学模式下"漏点教学法"实践与探究》为主课题，成员分别承担围绕主课题的子课题开展教学研究活动。

3. 以研促教，辐射带动。工作室成员根据不同学生的认知能力研究"漏点教学法"课堂教学模式，设计不同课型的课堂教学设计，并在课堂教学中实践验证，总结形成合理可行的高中思想政治"漏点教学法"课堂教学模式。

4. 示范带动，共同提升。工作室主持人每年至少在《西吉教育》或《固原教育》上发表1篇论文、主持1项校内小课题研究，三年完成1项市级或省级以上课题研究。各成员有明确的学术专题思考，并有一定的研究成果，以论文、学术论坛、专题讲座、网络传播等形式辐射、示范，打造工作室的特色和品牌。

第三阶段：

推广教育教学成果。以论文、专著、讲座、公开课、研讨会、报告会、名师论坛、专题纪录片、现场指导、观摩考察等形式在全县范围内介绍、推广工作室的教育教学研究成果。

四、工作措施

1. 加强学习，提升理论素养。工作室主持人带头加强理论学习，更新教育教学理念，用先进的理念指导教育教学实践。同时，要带领工作室成员以专业阅读为主渠道，提高教育教学理论水平，通过向成员推荐必读书目、开展读书交流活动等形式,以任务为驱动,提高阅读效率和效益,逐步提升工作室成员的理论素养。

2. 加强培训,拓宽专业视野。采取"走出去、请进来"的方式,组织工作室成员聆听专家学者的授课和讲座,学习先进经验,打破影响学员专业成长的瓶颈,促进成员快速成长。

3. 建章立制,做好常规工作。按照工作室相关规章制度,严格工作室日常活动纪律,如实记录成员的考勤、活动参与、例会发言、工作室贡献等方面的行为数据,并将此作为成员年度考核和终期考核的重要依据,以制度规范工作室管理,逐步形成工作室研修文化。

4. 聚焦主题,提高研究成效。聚焦工作室研究课题,紧紧围绕课堂教学,按照研究方案和任务分工,通过理论学习、实践研究、成果梳理等途径,在提高工作室成员整体研究能力的同时,研究形成可复制可推广的教学模式。

三、名师工作室成员专业发展规划

工作室成员专业发展规划也就是个人专业发展规划。由于工作室成员来自不同的学校或区域,个人原有的教研基础能力、领域内的关注点、领域内将来的发展点都有不同,加之每个成员在兴趣特长、学习力、发展愿景等方面各有差异。因此,工作室成员专业发展规划应该呈现出"一人一案""一人一特色"的特点。制定工作室成员专业发展规划,首先由成员在基于自身专业发展分析的基础上提出个人发展计划,然后由工作室主持人、顾问和其他成员按照工作室团队发展规划总体框架,通过交流会、答辩会等形式,进一步确定发展定位、发展方向和发展路径,为工作室成员构建适合自身、切合实际、符合工作室团队发展最大公约数的个人愿景,让成员看到将来自己的专业样子。工作室成员发展规划一般包括个人基本情况分析和专业成长预期目标、路径、策略等方面。下面以两个案例进行说明。

【案例】宁夏回族自治区王琰名师工作室成员专业发展规划

学校:西吉县第一小学　　　成员姓名:马兰

列夫·托尔斯泰说:"如果教师只爱事业,那他会成为一个好教师。如果教师只像父母那样爱学生,那他会比那种通晓课本,但既不爱事业,又不爱学生的教师好。如果教师既爱事业,又爱学生,那他是一个完美的教师。" 成长为这样一个完美的教师，一直是我的梦想。

有幸加入王琰老师的名师工作室，我深感荣幸。非常感谢上级领导和工作室的领衔名师王琰老师对我的信任和肯定。在接下来的三年时光里，我会倍加珍惜这次难得的机会，争取使自己早日成为梦想中的教师。

成为名师工作室的一员，这既是一份荣誉，更是一份责任，在带来压力的同时，也激发出了我的工作的激情和学习动力。我一定要树立终身学习的理念，不断学习最先进的教育教学思想，研究教育教学艺术，探讨、反思自身的教育教学实践，形成独特的教育教学风格，使自己各方面的能力都得到提升。"三年之约，一生之梦"，这是我对今后三年工作室学习的定位。为了追梦，现针对自己的发展现状，特制定个人发展三年规划。

一、基本情况分析

1. 自身优势分析

从 2007 年参加工作以来，我一直担任小学语文的教学及班主任工作。以"当一名好老师"作为自己工作的座右铭，在教学中，能充分调动学生的学习积极性，激发学生的学习兴趣，合理运用教学手段，以学生为主体、教师作主导，创设真实的教学情境，开拓学生思维，发挥学生的想象力，切实向课堂四十分钟要质量。同时还积极参加各级小学语文优质课、观摩课的比赛，参加了小学语文教学论文、教学课件等教学作品评选，并取得了初步的成绩。能积极主动完成学校分配的任务，每项工作尽职尽责努力做到最好。

2. 存在的不足

随着自己的不断成长，我却感觉到自己的发展越来越缓慢，发展中的瓶颈始终无法打开，这使我的内心感到焦躁惶恐。怎样才能拓宽自己的发展空间呢？我认为必须找到自身的不足对症下药。首先，我感到在学习上对自己有所放松，导致自己迷失了发展方向。其次，由于工作中缺乏思考，无法创造性地开展工作。同时，学习上的欠缺，也造成了理论功底不扎实。缺乏理论积淀，因此也就害怕写文章，导致自己的教学研究大多停留在实践层面，无法提升到理论层面上，研究缺乏明确的目标，没有具体的路线，也就没有形成自己的成果。

二、个人发展目标

1. 总目标

树立终身学习的观念，抓紧分分秒秒学习充电，使学习成为自己的一种内需，通过学习提升师德修养，丰富知识积淀，增强理论底蕴；积极投身于教育教学的改革与实践中，从学生生命发展的高度积极探索新的课堂教学模式；将理论与实践相结合，在实践中不断探索、感悟、反思，形成自己的教学风格，使自己逐步成为研究型、开拓型、全能型的教师。

2. 年度目标

第一年（2023—2024 年）：努力成为一名学习型专业教师

（1）端正学习态度，不断加强理论学习。

（2）积极参加工作室的研修学习活动，确定自己的专业发展方向，在主持人的指导下进一步明确自己的专业发展思路。

（3）优化教学设计，积极参与教学研究课和观摩课活动。

（4）积极参加工作室引导的读书活动，每学期至少读一部教育专著，通过做读书笔记、写学习心得、参加读书分享等活动，提高自己的教育理论水平。

第二年（2024—2025 年）：努力成为一名实践型专业教师

（1）将理论与实践相结合，深化教学研究，提高教学效率。

（2）积极参加各种教学比赛，提升自己的教学水平和实践能力。

（3）以课题研究为载体，进行实践探索，提升教学研究能力。

第三年（2025—2026 年）：努力成为一名优秀的专业教师

（1）继续加强专业知识学习，在实践中不断创新，提高自身的专业教学水平和科研能力。

（2）积极参加各级各类课堂教学能力展示活动，在活动中验证自己的所学所悟，逐步形成具有个人特色的教学风格，力争在同行中有一定的影响。

（3）梳理研究课题的过程性资料，结合教育教学实践进一步优化凝练，形成研究成果并推广。

三、个人发展路径

1. 学习名师，丰富经验积累

教学有法，但不可能一蹴而就，而是先得"一法"后兼及"他法"，先学"一家"后师法"百家"，融众家之长才能形成自己的风格。因此，在工作室研修期间，我将通过向名师工作室主持人学习，向工作室推荐的小学语文名师学习，向工作室全体成员学习，研究名师课堂，结合实际再研究自己的课堂，不断积累课堂教学经验，在积累的基础上实现由量变到质变的飞跃，切实提高自己的教育教学能力。

2.学习理论，厚实研究功底

要想成为一名研究型教师，必须具备扎实的理论功底。我将在不断积累实践经验的基础上，按照工作室的学习安排部署，将集体学习和个人学习结合起来，认真研读新课标，研读基于自己专业发展方向的教育教学理论专著，广泛涉猎各类"闲书"，在完成工作室预定的学习任务的基础上，读更多的书，夯实自己的理论功底，为做研究型教师垫好基石。

3.立足课堂，提高实践能力

作为教师，课堂永远是职业生活的主阵地，也是检验职业能力的主赛场。我将在不断学习积累提高自身素养的同时，以课堂教学为中心，加强学生认知特点和心理变化研究，加强教学方法、教学策略、教学实施路径研究，在研究中不断优化教学设计，提高教学效果。同时，要将所学理论与课堂教学实践相结合，通过积极参加公开课、比赛课等活动，以课堂教学的实效性来检验自己的学习研究成果，不断锤炼自己的本领，形成自己独特的教学风格。

4.研究课题，提高教科研能力

会进行教育科研是研究型教师必须具备的能力。我要在工作室研修的三年的时间里，进一步提高自己的教科研意识，掌握教科研的方法，提高教科研能力。具体来说，要通过专业阅读和专业写作，培养自己教科研的兴趣，筑牢教科研的基本功底；要通过参加工作室的研究课题，在工作室主持人的指导下，掌握基本的教科研方法；要聚焦日常教学中的问题，把问题转化为研究的课题，把研究作为解决问题的重要途径，在实践——研究——实践的反复循环中，寻求解决问题的实效性策略，提高自己的教科研能力。

路漫漫其修远兮，吾将上下而求索。我相信，在工作室主持人的大力指导下，在全体成员的互相帮助下，我的工作室三年规划一定会变成我的教育实践，在我的教育生涯中绽放夺目的光彩。

第三节　名师工作室联盟管理

名师工作室是由上级教育行政管理部门组织建立的，对于名师工作室内部管理和专业发展领域来说，每一个名师工作室是一个相对独立的个体。由于工作室主持人的工作经验、资源获取渠道和工作室的后勤保障等方面不同，导致每一个工作室的发展水平、成员培养质量、区域贡献都存在很大的差异。一般来说，挂牌级别高的工作室主持人的水平高、工作经验丰富，资源获取渠道比较广阔，参与各级各类活动的机会比较多，成员的成长速度快，而挂牌级别低的相对较弱。在一个区域内，可能既存在国家级、省级名师工作室，也存在市级、县级名师工作室，如何构建各级名师工作室协同发展的制度，形成名师工作室共同发展的合力，在促进各个名师工作室尽可能大的发展的基础上，对区域教育发挥更大的支撑作用，这是一个值得我们思考的问题。以县域名师工作室管理来说，笔者在不断实践的基础上，提出了"名师工作室联盟管理"的策略，较好地推动了县域内各个名师工作室的协同发展，提高了名师工作室的县域服务质量。

名师工作室联盟就是名师工作室协同发展共同体，是在上级教育行政管理部门领导下，协调区域内各个名师工作室开展活动、共享资源的专业发展组织机构。组建名师工作室联盟，要明确组建的目的、组建的方式方法、管理制度和实施路径等，下面以实践案例的形式呈现"名师工作室联盟管理"的具体策略。

【案例1】西吉县"互联网＋教育"背景下名师（名校长）工作室联动运行方案

为深入贯彻落实《中共中央 国务院关于全面深化新时代教师队伍建设改革的意见》《自治区党委办公厅 人民政府办公厅印发〈关于实施基础教育质量提升行动的意见〉的通知》《自治区教育厅办公室关于进一步加强各级骨干教师队伍建设的通知》精神，推进西吉县新时代强师工程建设，盘活全县名师资源，打造高质量的名师工作室学习共同体，提高名师（名校长）工作室孵化引领作用，努力构建"互联网＋教育"背景下"县级规划＋学校实施＋名师（教研）引领"的教师专业发展新格局，带动更多青年教师的专业成长，推动全县课堂教学改革持续深入和教育教学质量不断提升，特制定本方案。

一、指导思想

以习近平新时代中国特色社会主义思想为指导，深入贯彻落实党的二十大及全国、全区教育大会精神，打造党和人民满意的高素质专业化创新型教师队伍，落实立德树人根本任务，全面激发教师专业发展的内生动力，重点提高教育教学能力，不断深化教师培养改革，为加快全县基础教育质量提升行动夯实基础。

二、工作目标

围绕教育教学改革中心任务，紧扣资源供给"增量"、改革落地"增效"、教育教学"提质"、队伍建设"提能"的总体目标，加强全县各级各类名师（名校长）工作室（以下简称工作室）统筹管理，通过建设工作室联盟，打破工作室各自为营、支撑乏力、活动窄化、辐射受阻等壁垒问题，将工作室工作和全县教学教研工作紧密结合起来，既尊重工作室作为一个独立的教师发展共同体的自主权，又发挥好工作室对全县教学教研的辐射引领作用，形成工作室和教研工作带动全县教育教学改革的双引擎，更好助力全县基础教育质量提升行动。

三、主要措施

（一）成立工作室领导小组

成立名师工作室工作领导小组，组长由县教育体育局局长担任，副组长由县教育体育局分管领导担任，组员由人事室、财务与项目室、教师发展中心主任和各工作室落地学校（园）校（园）长组成并具体指导相关工作。

人事室主要负责统筹协调和考核评价等工作；财务与项目室主要负责经费落实及审核工作；教师发展中心主要负责项目管理，培训部负责活动策划及组织工作，教研部负责工作室业务的指导工作，信息化部负责网络工作室的建设及指导工作。工作室落地学校（园）应为工作室提供办公场所及必要的办公设施设备，并在时间、场地、资金等方面给予支持。工作室成员所在学校（园）要确保成员参加工作室活动的时间。工作室主持人及成员所在学校（园）对承担工作室任务的人员要适当减轻学校相关工作的工作量。

（二）组建西吉县名师（名校长）工作室联盟

整合全县县级及以上当前运行的工作室，组建西吉县名师（名校长）工作室联盟，形成县域内工作室网格化管理新体制。工作室联盟设主席1名，一般由高级别的工作室主持人担任；设工作室联盟副主席3名，其他工作室主持人联盟成员。

工作室联盟每两年一届。联盟主席由工作室领导小组提名并选举产生，联盟副主席由主席提名并选举产生。工作室联盟会议每年召开一次，由联盟主席筹备并主持，一般在每年年初召开，主要根据工作室领导小组相关工作安排，对全县工作室的运行情况进行分析研判，并对工作室一年内主要工作进行统筹安排。

（三）开通建设网络工作室

挂牌运行的工作室都要在宁夏教育资源公共服务平台开通网络工作室，构建工作室线上线下同步运行的立体化新格局。开通网络工作室由教师发展中心信息化部负责，根据各工作室相应级别，与自治区教育厅信息化管理中心对接，确保各工作室都有自己的网络辐射阵地。网络工作室成员数量不限，不做考核要求。各工作室要根据线下活动的相关安排，线上线下相结合，同步开展线上活动，并充分利用各种手段，调动网络成员参与工作室学习的积极性，提高工作室的辐射力、引领力和知名度。

（四）搭建县级活动平台

工作室领导小组和工作室联盟根据全县教学教研重点工作，结合各工作室开展工作需要，积极搭建县级活动平台。各工作室要对照本级工作室考核要求和细则，统筹开展县级安排的各项活动，县级活动对标对表计入工作室考核任务。主要活动有以下几项：

1. 工作室主持人及成员能力提升研修活动

此项活动由工作室联盟安排，每年至少举办一次。一般由区级及以上工作室主持人主讲，主要对工作室的管理运行策略、研究能力、成果孵化能力等方面进行指导培训。也可以在工作室联盟征求成员意愿的基础上，向工作室领导小组申请，统一组织外出研修。

2. 名师"大讲堂"活动

工作室联盟根据工作室数量，分期安排工作室主持人或成员开展名师"大讲堂"活动，每个工作室每年至少开讲一次。"大讲堂"活动采用线上线下相结合的方式开展，有线下讲堂，同步开设"云讲堂"，县教师发展中心配合做好人员的协调组织工作。"大讲堂"活动讲座内容主要为教育科研、名优教师发展规划、新教师能力提升、教师美育熏陶、干部队伍建设、学校管理等方面，由各工作室根据本团队的主要研究方向确定主讲内容。

3. 名师团队定点帮扶指导活动

每个工作室由主持人和成员组成 1 个名师团队，在配合学校教研组做好主持人和成员所在校校本教研工作的同时，一年内定点帮扶 1 至 2 所薄弱学校，每学期到被帮扶学校至少开展 2 次示范指导活动，通过听课评课、课堂示范、集体备课、主题教研、案例研讨、作业设计等多种研修活动，对学校教师的专业成长进行"沉浸式"跟踪指导，提高被帮扶学校的教育教学质量和教学教研水平。具体活动形式根据活动内容确定，可以采用线上线下相结合的方式，提高活动的辐射面。各名师团队每年具体的帮扶学校由教师发展中心在进行学校需求调研的基础上确定，每年初以文件形式下发。对于单个工作室无法完成的工作，可以向工作室联盟申请，由联盟协调其他工作室人员配合完成。

4. 全县"好课优课"研磨活动

每个工作室以推动全县课堂教学改革持续深入为主要目的，根据本工作室主要学科方向，与县教师发展中心相关学科教研员一起承担该学科全县性"好课优课"研磨工作，为全县选拔参加更高级别比赛的教师提供指导和智力支持，培养本学科领域的带头引领教师，不断壮大本学科优秀人才队伍，提高本学科在区域内外的影响力，带动全县教育教学质量不断提升。研磨对象可以是本工作室成员，也可以是县域内选拔的教师，具体人员和项目由教师发展中心相关学科教研员根据需要安排或通知。每个工作室每年至少要承担1次全县"好课优课"研磨工作，力争辅导的教师能在市级以上比赛中获奖。对于单个工作室无法完成的工作，可以向工作室联盟申请，由联盟协调其他工作室人员配合完成。

5. 县级及以上示范展示活动

各工作室在日常工作中要组织成员认真学习新课标、掌握新动向、研究新教法、创新新模式，以新课标在课堂教学中的有效高效落地落实为主要研究任务，占领学科引领高地，并不断向外辐射。工作室要根据县级及以上观摩交流和大型教研活动需要，积极推荐主持人或成员承担工作室定位学科的主讲任务，前期配合县教师发展中心做好活动策划、方案设计、课例研磨等准备工作，过程中为主讲教师做好跟踪指导服务，形成团队合力，提高观摩示范活动的影响力和效果。各工作室每年要承担1次县级及以上示范展示任务。对于单个工作室无法完成的工作，可以向工作室联盟申请，由联盟协调其他工作室人员配合完成。

四、考核

县级工作室由县教育体育局人事室牵头组织考核，考核内容包括业务业绩考核和财务审核，具体考核方案根据《西吉县名师名校长工作室考核管理办法》执行；县级以上工作室由挂牌认定单位进行考核，工作室领导小组和工作室联盟根据各工作室工作完成情况，在考核时提供考核结果建议。

五、保障机制

工作室完成县级安排的相关工作，按照各工作室考核细则，计入工作室对应的业务考核项目。在完成工作过程中产生的经费，按照有关规定利用工作室专项经费支付，工作室经费不足的，由主持人所在学校给予支持。

【案例2】西吉县名师工作室联盟章程

第一章　总　则

第一条　西吉县名师工作室联盟（以下简称"联盟"）是受西吉县教育体育局的领导，在西吉县教育体育局人事室、教师发展中心牵头指导下，各名师工作室自愿组成的专业性、学术性、非营利性社会组织。

第二条　指导思想

以习近平新时代中国特色社会主义思想为指导，全面贯彻落实新时代党的教育方针，以立德树人为根本任务，认真落实新课程标准，践行学科核心素养背景下的新课程理念，遵循教师发展规律，因地制宜，为助力西吉县中青年教师快速成长而不懈努力。

第三条　联盟目标

团结和带领全县名师（名校长）工作室，以名师（名校长）工作室为依托，充分发挥名师（名校长）的示范、引领、辐射、带动作用，促进教师专业化发展，促进课堂教学改革，提升教育教学质量，提高教师教育科研能力，助力全县教育高质量发展。

第四条　联盟的主要任务

（一）组织名师（名校长）工作室开展教育教学研究，探索教育教学规律，推动教育教学改革。

（二）加强名师（名校长）工作室间的交流与合作，共享教育资源，提高教育教学质量。

（三）组织名师（名校长）工作室开展教育教学课题研究，提高教师科研能力，促进教师专业发展。

（四）组织工作室开展教育经典书目共读活动，提升教师理论修养，提高教师理论实践水平。

（五）承担教育行政部门委托的其他教育教学任务。

第二章　会　员

第五条　联盟会员为单位会员，即西吉县域内各名师（名校长）工作室。会员单位应当具备以下条件。

（一）有明确的工作室工作目标和宗旨。

（二）有健全的工作室组织机构和管理制度。

（三）有具体、可操作的工作方案和规划。

（四）有固定的工作室活动场所。

（五）有稳定的工作室成员。

（六）有一定的经费保障。

第六条　会员单位的权利

（一）参加联盟组织开展的各项活动。

（二）在联盟内享受平等的权益。

（三）对联盟的工作有提出建议和监督的权利。

（四）根据个人实际情况和特殊要求，有退会的自由。

第七条　会员单位的义务

（一）遵守联盟章程，执行联盟的决议。

（二）积极参加联盟组织的各项活动。

（三）承担联盟委托的工作任务。

第三章　组织机构和负责人产生、罢免

第八条　联盟的组织机构包括：会员代表大会、秘书处。

第九条　联盟的最高权力机构是会员代表大会。会员代表大会的职责是：

（一）制定和修改章程。

（二）选举和罢免联盟主席和副主席。

（三）审议联盟的工作报告和财务报告。

（四）决定终止事宜。

（五）决定其他重大事项。

【案例3】西吉县名师工作室联盟主席工作职责

1. 以习近平新时代中国特色社会主义思想为指导，贯彻落实新时代党的教育方针，落实立德树人根本任务，根据西吉县教育体育局工作安排和各工作室目标任务，制定工作室联盟章程、两年工作规划和年度工作计划，组织并支持联盟成员按照规划和计划开展工作。

2. 积极向县名师工作室领导小组汇报工作室联盟、各工作室工作开展情况，并根据县级重点工作任务，及时调整工作室联盟工作方向和工作内容，确保工作室联盟、各工作室的工作与全县教育高质量发展步调一致、节奏合拍。

3. 指导联盟成员工作室的基础建设和内涵发展设计，使每个成员工作室在机制建设、理论构建、模式探索、文化建构等方面有各自特色，营造视野开阔、积极向上、协同发展、深度研修、包容共享、展现自我的良好室风室气。

4. 组织人员审核各成员工作室的三年工作规划、年度工作计划和工作室成员培养方案，确保各项规划、计划和方案能够立足实际、切实可行、实效性强。

5. 积极搭建各成员工作室合作、交流、共享平台，主要包括开展名师大讲堂、送教送培、好课优课研磨、联合示范展示等活动，促进各工作室之间的资源共享、互通互融、协同发展，助推县域教育高质量发展。

6. 按照县名师工作室领导小组工作安排，组织人员参与对各成员工作室的平时考核、年度工作考核和周期运行结束考核。

7. 积极与县域外优秀名师工作室、教研机构、教育教学名家和高校建立联系，争取外部优质资源支持，为工作室联盟、成员工作室高效、高质量发展拓展更宽广的发展空间和智慧助力。

8. 根据工作室相关工作需要和安排，代表联盟参加县域外相关活动，如研讨会、会议等，以提高联盟的影响力。

9. 定期组织召开工作室联盟会议，向成员工作室报告联盟的工作进展，以便各工作室了解一段时间的发展动态和未来计划。

10. 负责工作室联盟的财务工作，并积极争取多方支持，确保联盟的财务状况良好，资金支配和使用合规合理。

【案例4】西吉县名师工作室联盟副主席工作职责

1. 以习近平新时代中国特色社会主义思想为指导，贯彻落实新时代党的教育方针，落实立德树人根本任务，根据西吉县教育体育局工作安排和各工作室目标任务，协助工作室联盟主席制定工作室联盟章程、两年工作规划和年度工作计划并组织实施。

2. 根据工作室联盟工作计划，在主席的指导下，组织和协调各成员工作室开展协同发展相关工作，确保各项工作落到实处。

3. 协助工作室联盟主席指导联盟成员工作室的基础建设和内涵发展设计，审核各成员工作室的三年工作规划、年度工作计划和工作室成员培养方案。

4. 协助工作室联盟主席处理内部和外部事务，包括成员工作室沟通协调、协同发展事务安排、资料收集、工作宣传、专家对接等方面。

5. 积极组织各成员工作室开展名师大讲堂、送教送培、好课优课研磨、联合示范展示等活动，并结合工作实践，提出推动工作室联动发展的创新性建议，不断优化工作室联盟运行策略。

6. 按照县名师工作室领导小组工作和工作室联盟主席安排，参与对各成员工作室的平时考核、年度工作考核和周期运行结束考核。

7. 积极与县域外优秀名师工作室、教研机构、教育教学名家和高校建立联系，争取外部优质资源支持，为工作室联盟、成员工作室高效、高质量发展拓展更宽广的发展空间和智慧助力。

8. 根据工作室相关工作需要和安排，代表联盟参加县域外相关活动，如研讨会、会议等，以提高联盟的影响力。

9. 不断学习和提高自己的专业素养，以便更好地履行职务，为联盟发展做出贡献。

10. 协助工作室联盟主席进行财务管理和预算控制，确保联盟的财务运行合规合理。

第五章　名师工作室运行策略

　　活动、任务、项目是名师工作室高效运行的驱动器。名师工作室应该以活动为平台、以任务为驱动、以项目为支撑，全面推动工作室高质量运行。本章节将从名师工作室常态化运行方式、骨干成员培养、课题研究、线上线下同步运行、区域教研活动支持等方面，探索名师工作室高效运行的实施策略。

第一节　名师工作室常态化运行方式

名师工作室主要是由名师和骨干教师组成的学习共同体。挂牌名师是工作室中的灵魂，有先进的教学理念和实践经验，也有为区域教育事业培养人才的热情和情怀。工作室成员是由兴趣爱好、学科（主题）方向基本相同的骨干教师组成的，他们是本着自身专业发展的强烈愿望参加工作室学习的。这一特点也就决定了名师工作室培养名师、服务区域教育发展的定位，也决定了名师工作室常态化运行的一些基本方式。

一、名师工作室的定位

名师工作室是以某地区、某校名师为领衔人，以打造教育人才品牌为追求，以教育研讨、基地活动和网络交流为载体，联合一批有共同教育理想和追求、有相同学科专业背景和业绩的优秀教师组织起来开展创新型、建构型教育教学研究的专业发展共同体。

1. 教育生命共同体。美国教育家托马斯·萨乔万尼说过："共同体是由于自然的意愿而结合，对一套共享的理念和理想负有义务的个人的集合体。这种团结和约束的紧密性足以把每个人从一种'我'的集合体改造成为一种集体的'我们'。作为'我们'，共同体的成员们是紧密编织而成的富有意义的关系网络的一部分。"名师工作室这个团队大方向必须一致，在领衔人的旗帜下，成员服从或服务于领衔人的主张，方向一致，分工合作，利益共享。如有的名师工作室就确定了这样的宗旨："同行中共进，共享中共赢。"这样的宗旨需要在日常的工作中体现。

2. 教师专业发展新平台。美国学者丹尼斯·斯帕克斯把教师专业发展分为五种类型：个人引导式、观察与评估式、参与发展或改进过程式、培训式、探究式，这五种形式比较突出团队的价值。德国学者裴迪南·滕尼斯在《共同体与社会》一书中指出：共同体是持久的和真正的共同生活，是一种原始的或者天然状态的人的意志的完善的统一体，是建立在习惯制约的适应或者与思想有关的共同的记忆之上的。名师工作室这种教师专业发展的形式超越了行政，改变了传统，突破了传统的学校集体备课、师傅带徒弟等教师成长模式，实现了教师专业发展从"主体性"向"主体间性"的转变，充分激发了教师发展的主动性和积极性，又能发挥区域性名师所积累的资源优势，已经成为教师专业成长的新范式，并将呈现越来越好的发展前景。"水本无华，相荡而生涟漪；石本无火，相击而生灵光。"这里所描述的其实正是名师工作室常态呈现的一种形式。

3. 名师成长新基地。工农业或者高端科技、军事项目的研发，常常喜欢用"基地"一词。一般而言，基地有三个核心要素：一是固定的机构，二是常态的工作，三是研发的产品。我们名师工作室这个基地做什么？出研究成果，出人才，出名师。

4. 教学产品研究所。名师工作室由名师领衔，名师组成，是教师中的研究者的团队，特别需要出研究成果，就教学风格、教育教学重要问题、教育教学热点难点进行开发，是一个研究大平台。美国贝尔实验室之所以举世闻名，因为它从20世纪50年代开始不断创造奇迹——晶体管、激光器、太阳能电池、第一颗通信卫星的研制成功，有声电影的问世，射电天文学的创立……85年间近3万项专利，11位科学家问鼎，7项诺贝尔物理学奖，更有9项美国国家科学奖、8项美国国家科技奖等顶级科技奖项被收入囊中。给我们的启发就是工作室的长盛不衰，需要自己的产品支撑。

5. 教学资源辐射场。名师工作室在一所学校，在一个区域，就必须让成果在学校、在区域资源共享，影响和带动学校和区域教师，促进学校和区域良好教育生态的形成。美国学者帕克·帕尔默在《教学勇气——漫步教育心灵》中说："共同体是个体内部不可见的魅力的外部可见标志，是自身认同和自身完整与世界联系的交融。"这里强调与外界的联系和交融。资源辐射有这样几个载体：一是活动开放。名师工作室每次活动，都要向周边辐射，它本身也要不断地向人们传达活动和成果的信息。二是成果共享。工作室资源不仅自己学校教学用，周边学校都在用。三是学术引领。工作室所形成的优质教育资源要引领教育的改革和发展。四是建立基地学校。名师工作室领衔人的教学主张如果比较成熟，得到公认，可以建"基地学校"，一起参与研究和实验，让教学主张落地，变成现实的生产力。

6. 儿童成长供给站。教育的一切工作都是为了儿童的发展，儿童发展是教育的最后归宿。作为名师专业发展的新样式，名师工作室必须为儿童发展殚精竭虑。各级各类名师工作室要为孩子开发丰富多彩的学习和活动资源，为学生的健康成长提供更丰富的养料。被称为"行走在儿童阅读推广道路上的种树的男人"、第二届"全人教育奖"提名奖得主周其星，他定的目标是"我选择做阅读教师，去打造一间彩色的阅读教室，去汇集更多的老师、教室和一个个家庭。"他带着团队成员优选儿童阅读材料，又自编儿童阅读课程，为孩子们提供了丰富的精神食粮。

7. 教育文化展示区。不管是以学校为依托的名师工作室，还是以教科研部门为依托的名师工作室，都应努力成为学校文化或单位文化的示范区、展示区。这里应该是教师精神的高地，学术研究的阵地，教育美好的圣地，这里所有的人都应该精神卓越，气象万千。我们所做的一切工作，能为学校形象增光添彩；我们所有的产品，能服务于教育水平的提高。平时呈现也好，别人参观也好，都会以一种纯净、融合、美好、高端的感受留给人们，会以一种向上、团结、勤奋、创新的崭新的团队文化展现给人们，成为一个团队发展的标本和样板。这样的团队，全新地演绎着教师的职业意义、教师间的合作意义、学校的存在意义、教育的发展意义。

二、名师工作室常态化运行方式

名师工作室作为教学研讨的"集散地"、青年教师成长的"助推器"、名师培养的"孵化器"，要一边研究和引领，一边将先进经验和优秀成果转化为学校和一定区域内可供学习和借鉴的资源。因此，工作室要通过送教下乡、同课异构、专题讲座、教学观摩等活动，将工作室的优质资源（主持人专题讲座、工作室骨干成员的优质课、读书感悟等）有计划、有步骤地进行传递和分享。同时，工作室主持人要在指导工作室成员个人学习成长的基础上，不断收集、整理、修改工作室的课题研究材料和工作室成员个人的教育写作内容，最后进行分类归纳，形成有价值、有推广意义的文集，这些都是工作室的常规工作。

名师工作室要开展常态的研究活动，在做好规定动作的基础上，还要有自选动作，使工作室的工作扎实而富于成效，有序而高品位。

1. 读书与讲书。主持人和团队成员共同读书，读有影响的教育家的专著或其他教育教学理论书籍，读教育类中文核心期刊，读能拓宽视野、提升素养的书，是名师工作室最主要的工作。读什么书？一是根基性阅读。朱光潜在《读书是一种训练》中认为："许多初学者贪多而不务得，在无足轻重的书籍上浪费时间与精力，就不免把基本要籍耽误了。学哲学的尽管看过无数种的哲学史和哲学概论，却没有看过一种柏拉图的《对话集》。学经济学的尽管读过无数种的教科书，却没有看过亚当·斯密的《原富》。"二是主题性阅读。围绕一个主题，开展主题性阅读。很多人一直从事教育，却是凭经验在做，所以经常做一些反教育的事。到底应怎样理解教育，就可读《论语》《学记》《陶行知文集》《给教师的建议》《民主主义与教学》、雅斯贝尔斯《什么是教育》等。三是研究写作性阅读。写一篇论文或一本书，围绕写作内容，认真阅读相关著作。如写《有效教学操作论》，可以读读美国鲍里奇的《有效教学方法》、余文森的《有效教学十讲》、赵国忠的《有效教学最需要什么》、佐藤学的《静悄悄的革命》、美国布罗菲的《透视课堂》、华东师范大学周彬的《叩问课堂》等。四是提高性阅读。要多读边缘学科的书，心理学、社会学、逻辑学、哲学、美学等，像皮连生的《学与教的心理学》、李泽厚的《美的历程》、吴康宁的《教育社会学》等。

读书以后要讲书，为什么？好多人读了书却记不住，不能变成自己的东西，联系不起来，那就要讲。把读的内容讲出来，就能加深记忆，就能把现在读的与曾经读过的联系起来，就能把读的内容与自己的想法勾连起来。一个人讲似乎没这个氛围，工作室则为讲述提供了一个很好的平台，讲是为了把阅读的东西融到自己的血液中。讲什么，怎么讲？就要设计相关活动，如读书笔记漂流、书本内容复述、名著名句展示、读书互动报告等。还可以进行深入一些的同书异悟、精彩再现、读书争鸣、此书彼书之类的活动。经过这样一些努力，我们阅读的效果就会显著起来。

2. 研学与研修。工作室的成员一旦进入团队，就要努力形成一种生活方式，就是"研学"，研究性学习。研学，一为厚根基，二为专业发展。工作室每年每学期都要集中一段时间开展主题研修活动，这种活动，一是主题鲜明。先后就名师阅读、课堂风格、教学改革、课题研究、教学主张提炼、学生核心素养培养等专题开展研修。二是走近大师。聘请大师讲学，主要采用"高校再读"与"大家讲坛"的形式，组织工作室主持人及有关成员专程赴有关高校接受著名教授和专家的面授，听教授、博导授课，同时不定期地邀请教育专家、知名教授及著名特级教师为工作室上示范课和讲学。让名师工作室的主持人和成员与大家接触，就是想促使他们站到一定的高度去发展自己。三是参加高级研修。根据名师的不同类型，分别选派相关人员参加各种类型的高级研修，促使他们成长。如国培学科工作坊坊主高级研修等。

3. 话题与课题。优秀教师的成长与发展，离不开相互间的切磋和研讨。工作室要经常组织话题沙龙活动，在研讨中交流、碰撞、升华。可以研讨的话题很多，比如："教育细节与教育理念""教育：超越知识的智慧""享受教育""课堂教学：师生生命的交响曲""解读'名师'，感悟成功""可持续发展：中小学教师的自我超越""和谐：课堂教学的生命化追求""我心目中的课堂教学关键词""我心中的一个教育隐喻""我说'学生核心素养'""课堂教学改革与数课"等。话题研讨，意义在倾听，在吸纳，在思辨，走向开阔，走向深刻，走向科学，走向建树。

工作室要有自己的课题，个人也要有个人的教育教学研究专题，这样才能在岗持久深入地研究，进而逐步形成自己的教育科研特色，获得丰硕的研究成果，促进自身的"可持续发展"。名师工作室申报的课题与一般教师的课题不同，要注意结合自己的专业发展方向，尤其是结合自己的教学主张设计并开展研究。课题定好以后，要围绕课题做项目。课题的成果往往显示了工作室的研究历程。

4.会课与辩课。名师的根基始终应该在课堂，会课活动是名师培养最重要的活动，每学期都要组织一至两次集体会课活动，养就个性养就风格。会课的形式有主持人与团队成员的小组会课，工作室之间的大型会课，邀请著名特级教师或优秀教师共同参与的会课等。每次会课都要有研究的主题。并组织相关的说课和评课活动，评课专家由相关导师担任，也可特聘一些学科专家。会课可以进行全程录像，会课后，执教者要整理出课堂实录，请导师对其教学流程进行点评。

辩课是在说课、评课的基础上发展起来的一种新的教学研究形式，就是教师在备课、上课或者说课的基础上，就某一主题或教学的重点、难点和疑点等方面，提出问题，展开辩论，以加深理解，真正促进上课教师与听课教师的共同提高。从古时的辩论，到现在的大学生辩论，我们教师也完全可以辩课，大家在辩论中升华观点。原则是"同在共行"。同在，就是不把自己当成局外人，而是设身处地、将心比心地懂得对方；共行，就是把上课老师的问题当成自己的问题，共同研究问题、解决问题。辩课时可以采用这样的话语结构：假如你（我）来教……这既要求参与者尊重彼此的处境与条件，又要有自己的独立思考和设计。

5.演讲与演教。演讲能全面培养人的各方面素质，尤其是增强自信力。古罗马教育家昆体良认为："教师应当是德才兼备的人……既教学生怎样演讲，又教学生怎样做人。"西南联大时，闻一多教学就是在演讲，鼓动了一颗颗年轻人的心。工作室要经常开展演讲活动，可以分别以"学习陶行知，走'名师之路'""教育：我心中的理念与追求""我读书、我成长"等为主题开展专题演讲活动。平时开展各项交流活动，比如读书交流、成长回报、话题研讨发言等，也可以演讲的形式进行。

现在有一种教研形式叫"模拟上课"，其实是一种演教。课备好了，先模拟着上一下。这样，哪些环节比较顺畅，哪些环节比较疙瘩，心中就有数了，就可以在教学之前把它修改和调整好。名师工作室的活动，可以多开展这种模拟上课的演课活动，并将其推广到教学的其他环节。比如布置作业和考试考查，我们可以预估学生的作业状态和考试考查状态，调整并优化作业布置和考试考查。再如兴趣小组活动，我们设计好了，可以先演示一下，看这种设计能否达到预设的效果，从而让教学设计最优化，提高教学的实际水平。

6. 整合与开发。工作室需要开展课程的整合和开发活动。如特级教师赵谦翔教学《赤壁赋》，确定了"感悟苏东坡"的主题，整合教材及课外资料实施教学，将苏东坡的《赤壁赋》《定风波》《浣溪沙》《江城子·密州出猎》《念奴娇·赤壁怀古》《东坡突围》等诗词歌赋整合在一起，还有余秋雨、周国平研究苏轼的文章，让学生进行研究性学习，写出自己心中的苏东坡。于是，学生写出了《一位诗哲》《漂泊者的歌谣》《缚不住的苏东坡》《清江流》，互相借鉴，互相促进，解决困惑，校正航向。

各工作室成员可以结合自己的学科，开发属于自己的教师课程。比如数学老师开发数学史课程，语文老师开发阅读课程，英语老师开发外国文化课程，历史老师开发中外历史发展比较课程，音乐老师开发音乐欣赏课程，美术老师开发"名作欣赏"课程等。在开发的过程中，要寻找大量的资料，这本身就是一个学习的过程。开发"教师课程"为什么能够促进教师的专业成长？一是能让自己的特长更突出。比如《古诗欣赏路径》，让老师对古诗词的研究更深入，更有独特之见。二是促使自己读更多的书，看更多的文章，一直走在专业成长的道路上。李旭东名师工作室注重学生阅读课程的开发，进而关注教师的阅读，这种课程开发的路径是很值得我们借鉴的。

7. 交流与访谈。工作室要定期开展交流活动，或者是利用例会交流，或者是围绕专门的主题交流，可以针对工作室成员可能会碰到的一些问题开展专题交流活动，如"做课题有什么难度""论文写作的困难与突破"等。在这种交流中，大家谈切身体验，议操作方案，容易产生好的效果。

个别访谈是导师与主持人、主持人与团队成员面对面的对话。古希腊哲学家、教育家苏格拉底说过："没有一种方式，比师生间的对话更能够提高沟通能力，更能启发思维技巧的。"个别访谈针对个体，是一对一的评价和会诊；针对过程，是即时性的点评和指点。它集专家智慧，较好地解决了培养对象的个性发展问题，对名师个体而言，是最实用、最受用的培养方式之一。个别访谈有两个主要路径：一是可以"现场约谈"。主持人先汇报，结对导师进行点评，其他导师进行补充。或者成员先汇报，然后主持人点评。个别访谈具有仪式感，类似于行政工作上的"集体约谈"，导师们直面问题，不留情面。二是"日常交谈"。导师与主持人、主持人与成员经常开展交谈，涉及学科探讨、课堂评价、写作交流等，这对主持人、对成员都会有很大的帮助。

8. 送教与支教。组织名师工作室成员到相关学校甚至跨区域交流，是一种信息的交换、能量的聚集和扩增，也是名师工作室组织开展学习的重要方式。我们可以和外县（市）进行交流、学习活动，共同执教，对双方的影响和促进都很大。

名师工作室要发挥其辐射影响作用，以支教帮扶的形式，带动更多的老师一起成长。一是支教到乡镇，定期选派工作室成员去乡镇学校支教，以主题教研的形式带领并指导乡镇学校教师研学课程，提高其专业水平，进而推动地方教育教学质量的提高。每一次支教不仅是一次展示，更是一种磨砺，一种挑战。二是城乡教师手拉手，选择几所乡镇学校的弱势学科，几位农村教师执教，工作室成员逐一点评，并播放演示课，然后大家坐下来研讨。三是工作室成员联系蹲点学校，排出相对薄弱学校，分配给工作室相关成员，定期去听课、调研，协助学校优化课堂教学，提高办学实效。

9. 写作与博客。著名学者肖川说过："造就教师的书卷气的有效途径，除了读书，大概就是写作了。写作是最能体现一个人综合素质的。"优秀教师的成长与发展离不开读书、实践，同时离不开教育科研论文写作。罗素在《教师的作用》中指出："真正具有教师气质的人更希望在自己的著作中长存，而非依赖自己的躯体。精神上的独立感对于教师履行职业至关重要，因为他的职能在于传授知识、培植理性，以形成公众舆论。"名师工作室成员一个重要的任务就是有明确的写作要求，每个人都要完成一定数量的文字作品。为了让工作室有更多的发表机会，可以自办刊物，也可创造机会联系发表，也可与出版社联系，出名师系列丛书，让工作室主持人出专著。现在进入了教育数字化转型发展时代，我们必须熟练掌握现代教育技术，不断更新教学手段，不断适应现代教学要求，始终站在教育改革的潮头，融入数据大环境。名师工作室建设绝不能居于狭隘，大数据时代一定要充分利用信息时代的优势，既充分利用网络资源优化自己，又把自己置于大数据之中，不断锻造，不断淬炼。要建好网站，有自己的微信群，在交流中丰满自己、提升自己。

第二节　做好骨干教师培养

培养骨干教师是名师工作室的核心任务。名师工作室就是通过培养骨干教师，从而达到复制名师、创造名师的目的，为区域教育发展培养更多的优秀人才。每一个名师工作室都要把培养骨干教师作为工作室工作的重心，不断探索骨干教师培养的最佳策略，优化骨干教师培养路径，提高骨干教师培养效率。一般来说，名师工作室在培养骨干教师方面要抓住以下几个方面。

一、组织学习教育教学理论

从古至今，中外教育名家、学者总结出了许多教育理论，特别在当前实施新课程、新课标背景下，好多新的教育教学理论应运而生。这些教育教学理论对于教师开展教育教学实践具有很强的指导价值。而对于当前一线教师来说，往往存在实践经验丰富、理论水平不高的现象，好多教师对自己的教学只知其然不知其所以然，名师工作室成员大多也存在这样的问题。

名师工作室在培养骨干教师计划中，要把理论学习作为一项重要的内容，贯穿培养的全过程。工作室主持人要在分析成员理论现状的基础上，选出成员"共同阅读书单"和"个人阅读书单"，制订成员阅读计划，并通过聘请专家指导、开展读书交流分享会、写读书心得等方式，以读书任务为驱动，引导成员不断学习教育教学理论，提高成员的理论水平。

二、把握教育教学政策

教育教学政策是学校办学治校和教师开展教育教学工作室的方向标。近年来，随着信息技术的飞速发展，为了培养适应新时代的高质量人才，国家针对基础教育领域先后出台了一系列政策文件，比如：《关于深化教育教学改革全面提高义务教育质量的意见》《中国教育现代化2035》《关于深化新时代学校思想政治理论课改革创新的若干意见》《关于加强新时代中小学思想政治理论课教师队伍建设的意见》《关于学前教育深化改革规范发展的若干意见》《3~6 岁儿童学习与发展指南》《关于加强和改进中小学实验教学的意见》《关于新时代推进普通高中育人方式改革的指导意见》《基础教育课程改革纲要》《关于全面加强新时代大中小学劳动教育的意见》《关于全面加强和改进新时代学校体育工作的意见》《关于全面加强和改进新时代学校美育工作的意见》《深化新时代教育评价改革总体方案》《关于进一步减轻义务教育阶段学生作业负担和校外培训负担的通知》等。各地也配套出台了一些具体的政策性文件，比如宁夏回族自治区教育厅出台的《教育信息化 2.0 行动计划》《宁夏"互联网＋教育"示范区建设实施方案》《自治区教育厅等八部门关于印发〈宁夏回族自治区青少年学生读书行动实施方案〉的通知》等。这些文件是事关当前教育教学改革、评价改革、教师队伍建设等方面的纲领性政策。名师工作室在骨干教师培养过程中，要组织成员学习这些政策，把握政策的要义，领会政策精神，这样才能避免出现"只管低头拉车，不顾抬头看路"的问题。

三、研读课程标准或主题纲要

名师工作室有些是以学科方向建立的，有些是以主题方向建立的。对于以学科方向建立的工作室，国家课程标准就是这个学科开展教育教学的纲领，工作室在培养学科骨干教师的过程中，要通过灵活多样的形式，组织成员研读课程标准，比如读课标、说课标、议课标、对照教材分解课标、根据课例寻找课标等，让工作室成员真正理解课标的内容，并能在具体的课堂中落实课标理念。对于以主题方向建立的名师工作室，就要认真研读该主题方面的指导性政策和书籍，比如宁夏回族自治区提出了"创新素养教育"的概念，并以该主题组织成立了"全区创新素养教育名师工作室"，该主题的工作室就要研读什么是创新素养教育、怎样落实创新素养教育等方面的专业书籍或指导性文件，掌握主题核心，这样骨干教师的培养方向才不会偏航。

四、做好课例研究指导

培养骨干教师的立足点在课堂，发力点在课堂，落脚点也在课堂。名师工作室要把主持人和成员之间的"双向听评课"作为培养骨干教师的重要途径，以课例为载体，加强课例研究，指导工作室成员扎根课堂土壤迅速成长。工作室主持人在指导成员进行课例研究的过程中，要把握好课例研究与教案、课堂实录、案例等研究的区别。

1. 课例与教案、课堂实录的区别

课例与教案的显著区别是：教案是预案，借用英语中的说法是"将来时"；课例是已经发生过的，是"过去时"。课堂实录是对课堂实际情况进行客观地、逐字逐句地记录，是真实的课堂再现。课例不仅仅是最后的课堂教学实录，还要交代之所以这样教学的思路、想法、理由和认识，要有研究的主题在其中。

2. 课例与案例的区别

如果把案例比作波澜壮阔的大海，那么，教育案例就是流向这茫茫大海中的一条奔腾不息的河流，而课例就是这充满生机的河流上的一叶扁舟。课例是以学科教学的内容为载体、具有某个研究主题的教学实例，而非一般性的教育问题。

3. 课例与思辨或经验论文的区别

这种情况很容易甄别。需要说明的是，课堂实录片段配以点评类型的文章不是课例。这类文章分析课堂的视野比较宽泛、点评比较发散。还有的文章是具有一个大的研究观点，选取了不同的课堂片段，每次从一个更小的视角加以剖析，就每个片段而言，读者无法了解这个片段，对应的原课究竟具有怎样的一个整体授课思路。还有一种是围绕一节或几节课的教学漫笔类文章，也不是课例。这类文章的作者一线教师居多，往往是针对一节课的课后反思，或观察了一类课之后有感而发。这类教学漫笔往往比较生动、情感化、吸引人，但缺乏围绕一个主题的深入提炼、缺乏理论角度的诠释。

4. 课例与教育叙事研究的区别

教育叙事研究的基本特点是研究者以叙事、讲故事的方式表达对教育的理解和解释，让读者从故事中体验教育是什么或者应该怎么做。它讲述的是教师的日常生活、课堂教学、课改实践等。课例则是紧紧围绕课堂故事展开的。

5. 课例与课例研究的区别

前者指最后产生的成果形式是一个课例，后者把形成这个成果的过程称为"课例研究"；前者是静态的结果表达，后者是一个研究的动态过程。

由此，我们可以进一步看出课例的根本特征：①以课堂教学的学科内容为载体；②以某个小的研究问题为主题；③讲述的是一个实际发生的课堂教学实例背后的故事；④教学实例的整体思路相对完整（可以看出一节课或几节课的授课过程或如何改进的过程，可以看出这样上课或者改进课堂的理由和原因是什么）；⑤理性地提升和概括。

五、提升教学技能

骨干教师掌握了政策、理论、课标这些层面的知识是远远不够的，还必须要有把这些理论落实到实践中的能力。因此，培养骨干教师的技能也是名师工作室进行骨干教师培养的关键一环。名师工作室不仅要在工作室的日常活动中注重培养骨干教师的教学技能，还要积极组织骨干教师通过集体备课、送教下乡、参加各级各类教学教研比赛活动等途径，在实践中提高骨干教师的教学技能。比如：宁夏回族自治区教育厅为贯彻落实《自治区党委办公厅 人民政府办公厅印发〈关于实施基础教育质量提升行动的意见〉的通知》，提出了举办"大展示、大比武、大练兵、大评比、大参与、大访谈"系列活动的举措，每年组织开展青年教师"三字一话"基本功大赛、班主任基本功大赛、教师课堂教学"四课"比赛（包括新入职教师达标课、学科教师优质课、骨干教师示范课、教学名师精品课）、教师"互联网+"教育应用大赛、教师优秀教育教学成果评选等活动，这些活动为名师工作室培养骨干教师搭建了广阔的实践平台，只要合理利用，一定会更好更快提高骨干教师的教学技能。

此外，名师工作室在骨干教师培养方面，还要根据成员发展现状和发展需求，在总结教学模式、形成教学风格方面加以个性化指导，让每个成员在工作室学习期间能够得到最大的发展空间。

下面以2个案例进行说明：

【案例1】宁夏回族自治区小学语文王琰名师工作室骨干教师培养策略

根据"新一轮自治区名师工作室"成员条件要求，经本人申请、工作室遴选、区市县教育行政部门审核，确定了本工作室成员。按照自治区教育厅培养成员方案，结合工作室实际情况，本工作室确定了"以名师为引领，以学科为纽带，以先进的教育思想为指导，以专业引领、实践探索、共同发展为宗旨，以理论学习为指导，以课堂教学为阵地，以教育科研为突破口"的骨干成员培养思路，以期能够促进工作室成员迅速成长，形成自己的教学风格和特色。

将骨干教师培养成名师，是让骨干教师在教学实践的过程中，不断提高对自己的要求，通过提升教学水平的方式，实现自己的人生价值；而培养名师的另一个目的，就是让学生能够在名师的教育之下，改变对学习的态度，提高学习热情。从学校发展来看，一流的名师能够为学生带来更大的影响力，能够提升学校的教育质量，能够提高学校在社会上的知名度，从而促进学校的发展；对于学校内部教师团队的建设而言，名师的培养也能够激发学校其他教师的上进心，带动学校教师整体素质提升。本名师工作室经过不断研究，重点将从以下几个方面进行骨干教师培养工作。

一、重视成员的综合素质

建设名师工作室的核心是培养具有优秀教学能力和先进教育教学理念的骨干教师。所谓"培养"，顾名思义，不仅要"培"，而且要"养"要"育"。名师是教师中的"醒客"（身心和思想最早被唤醒的人，思想者）。名师培养就是依托名师研究，唤醒青年教师，使他们在思想和能力上践行"名人"模式。"我们叫不醒一个装睡的人"，所以选拔工作室成员需要综合考虑教师的上进心、教学成果、师德师风以及教学能力等多方面的综合因素。

二、提倡工作室共建共管

1.章程共建。管理名师工作室的第一要义是建章立制，这是工作室良好运行的基础保障。制订一套科学合理的管理制度，包括教研活动的时间安排、参与教师的要求和考核机制等。通过有效的组织与管理，可以确保活动的顺利进行，提高活动效率。这些制度涵盖了工作室文化、成员权利和义务以及宣传、学习、会务、对外交流等方面。本工作室通过与成员共同研究，让成员参与到工作室的建章立制当中，制定出有针对性和可操作性的规章制度。

2.团队共管。本工作室不仅根据成员的特长，对各项工作进行了明确分工，还推行"轮流带班"制度，每周安排一位成员负责工作室日常事务的安排处理工作，让每一位成员都成为工作室的"主人"，激发成员的主人翁意识和团队意识。

3.文化共建。工作室提出了"1234"文化建设理念，即：1个理念（经历就是成长），2个品格（蹲下读书、起立育人），3个观念（扶正世界观、匡正人生观、端正价值观），4个心愿（心中有理想、心中有课堂、心中有团队、心中有文章）。从宏观视角的"正三观"，到微观视角的"四有"愿景，把文化渗透在个人的日常教育教学研究行为当中，让团队文化在每个成员身上真正"生长"出来、传承下去。

三、明确成员培养目标

名师工作室的建设需要有明确具体的目标，这样才能把握建设工作的重点和方向，从而更好地实现预期的效果。明确工作室目标，做好工作室骨干成员培养规划，才能使培养工作有条不紊地开展。经过研究思考，本工作室提出了骨干成员的培养目标：经过3年努力，培养具有较高教育科研理论水平、有较强科研实践能力和实际操作技巧的能在区域范围内开展教育科研课题指导、在区教育科研领域有较高影响力的教育科研骨干；具有一定数量和较高质量的教育科研成果（论文）在市级及以上评选中获奖（核心期刊发表）。三年内出版工作室成员教育科研成果集（每位工作室成员至少一篇）。工作室学员根据团队发展目标，分析自身教科研能力提升的优势、劣势、机遇与挑战，从而明晰发展愿景，明确学习需求，找到"最近发展区"，制订具体可行的个人研修规划。

四、制订具体的培养措施

（一）提高课堂教学能力

本工作室将推行教学公开课制度，鼓励成员利用一切手段和现有资源开设精品课、示范课和观摩课，有效地提升成员的课堂教学能力和水平，进而为工作室的课堂教学研究提供平台和载体。工作室将采取外出听课、相互评课等方式，开展工作室全体成员课堂教学能力提升活动。积极参加送教送培活动，有计划、有组织地安排工作室成员到乡村学校、薄弱学校和欠发达地区送教送培，为促进教育优质均衡发展做出名师工作室贡献，同时，通过送教送培活动扩大名师工作室的社会影响力。

（二）提升教育科研能力

名师工作室是学术研究的专业成长共同体。本工作室在教育科研方面，将鼓励每一位成员积极从事科研工作，以课题研究为载体，促进成员专业能力提升。同时，按照学术研究"四有"策略，让工作室通过教育科研成为一个奋斗型、学术型、创新型的团队。

1.有课题，聚焦核心。通过多渠道设计课题、申报课题，聚焦选题，开展课题研究，提炼特色成果。通过核心成果挖掘、提炼和推广，提高工作室成员的研究能力。本工作室正在开展《用语文实践活动触动学生情思发展的策略研究》课题，后续将组织成员继续加强研究，总结形成教学设计、论文、调查报告、课题结题报告、教学案例等研究成果。同时，工作室主持人指导每一位成员基于教学中的主要问题确定一个小课题，并在平时教育教学工作中进行实践研究。学员在课题研究中既要重视理论研究，更要重视应用研究，在应用前人理论成果的同时，有所发现、有所感悟，通过科研，提升认识，及时总结经验，逐步形成成果。

2. 有主题，定期研讨。围绕着工作室核心成果，策划工作室定期研讨活动，让更多学员持续地参与到核心成果的解读、实践和反思中，助推核心成果的多样化运用，提升工作室成员科研素养。要让一月一次的数字化研修活动，成为工作室的研修常态。

3. 有问题，传道解惑。除了开展定期主题研讨以外，还要根据实践过程中出现的新问题，进行随机性研讨，有针对性地解决了工作室成员遇到的困惑。比如针对《义务教育课程方案和课程标准（2022 年版）》的出台，工作室要把成员研读实践中的共性问题收集起来，内部不定期答疑，帮助学员理解课标精髓。

4. 有话题，鲜活多维。话题是指聚焦当下国内外教育教学研究的热点话题。比如，对于语文学科而言，深度学习下的大单元设计、项目式学习、结构化学习等，工作室将进行专项研讨交流，让成员掌握新理念的落地策略。

（三）加强教研活动设计与管理

工作室成员的成长离不开教研活动，名师工作室应该定期组织教研活动，以促进教师之间的交流与合作。这些教研活动可以包括集体备课、教学方法探讨、教学资源分享等。同时，名师工作室也应该制订一套科学合理的教研活动管理制度，包括教研活动的时间安排、活动要求和考核机制等。通过有效的组织与管理，可以确保教研活动的顺利进行，提高教研活动的实效性。为了提高本工作室的成员培养质量，将从以下几个方面进行教研活动设计与管理。

1. 多层面拓展教研活动的深度与广度

工作室针对成员的发展水平和愿景设计多层面活动内容。比如：在课堂教学方面，按照"一课三磨"形式开展：一磨：教材分析，从教材资源到教学内容；二磨：活动设计，从教学内容到教学活动；三磨：课堂实践，从教学活动到学生素养。在教学反思方面，按照"一课三写"的方式进行：一写"体会"，感知亮点、问题及改进措施；二写"反思"，深度思考成效与问题背后的原因；三写"理论"，建构起实践与理论的联系。在其他方面，将根据活动内容不断总结拓展。

2. 创新成员研修方式

工作室成员的研修，根据参与方式，可设计体验式研修，跟岗式研修、沉浸式研修、混合式研修等。根据研修内容不同，可设计主题式研修、项目式研修等。根据成员的个体特点，可以设计订单式研修、课题式研修等。比如：本工作室设计的"定期知识分享"研修活动，将通过定期开展各类教学观摩、专题报告等研讨活动，让成员把一段时间内的研修成果进行展示或分享，在共享、讨论、交流的过程中加深对研修内容的深度理解。同时，工作室还会不定期组织读书沙龙活动，针对当前热点话题或教学中的困惑展开讨论，通过不同观点的交锋、补充、修正，促进学员不断更新教育教学理念，提高专业水平。工作室拟定进行沙龙交流活动的话题有以下几个方面：

（1）新课程标准解读

（2）小学语文大单元教学设计策略

（3）核心素养理论

（4）课题研究的方法

（5）个人读书收获

3. 扎实开展研修活动

研修活动是否内容丰富、方法灵活、形式多样且富有创意和特色，直接影响研修成效。在研修内容方面，工作室将根据成员实际需要和工作室主持人的特长，选择适合成员发展的培训内容，突出工作室的特色。在研修方法方面，工作室将设计专家讲座、听课评课、参观考察、特色成果分享等多种方法。同时，根据工作室成员地域比较分散的特点，将发挥线上培训、视频会议不受时空限制、灵活性强的特点，针对部分主题开展网络研修。

（四）搭建工作室成员网络研修平台

本工作室将尽力建设工作室网站，利用这一交流的空间、辐射的平台，努力做到使每一位浏览本工作室网站的老师均能有所收获。我们将不断增大信息量、不断更新网站内容，努力将网站打造成主持人、工作室成员展示教育教学研究成果的平台和与外界进行交流的桥梁，最大程度地发挥名师工作室的辐射和引领功能。

（五）建立与外部资源的对接

一个工作室要在区域内外引领辐射、锤炼队伍，多方的资源整合及平台搭建必不可少。工作室主持人及成员要有主动寻找、发现、转换、整合研修资源的意识，并融通各类资源平台的壁垒，为成员搭建一座四通八达、全面立体的"学术立交桥"。

工作室将通过邀请教育专家、行业精英或其他名师进行授课或指导，让学员通过聆听讲座、交流心得、撰写文章（教学论文、案例评析、教学叙事、建议反思等学术文章）等途径，逐步提高自身理论联系实际的水平。工作室还将借助各级各类培训项目和比赛活动，积极争取机会，选派成绩突出的学员外出学习、观摩，推荐优秀者参加各级各类比赛活动，并在活动中给予指导、帮助、支持。教学调研、送教下乡等活动也是工作室与外部建立联系的窗口，工作室将组织成员积极参与。此外，工作室还将积极探索与高校、企业等建立合作关系的，开展实践教学或校企合作项目。通过与外部资源的对接，拓宽成员的教学视野，提高研修效果。

（六）加强成员的评价考核

按照"教研评一体化"原则，工作室将把成员师德师风、课堂教学、课题研究、专业培训、专业成果、引领示范等方面有机结合在一起进行评价考核。在师德师风、活动参与等方面合格的前提下，还要完成以下几个方面的成果：

1. 每人每月必须读一本以上教育书籍，并写出读书心得。

2. 每月末准时上交个人成长的成果资料。

3. 听课要有笔记，有反思，至少每月有一次反思。

4. 每学期至少写一篇高质量论文。

5. 每学期至少写随笔一篇或手记 3 篇。

6. 每学期提交一次校级以上的公开课实录。

【案例 2】宁夏回族自治区西吉县高中思想政治荣学飞名师工作室骨干教师培养方案

为了提高我校思政课教师队伍的教育教学水平，加快学校主体专业的建设步伐，提升我校的小学能力，从而达到辐射和带动周边学校同学科甚至不同学科教师间的交流和发展，为县域经济建设培养合格的教育教学技能型人才，经与学校协商研究，决定以西吉县高中思想政治荣学飞名师工作室为平台和依托，通过在专业发展、学科引领、科研课题等方面的大力培养，志在政治组内培养一批县级骨干教师，进而培养更高一级的市级骨干教师或学科带头人，以促进各专业健康发展。

一、培养背景

1.校级专业带头人的培养，是促进我校"技能型"教师队伍建设，提高我校专业教师教育教学水平，提高专业教师队伍整体素质的需要。近几年来，我校承担的教育科研任务越来越重，办学规模不断扩大，特别是新生的数量成倍增长，迫切需要加速专业教师队伍建设，从而确保教育教学质量的进一步提高。

2.校级专业带头人的培养，是加速我校重点专业建设，提升我校办学水平和办学能力的需要。目前，我校重点专业教师队伍总体来说，年轻教师多，虽然学历较高，但教学经验不够丰富，教学水平亟待提高。在重点专业培养一批能起带头作用和示范作用的专业带头人，是我校目前十分紧迫的任务。

二、指导思想

按照"敬业奉献、理论扎实、技能突出、锐意创新、钻研市场"的要求，建设一支数量适宜、质量较高的专业带头人队伍，推动我校"技能型"教师队伍建设，提升我校办学水平。

三、目标任务

（一）总体目标

按照个人申报，专业组推荐，学校审批的原则，从今年开始，确定2~3名专业带头人培养对象，力争通过3~5年培训，达到市级专业带头人培养标准。

（二）培养任务

1.通过培养培训，使专业带头人具备较高思想政治觉悟，认真贯彻执行国家的教育方针，立足职业教育，严格遵守职业道德，爱岗敬业，热爱学生，奉献精神强。

2.提高专业带头人的学历层次，并使其获得相应的职称和专业技术证书。要求校级专业带头人通过学历培训，获得同类专业本科文凭，鼓励已获得本科学历的培养对象攻读研究生学历；所有培养对象在培训期内必须获得中级职称，必须获得所教专业中级以上专业技术资格证书。

3.具备较强的专业理论水平和技能操作能力。要求培养对象较系统掌握任教专业理论知识体系，熟悉任教专业技能操作，对任教专业主干课程的课程内容、课程结构和技能体系有较强的把握能力；准确把握任教专业的专业培养目标和主干课程的课程目标以及在职业岗位、职业能力培养中的地位、作用和价值，在专业建设、人才培养方案、校本教材开发等方面起到规划和把关作用；由学校统一组织，有计划分年度安排培养对象下到专业对口学校进行顶岗实践，实践累计时间要求达到一年以上。

4. 具备较高的教育教学和教研教改水平。要求培养对象从事本专业教学三年以上，能胜任本专业 2 门以上专业主干课程的教学和实习实训指导，课堂教学和实习实训指导效果好；在专业教学中，注重学生的知识技能及学习态度的培养，使学生的学习能力、应用能力、协作能力和创新能力得到充分的培养和提高；并根据专业特点，采用现场教学、案例教学、项目教学、讨论式教学、探究式教学等教学方法，在课外能指导学生进行自主性学习，所教学生在校内外专业技能比赛中获得优异成绩；在人才培养模式、专业培养目标、教学内容、教学方法和手段等方面开展教学研究，要求校级专业带头人主持 1~2 项校级以上教研教改课题，每年公开发表教研教改论文 1 篇以上。

5. 具有一定的应用技术研究推广能力和市场把握能力。培养对象要能不断吸取本专业新知识、新技术、新工艺、新材料、新设备、新标准，掌握本专业最新发展动态和研究成果，由学校组织外出参加专业培训，及时更新知识结构，不断提高技能水平；要求培养对象有较强的市场就业、职业岗位用人标准的调研、分析能力，每年要开展市场调研 1 次，并根据就业市场和职业岗位要求的变化，适时调整专业教学内容。

6. 能够发挥指导和示范作用。要求校级专业带头人能对本专业教师进行示范和指导，每学年为校内外本专业教师开展专业教学、教研教改、应用技术研究与推广、本专业最新成果专题辅导报告、讲座 4 次以上；每学年为校内外本专业教师上示范课、观摩课 2~3 次，教案要在学校网站上公布，实现资源共享。

四、培养措施

1. 完善监督机制。加强培养过程的监督与评估。对照专业带头人培养的具体目标要求，由培养工作领导小组对工作班子的工作实绩分年度、分阶段逐项检查与评估，切实加强对各专业带头人培养工作的督促、考核。建立责任追究制，加大行政管理力度。

2. 加强密切协作，推动培养工程顺利实施。校级专业带头人培养是一个系统工程，需要各处室通力合作，围绕培养目标，共同协助教研教改课题研究，应用技术研究推广、市场调研情况分析，确保集体项目如期完成。

3. 强化队伍管理。学校将严格管理培养对象，要求培养对象制订个人受训计划，签订目标责任书。

4. 开展带教活动。加强校内"传、帮、带"活动，以课堂为载体，切实提高培养对象的专业水平。专业带头人不能等、靠、要，教师的成长主阵地在校内。为此，在校内坚持"结对子"的活动，切实抓好带教，让培养对象逐步形成自身的教学特色和风格。为检验校内的专业带头人的培养成果，学校每学年举行一次专业带头人培养对象的赛课展示活动。

5. 建立专业带头人培养基金。在积极争取上级支持的同时，多方筹措经费，建立一支专业带头人培养专项基金，并用于学科建设、教师培训、改善各专业组工作条件等方面的需要，为专业带头人提供良好的教学科研环境。

6. 改进对专业带头人绩效的考核。工作班子要认真总结以往教师业务考评当中的经验和教训，以人为本，研究和完善考核的指标体系，定期公布考核结果，彰显爱岗敬业精神，改进专业带头人绩效发放办法，兼顾公平和效率，明确导向，鼓励先进。

7. 校内创设积极向上的文化氛围，营造你追我赶的良好态势。工作班子要深入课堂教学第一线，善于发现人才，有计划地加以培养。创造条件让想学、肯学、会学的教师多一些学习的机会，让想干、肯干、能干的人多一些实践的机会，为他们搭建成长的平台，让优秀的教师脱颖而出。

8. 强化学习，更新观念，不断提高培养对象的理论水平。人的意识、观念的更新比行为更重要。对专业带头人的培养着重从学习开始，尤其是要从新的教育教学理念相关理论知识的学习入手，及时提高教师认识问题、分析问题和解决问题的能力。为此，要求专业带头人培养对象每人自订一份教育教学类报刊或杂志，每月交一份读书心得体会，每学期精读一本教育专著，并上交 1 篇较高质量的论文。

9. "压担子"，促使培养对象迅速成长。学校对培养对象适时加压工作担子，如让他们在各级各类公开课、评优课、技能竞赛等活动中当主角，促使其沿着教学能手、县级骨干教师、名师的轨迹发展。

10. 建立奖励机制。对按期达到专业带头人标准的实行奖励：一是适当提高经济待遇；二是在评优评先、晋级等方面优先考虑。

11. 学校建立专业带头人培养对象档案，跟踪培养对象的发展情况。

第三节　提高课题研究能力

课题研究是名师工作室工作的重要内容和培养骨干教师的重要手段，对于工作室成员更新教育教学理念、形成团队精神和团队合力、助力专业发展、实现自我突破与超越和自身职业价值具有十分重要的意义。每一个名师工作室都应该有基于学科方向或主题方向的研究课题。

当前，名师工作室进行课题研究也存在比较大的困难。一是工作室成员的研究能力不足。大多数成员的实践经验比较丰富，但都是零散的、碎片化的理解或经验，系统研究解决问题的能力欠佳，拿到课题不知道从何下手，课题研究成为专业发展中的短板弱项。二是参加立项课题研究的机会难以争取。立项课题都是上级教育行政部门面向全体教师申报的，受立项课题指标的限制，部分名师工作室的课题由于选题方向、立项申报书存在一些问题，无法争取到上级立项课题，出现无课题可研的现象。面对这样的问题，笔者提出了名师工作室内部小课题研究和争取立项课题研究相结合提高工作室成员课题研究能力的策略，下面将从这两个方面进行阐述。

一、名师工作室内部小课题研究

名师工作室成立之后，就有了自己的学科方向或主题方向，因此，课题研究的大致方向是确定的。如果工作室成立之初没有课题立项的项目或参与立项没有被批准，就要思考开展工作室内部小课题研究，绝不能因为没有立项课题不进行课题研究。名师工作室内部小课题研究是工作室成员提高课题研究能力的试验田，也是争取立项课题研究的垫脚石。工作室主持人要按照工作室主要研究方向，在调查工作室成员平时教育教学工作中存在的主要问题和困惑的基础上，整合设立若干个小课题，组织成员进行研究，让成员在研究中积淀理论、积累经验、掌握方法、熟悉流程，为后续争取立项课题提供基础。

二、立项课题研究

立项课题的来源是多方面的，一般是由各级教育行政管理部门根据需要规划组织开展的，有国家级、省级、地市级和区县级的。从内容上来说，有基础教育研究课题、教育政策研究课题、社科类研究课题等。课题立项研究一般包括前期准备、实践研究、成果处理三个阶段。前期准备阶段主要包括确定主题、设计方案、立项申请、开题论证；实践研究阶段主要包括课题实施、中期报告；成果处理阶段主要包括撰写结题报告、课题结项、成果推广。

（一）确定研究主题

课题研究主题也就是课题研究的主要方向。主题的确定直接关系着课题能否立项、能否进行研究、能否取得研究成果等一系列问题。在确定课题研究主题时，要把握好以下几个方面。

1. 要确保课题主题方向合理。名师工作室要研究的课题主题方向一般要与工作室的学科方向或主题方向相一致，这样就能把课题研究和工作室日常工作结合起来，形成"课题研究就是工作、工作中包含课题研究"的工作室良好运行状态。

2. 要树立"问题即课题"意识。教育课题研究的目的就是要解决平时教育教学存在的真实问题，这也是课题研究的价值所在。但当前课题研究中依然存在着"真问题假研究、假问题真研究"等不正之风，导致课题研究没有发挥应有的作用。名师工作室申报课题一定要基于工作室人员教育教学中存在的真实问题而确定主题，这样，研究过程中才会有丰沃的土壤。同时，要有把问题转换成课题主题的思维。课题来源于问题，但课题题目不能以问题命名。课题题目一般以"研究背景＋研究对象＋研究内容"的方式命名。比如："如何进行大单元教学设计"是当前很多教师的困惑，这就是问题，如果把这个问题转换为课题，可以这样表述：大单元教学背景下小学语文教学设计策略研究，这样，问题就变成了课题的题目。课题的题目也不宜过长，一般要控制在 20 字之内。

3. 要符合课题研究指南。一般上级教育行政管理部门规划的课题都有课题指南，工作室在确定课题主题时一定要研读指南，这样才有可能使课题立项。比如，宁夏第五届基础教育教学课题研究提供了创新素养教育类、高中课程改革类、综合类、信息化教学资源有效应用类、学科类、学前教育类共 6 大类 76 个主题的课题研究方向，种类比较多，非常适合不同名师工作室进行申报。

【案例】宁夏第五届基础教育教学课题研究方向参考指南
一、创新素养教育类
1. 学生创新性思维培养的实践研究
2. 教师创新素养能力培养的实践研究

3. 面向 steam 教育的综合类课程开发与实施的研究

4. steam 教育对学生创新素养培育的实践研究

5. 实践创新类的实验教学研究

6. 创新型教具自制的实践研究

7. 创新在课堂教学中的具体应用研究

8. 因材施教与学生个性化成长的实践研究

9. 探索面向未来的教育研究

10. 培育学优生创新素养的实践研究

11. 学科综合主题教学实践研究

二、高中课程改革类

1. 高中新课程标准的应用研究

2. 新课改背景下普通高中生生涯规划指导研究

3. 高中课程改革下学生综合素质评价研究

4. 新课改背景下的选课走班教学管理研究

5. 新高考改革背景下高中课程设置和教学实施的研究

6. 新一轮高中阶段招生考试制度改革研究

三、综合类

（一）义务教育阶段课程改革

1. 构建以学生为中心的课堂教学实践研究

2. 推进学校教育高质量发展的路径研究

3. 各地在创建基础教育强县（区）方面的行动研究

4. 统编教材实施现状的调查研究

5. 地方课程、校本课程的开发与实施

6. 特殊教育课程设置的实践研究

7. 优化基础教育课程结构的行动研究

8. 学校课程深度整合的实践研究

9. 有效建构教研共同体的实践研究

（二）德育与心理健康教育

1. 学科教学中坚持立德树人策略与方法的实践研究

2. 中小学廉洁教育内容与方法的实践研究

3.中小学校中华优秀传统文化教育的实践研究

4.学校心理健康教育工作与德育工作整合的研究

5.学校心理健康教师工作方法创新的研究

6.心理辅导设备或工具使用方法在提高心理健康教育工作效果方面的实践研究

7.运用心理辅导技术提高学生学习效率和效果的实践研究

8.心理健康教育活动课的设计与实施的实践研究

（三）教师队伍建设

1.以校为本教师培养模式的实践研究

2.中小学教师研训一体化模式的实践研究

3.幼儿教师专业发展的实践研究

4.学科教师专业发展途径的实践研究

5.城乡一体化背景下的教师管理机制和子管理机制研究

6.农村教师"一专多能"教学技能提升的实践研究

7.非师范专业特岗教师的专业成长研究

8.农村教师名师工作室建设及功能定位研究

（四）教学管理与教学评价

1.创新学校教学工作管理模式的实践研究

2.学生学业评价方法与工具的实践研究

3.教师发展性评价的行动研究

4.课堂教学发展性评价模式的实践研究

5.学生综合素质评价的实践研究

6.教学质量综合评价的实践研究

四、信息化教学资源有效应用类

1.学校推进信息化教学资源有效应用的制度建设与创新工作机制的实践研究

2.提升教师应用信息化教学资源能力的实践研究

3.提升校长"信息化领导力"的行动研究

4.交互式电子白板（或触控一体机）在学科教学中有效应用的实践研究

5.解决应用信息化教学资源实践问题的校本教研机制的实践研究

6.应用信息化教学资源改变教与学方式的实践研究

7. 信息化环境下学科教学组织形式的实践研究

8. 信息化环境下学科教学设计的实践研究

9. 信息化环境下学科课堂教学评价的实践研究

10. 信息化教学资源在学科教学中有效应用的实践研究

11. 信息化环境下课堂教学模式的实践研究

12. 深化网络教研促进教师专业发展的实践研究

13. 校本数字化教学资源库建设的实践研究

五、学科类

1. 学生学习规律、学习方式的实践研究

2. 改进教学方法提高学科教学质量的实践研究

3. 学科教学促进学生思想道德素质提高的实践研究

4. 学生科学素养培养策略的实践研究

5. 学科教学理论应用的实践研究

6. 学科教学中存在问题的行动研究

7. 跨学科综合教育主题开发与实施的实践研究

8. 学科素养提升研究

9. 学科教学与研学旅行融合实施的实践研究

六、学前教育类

1. 幼儿园园本课程开发与有效利用的实践研究

2. 幼儿园游戏课程开发与实施的实践研究

3. 幼儿园保育教育的实践研究

4. 幼儿园预设性课程与生成性课程整合的实践研究

5. 学前儿童早期阅读教育的实践研究

6. 学前儿童社会教育的实践研究

（二）填写立项申报书

立项申报书是课题立项申请的重要材料，主要包括研究背景和意义、拟研究解决的问题、研究目标、国内外研究现状、课题的创新之处、核心概念界定、研究方法、研究步骤、预期成果、参考文献等几个部分，当然，不同类型的课题申报书填写项目会略有不同。

1.研究背景及意义

撰写课题研究的背景及意义，就是要说明根据什么研究、为什么研究、研究后的作用及价值是什么等问题。研究背景一般要写清楚政策、理论及现实存在的问题等，要为课题研究找到依据，体现研究的价值所在。

【案例】课题《基于英语学习活动观的高中英语阅读教学改革研究》这样描述研究的背景及意义。

（1）课题研究的背景

① 课改大趋势的推动需要

2017年高中英语课程标准指出了指向学科核心素养发展的英语学习活动观，明确了活动是英语学习的基本形式，是学习者和尝试运用语言理解与表达意义，培养文化意识，发展多元思维，形成学习能力的主要途径。英语教学活动的设计应围绕主题语境和基于不同类型的语篇，通过学习理解、应用实践、迁移创新等层层递进的语言、思维、文化相融合的活动，引导学生加强对主题意义的理解；帮助学生在活动中习得语言知识、运用语言技能，阐释文化内涵，比较文化异同，评析语篇意义，形成正确的价值观和积极的情感态度，进而尝试在新的语境中运用所学语言和文化知识，分析问题、解决问题，创造性地表达个人观点、情感和态度。再者，2022年宁夏将正式使用部编版的新教材，新的教学理念的解读与尝试是英语教师面临的一大挑战，革新理念和探索新的教学方式势在必行。

② 英语阅读现状的需求

阅读教学是高中英语教学的重中之重。英语阅读教学活动的设置关系到英语教学的效果，是教学推进的重要因素，教师作为教学活动的设置者，教学进程的推动者，责任重大。但是，由于教师个体存在着专业素养差异，对所授语篇的理解和语篇所传递的价值取向的挖掘能力也各不相同，这些因素会直接影响课堂教学活动的设置。目前，西吉中学高中英语阅读教学仍然存在着教学活动单一，主要以翻译法为主，注重学生语言知识的积累，将教学的侧重点放在词汇教学和语法教学，而在具体语境中对学生语言运用能力的培养较少。这使得语言知识脱离主题语境，导致知识碎片化，不利于学生学习能力的提高，更不利于学生思维品质的形成。只有教师在英语阅读教学中践行英语学习活动观，结合语篇类型，设置出符合主题的活动情境，激发学生的内驱力，发挥学生的潜能，利用团队合作优势，促使学生形成适合自己的学习风格和学科学习品质，才能在英语阅读教学中，有效训练学生的语言理解和表达能力，促进文化意识的培养和多元思维的发展。因此，革新英语阅读教学理念、改变阅读教学方式是当务之急。

（2）课题研究的意义

① 有利于学生学习能力的提高，团队协作精神的培养，优秀思维品质和正确价值观的形成；

② 深入教学一线调查实践，了解高中英语阅读教学中存在的问题，探究这些问题产生的根源；

③ 有利于高中英语教师探索并尝试适合学情、体现高中英语阅读课活动观的可行性操作模式；

④ 教中有研、研中有教的教研相结合的实践活动，更有利于提升课题组成员的教育科研能力。

2. 拟研究解决的问题

拟研究解决的问题是寻找课题研究的现实本源，也就是课题是根据什么问题确定的。拟定研究问题时，要把平时在本课题研究主题范围内存在的现实问题通过概括、整合等方式，有条理地表达出来。

【案例】课题《留守儿童德育教育策略研究》中对拟研究解决的问题是这样描述的。

（1）通过研究，解决留守儿童亲情缺失、性格孤僻的问题。

由于父母长期不在身边，留守儿童在生活、学习、心理等方面都面临挑战。留守儿童的心理问题是最值得关注的问题，亲情的缺失使孩子变得孤僻、抑郁，甚至有一种被遗弃的感觉，严重地影响了孩子心理健康的发展。研究发现，部分留守儿童性格行为上在向两个方向发展。一方面，有些孩子因为父母保护的缺失而变得胆小、懦弱；另一方面留守儿童因为没有父母的约束而行为失范，变得脾气暴躁、任性、打架斗殴等。缺乏自律且行为失范甚至越轨的现象，在留守儿童身上体现比较普遍。

（2）通过研究，解决留守儿童道德滑坡、价值扭曲的问题。

家长外出打工，可以改善孩子生活和受教育的条件，但部分家长忽视了对孩子的伦理道德教育和法治教育。

（3）通过研究，解决留守儿童不爱学习、不守规章的问题。

留守儿童委托监护人因文化水平低，或事务繁忙，往往无法给予留守儿童学习上的帮助，留守儿童在学习上遇到了困难向委托监护人求得帮助的比例很低，致使部分留守儿童的学习出现了比较严重的问题，学习成绩有不同程度的下降。父母外出务工更是对年幼儿童的成长造成了不良影响。这些留守儿童缺失父母的爱，其中大部分孩子缺乏一定的家庭教育和道德约束，没有养成良好的生活习惯，更无法形成良好的道德品质。

（4）通过研究，解决留守儿童管理空档违纪成风的问题。

（5）通过研究，解决留守儿童监护不力、存在安全隐患的问题。

3. 研究目标

研究目标是课题研究要达到的结果，要与课题拟研究解决的问题相一致。继续以课题《留守儿童德育教育策略研究》为例来进行说明，具体目标如下。

（1）通过研究，探索留守儿童教育的方法、途径，不断强化教育管理手段，不断提高学校的管理水平和深化学校的教育工作。

（2）通过研究，落实以人为本的思想，创设良好的教育环境，培养留守儿童自主、自尊、自强的品质，发展留守儿童的创造能力和生存能力，促进留守儿童快乐、健康地成长，为其终身发展和幸福人生打下坚实的基础。

（3）通过研究，切实减轻家长负担，构建和谐的育人环境，办让人民满意的教育，为和谐社会的创建贡献力量。

（4）通过研究，重视留守儿童德育教育，给予留守儿童一定的情感关爱，抚平留守学生残缺的家庭感、亲情感。

4. 国内外研究现状

国内外研究现状就是寻找本课题研究的逻辑起点。国内国外有哪些人做过这方面的研究？做到了哪种程度？取得了哪些成果？哪些地方还有欠缺或有空白？这些问题都是要描述清楚的。写国内外研究现状时，可采用关键词搜索法找到相关文献，然后用文献综述法进行描述点评，从而找到本课题要研究的内容。下面以两个案例进行说明。

【案例1】课题《基于英语学习活动观的高中英语阅读教学改革研究》的国内外研究现状如下：

（1）课题的国外研究现状

温吉尔（1998）的实践共同体和佐藤学（2003）的学习共同体都提出知识学习要通过交流、分享、对话等形式来实践和内化。维果茨基（Daniels，2001）的社会互动理论也指出，学习是通过学习者之间，以及学习者与教师之间的互动和交往达成的。语言课堂终究是通过师生交流、生生交流，基于文本等中介物质而促成学习过程的发生和发展。

（2）课题的国内研究现状

基于英语学习活动观，不同学者做了许多的研究。一部分学者从理论及《普通高中英语课程标准（2017版）》解读入手，一部分学者则是基于课例对英语阅读教学提出自己的设计策略和实施方案。在《普通高中英语课程标准（2017版）》解读方面，梅德明就课程标准做了深度解读；朱尧平从"活动观与质量观兼行"方面入手，展开了英语课程深度教学的探索。在基于课例研究探索英语阅读教学方面，侯云洁以一节初中阅读课为例阐述动静结合与转换的实施方法；姚军通过具体案例中活动设计与实施，探讨如何让学生深度卷入课堂活动；陈晓云通过案例分析，对如何整合开展高中英语单项活动与综合活动进行探讨，总结英语阅读课开展的方式；葛炳芳和印佳欢、汪富金和宋顺生、李恬、杜锐、程晨、闫金德等学者基于课例提出了英语阅读教学活动设计策略，落实课程目标，培养学生英语学科核心素养。

【案例2】课题《"精教多练"在山区小学语文课堂教学中的应用研究》中的国内外研究现状如下：

（1）国外研究现状

20世纪40年代初，Richard Livingstone爵士提出，学校培养出来的学生的求知欲与学习能力是教育成功与否的标准，而不应该是教师教授的知识量。这种思想其实与后来的深度学习一脉相承，也为今天我们的"精教多练"思想起到了重要的引导作用。到20世纪60年代，美国探究教学的倡导者施瓦步于1961年在哈佛大学提出"作为探究的理科教学"，同时期的美国心理学家布鲁纳也提出在教学中采用"探索—发现"式教学方法。这种体现学生主体性培养的教学方法，有利于学生主动获取知识，发展素质。这种提法，也与今天我们的"精教多练"教育思想有着本质的联系。

（2）国内研究现状

我国著名教育家叶圣陶对此思想也给出自己的观点，"导者，多方设法，使学生能逐渐自求得之，卒底于不待教师教授之谓也"，"教是为达到不需要教"。

于红霞、何志波于2007年9月在《现代教育论丛》上发表《素质教育改革：从量到质的转变——谈新加坡"少教多学"教育改革》，不仅对"少教多学"的教育方法大加肯定，还把它的出现看作是中国实施素质教育以来所发生的质的飞跃。肖开选、范斌、周艺娟（2008）指出，智慧不是靠教的，而是学生在自主学习中逐渐悟出来的。因此，"多教无益"的说法，更加强调了引导学生掌握学习方法，培养学生自主学习能力的"精教多练"的教学方法及观点。

2009年我国教育部课程改革专家余文森教授发表的《先学后教，少教多学：构建中国自己的教育学》一文中提出促进学生的自主发展，培养学生学会学习、终身学习的能力，从而达到少教多学，最终实现"教是为了不教"。

目前，国内关于探讨"少教多学"的学术论文已经多达十余篇。其中有王海平发表在《世界之窗》2010年第9期的《新加坡倡导少教多学的教学理念》。

近年来，除了在理论上进行积极探索外，我国部分学校在具体的教学实践中对此也进行了探索：江苏省泰兴市洋思中学的"先学后教，当堂训练"实验；江苏省南京市溧水县东庐中学的"教学案合一"实验；山东省苏茌平县杜郎口中学的自主学习实验。这三所学校的改革都是整体推进、持续进行的。三所学校都曾是农村薄弱初中，为我国更好、更全面地实施新课改、贯彻"精教多练"的教学方法奠定了基础。

5. 研究的创新之处

课题研究的创新之处就是说明本课题与已有研究的不同之处，可以是方法方面的，也可以是理论方面的或内容方面的。课题研究的创新之处通常是和国内外研究现状放在一起来写，这样也能突出比较性。下面以案例进行说明。

【案例1】课题《基于英语学习活动观的高中英语阅读教学改革研究》中研究的创新之处表述如下：

（1）本课题旨在能够探索出适合西吉中学高中英语教学实际，又体现高中英语阅读课活动观的可行性操作模式，进一步促进高中英语阅读教学效果的提升，并为除去阅读教学以外的其他课型开展教学活动提供范例。

（2）改变高中英语阅读教学中教师的角色，改进学生的学习方法。

（3）培养学生在真实情境下自主学习、合作学习和探究学习的能力。

【案例2】课题《"精教多练"在山区小学语文课堂教学中的应用研究》中研究的创新之处表述如下：

（1）学习资源是制约山村小学语文教学落实"精教多练"的瓶颈，因此必须重视拓展学生"多练"的途径。本课题拟解决的关键问题是如何认识与处理"精教"与"多练"的矛盾，也就是教师的"教"必须教在点子上，学生的"练"必须着眼在发展上。本课题希望集中研究小学语文各个知识点应该教什么，形成比较完整的研究资料。充分地利用农村网络平台，也让本土资源走进课堂。

（2）对学生学习语文能力的培养与发展，大家关注的是学生考试成绩，忽视终身学习能力的培养与发展。本课题旨在授人以渔，从而培养学生自主学习能力。

6.核心概念界定

核心概念的界定，就是对课题题目中那些难以理解或容易产生歧义的概念进行界定。界定核心概念，先要找准核心概念，不能对所有的词语都进行界定。同时，要通过科学的方法界定，确保概念内涵和外延都是正确的。下面以案例进行说明。

【案例】课题《"精教多练"在山区小学语文课堂教学中的应用研究》中"核心概念的界定"描述如下：

"精教多练"是以学生为主体，注重学生的探究与合作的教学理念，是在近代教育工作者发展历程中形成的，具有国际和本土特色的现代语文教育工作者基本理念。它的出现反映了人们对教学关系的深层次思考和对以往教学实践的反思，并且准确地概括出了当代教学改革与发展的趋势。"精教多练"也指少讲精练，凸显在问题的解决和个别辅导上。

7. 研究方法

研究方法要根据课题研究的主题和内容特点来确定，最常用的研究方法有观察法、访谈法、问卷调查法、文献综述法、实验法等。一个课题可以同时采用多种方法进行研究，但不宜过多。课题研究中没有最好的研究方法，只有最适合的研究方法。下面以几个案例进行说明。

【案例1】课题《学生综合素质评价的实践研究》的研究方法。

本研究主要采用文献法、问卷调查法、访谈法、案例研究法、比较法。

文献法是本文的主要研究方法，通过对文献的阅读梳理，可以了解目前所研究领域的状况，从而使论文能在总结前人经验的基础上有所突破。问卷调查法是收集信息的基本方法，通过问卷可以反映出目前小学生综合素质评价存在的问题，使作者的方案可以避免这类问题。访谈是半开放式的，半开放型访谈既能控制访谈的主体思路，又能针对访谈中出现的重要问题以及疑问进行追问。案例研究法和比较法运用在国内外经验借鉴中。

本课题研究的其他辅助方法有：观察法、统计法、行动研究法、经验总结法等。

【案例2】课题《小学科学教学中培养学生科学素养策略的实践研究》的研究方法。

鉴于本课题研究的内容多，综合性和实践性强，故需要采用比较研究法、行动研究法、个案研究法、实验研究法、经验总结法等多种研究方法。

（1）比较研究法：从多角度开展对国外情报资料的比较研究，把握国外小学科学生命世界教育的发展动态，借鉴已有的研究成果和经验教训，找到新的生长点，为深化课题研究提供思路和理论支撑。

（2）个案研究法：在对学生进行"生命世界"教育中，教师要确立个案研究的对象，把握个案对象的具体情况及发展趋势，及时收集教育策略的反馈信息，从而进一步完善策略。

（3）实验研究法：运用系统分析和整体思维方式构建理论假设，做好实验设计和实施，揭示因果关系。

（4）行动研究法：教师要将跟踪调查活动和实践研究结合起来，筛选小学科学生命世界教育中迫切需要解决的具体问题，并在实践活动中总结方法，形成解决问题的策略。这种研究法不仅提高了本课题研究的应用价值，而且促进了教师教育科研能力和水平的提高。

（5）经验总结法：进一步加强反思，用现代教育理论总结经验，形成规律，扩大研究成果的推广性。

【案例3】课题《小学美术"乐趣化课堂"有效策略的实践研究》的研究方法。

（1）个案调查法：了解学生动手能力和思维能力发展状况，制定"乐趣化课堂"研究方案和实施细则，努力使学生创新思维能力的发展与教师教学的具体操作切合实际，提高实效。

（2）文献研究法：以美术学科为起点出发，从多角度、多学科开展对文献资料、网络资源的比较、借鉴已有的研究成果和经验教训，为课题研究建立理论框架和方法论。

（3）行动研究法：每位教师根据本年级所研究的内容，分别进行跟踪调查研究，并在实验中采用"边教学边实践、边实践边创新、边创新边分析"的动态教研的研究分析方法。针对学生"趣味化课堂教学"创作中题材的广泛性，制作的技术性，作品的创意性等方面，进行动态分析其动手操作能力和创新能力提升的轨迹。

（4）观察分析法：我们不仅要从学生在"趣味化"课堂上表现出的创新意识和能力来判断其所拥有的创新能力，还要注意观察学生在美术课程的其他领域所表现出的情况，通过对比分析，寻求"乐趣化课堂"促进学生美术创新能力提升的最佳途径。

8. 研究步骤

研究步骤就是写清楚本课题在什么阶段干什么工作，是课题研究的时间表和路线图。各类课题规定的研究时限不同，大多是1至3年。写研究步骤时要根据课题规定的研究时限，合理划分研究阶段，确保按时完成研究任务。下面还是以案例进行说明。

【案例】课题《基于英语学习活动观的高中英语阅读教学改革研究》的研究步骤如下：

（1）准备阶段

① 确定课题的研究方向

我们根据我校高中英语教学现状以及新课程标准提出的关于高中英语教学的教育理念，确定了课题的研究方向，并依据课题的研究方向、研究特点，组织了课题组成员。按照各位课题组成员在专业方面的优势以及性格取向，对不同的小课题分别进行了攻关研究。

② 深入理论学习

先后学习《普通高中英语课程标准（2017版）》《聚焦英语学科核心素养——〈普通高中英语课程标准（2017版）〉的解读与实施》《普通高中课程标准实验教科书》必修一至选修八新课程教科书、新课程理念和课程设计理论等，以及其他国内外富有现代教育思想的教育家的关于给予英语学科活动观的论文，通过学习，积累大量的理论知识，深刻认识英语学科活动观在英语教学中的重要意义，进一步提高课题组成员从事研究的能力。

③ 确定课题实施方案

课题组通过学习、问卷调查、分析学生及我校教学现状，对课题前期研究进行总结和反复论证，确定了本课题实施方案。

（2）课题实施阶段

① 课题组认真分析整个实施过程，就所采用的相关教学方法及教学策略进行了认真细致地分析、总结，找出其中成功之处，尤其是不足的地方，以便确定下一步研究方向。

② 整理、搜集研究过程中的资料，调查问卷，教师的研究笔记、教案设计、教学记录和心得体会等。

③ 提炼成果，课题组通过实验、研究，逐步形成课堂互动意识，并对研究过程所采用的教学策略进行分析、内化，构建出基于英语活动教学的高中英语阅读教学模式。

（3）课题总结阶段

撰写课题研究报告，准备结题。

9. 预期成果

课题研究成果是指研究者通过科学的研究活动获得的具有一定学术意义或实用价值的创造性结果，表述预期成果时要说清楚。一般课题研究的成果预期形式及内容有下列几种。

（1）研究报告（实验报告、结题报告）

（2）与课题研究有关的论文、著作、编著等

（3）与课题有关的课例（教学设计、教学实录、教学案例）

（4）与课题研究有关的研究活动通知、简报、调查问卷等。

（5）开发的软件、课件、网页、光盘、录像、照片、资源库等。

【案例】课题《小学科学教学中培养学生科学素养策略的实践研究》中研究成果预期形式及内容：

（1）有助于提高学生科学素养的教学设计方案 10 个以上；

（2）从不同角度培养小学生科学素养的典型课例 10 个以上；

（3）成立较为成熟的科学兴趣小组，并有计划地组织活动；

（4）教研论文 5 篇以上，其中至少包括发表在教育类正式期刊 1 篇；探讨如何在小学科学教学中培养学生科学素养的方法和策略；

（5）课题研究报告一份。

10. 参考文献

参考文献是课题研究中引用的著作、论文、期刊等，写参考文献时要注意文献的类型和排序，突出代表性文献。罗列参考文献时要注意文献标识和书写格式。

（1）文献标识

1）根据 GB3469 规定，各类常用文献标识如下：

① 期刊〔J〕 ② 专著〔M〕 ③ 论文集〔C〕 ④ 学位论文〔D〕

⑤ 专利〔P〕 ⑥ 标准〔S〕 ⑦ 报纸〔N〕 ⑧ 技术报告〔R〕

2）电子文献载体类型用双字母标识，具体如下：

① 磁带〔MT〕 ② 磁盘〔DK〕 ③ 光盘〔CD〕 ④ 联机网络〔OL〕

3）电子文献载体类型的参考文献类型标识方法为：

〔文献类型标识／载体类型标识〕。

① 联机网上数据库〔DB/OL〕 ② 磁带数据库〔DB/MT〕

③ 光盘图书〔M/CD〕　　　④ 磁盘软件〔CP/DK〕

⑤ 网上期刊〔J/OL〕　　　⑥ 网上电子公告〔EB/OL〕

（2）参考文献的书写格式

① 期刊作者.题名〔J〕.刊名,出版年,卷(期):起止页码

② 专著作者.书名〔M〕.版本.出版地:出版者,出版年:起止页码

③ 论文集作者.题名〔C〕.编者.论文集名,出版地:出版者,出版年:起止页码

④ 学位论文作者.题名〔D〕.保存地点.保存单位.年份

⑤ 专利文献题名〔P〕.国别.专利文献种类.专利号.出版日期

⑥ 报纸作者.题名〔N〕.报纸名.出版日期(版次)

⑦ 报告作者.题名〔R〕.保存地点.年份

⑧ 电子文献作者.题名〔电子文献及载体类型标识〕.文献出处,日期

课题立项申报书填写好之后,还要准备相关资料的证明材料,经教育行政管理部门审核通过后,才能确定课题立项。

（三）开题论证

课题开题是把课题立项书转化成实际研究的关键步骤,也是课题开始正式研究的标志,进行开题论证前要写好开题报告。开题报告中写的项目与立项申报书大致相同,但不是立项申报书的简单复制,而是对立项申报书的细化,如有重要的变更事项要写清楚。

开题论证一般会由所属教育行政部门或学校统一组织开展,名师工作室也可由工作室主持人组织开展,需聘请相关的专家对课题进行可行性评估并提出建议。一定要做好组织开题论证会的工作安排,包括会议的时间、地点、主持人、会议议程、评议专家、参与人员等,要提前通知立项课题主持人写好开题报告。召开论证会时要收集好过程性资料,包括音视频、照片等,大多数课题结题时需提交课题开题的相关资料。专家论证后,要写出建议,供课题主持人进一步改进课题方案。

（四）中期报告

一般情况下,课题研究时间过半时,规划课题的教育行政部门会组织召开课

题中期报告会，对课题的研究情况进行检查指导，课题主持人要撰写中期报告，向专家陈述并请专家对课题进行指导。

课题中期报告一般包括课题研究开展情况、存在的问题或困惑、下一步的工作计划三个部分。撰写课题中期报告时，课题主持人要召开课题组成员讨论会，对课题前期研究的过程进行梳理，主要包括开展了哪些工作、取得了哪些成果、存在哪些主要问题、课题方案哪些地方需要修改、有什么建议等，然后根据讨论结果总结形成课题中期报告。

（五）结题报告

课题研究经过了立项假设、过程实证两个阶段之后，基本形成了解决问题的方法和策略，但这还不能算完成了课题，还需要对课题整个研究过程和结论梳理总结，形成课题成果。课题成果一般包括研究总结报告、课题成果报告、报告支撑材料等项目。

一篇规范的教育课题研究报告要回答好三个问题：一是："为什么要选择该课题进行研究？"即这项课题是在怎样的背景下提出来的？研究这项课题有何理论意义和现实意义？二是："这项课题是怎样进行研究的？"要着重讲清研究的理论依据、目标、内容、方法、步骤，讲清研究的主要过程。三是："课题研究取得了哪些研究成果？"中小学教育课题研究成果一般应包括理论成果和实践成果两个方面。理论成果侧重于具有一般意义的解决教育教学问题的途径、策略、方法、模式等，实践成果主要是课题研究对研究对象或研究者自身教育教学工作产生的实际效果。

研究报告一般包括标题与署名，摘要和关键词，问题的提出（研究的背景、意义与核心概念），课题研究的目标、内容、方法和过程，课题研究的成果与分析，结论与讨论（效果及建议），参考文献和附录等几个部分。其中"成果与分析"是整篇研究报告最为重要的内容。一份研究报告写得好不好，是否能全面、准确、充分地反映课题研究的基本情况和结果，使研究成果具有推广价值和借鉴意义，主要看"研究成果"部分写得是否具体、系统、丰富、明确。

支撑材料包括课题研究有关的论文、著作、编著等学术成果，课题研究有关的课例、教学设计、教学实录、教学案例等教学成果，课题研究有关的安排、通知、简报、调查问卷、宣传等过程成果，课题研究开发的软件、课件、网页、音频、视频、照片等资源成果。

三、附录中课题研究案例说明

笔者在教育教学过程中，也积极参与立项课题研究，取得了一定的成果。为说明开题报告、中期报告、结题报告的注意事项，附录中将以笔者主持的宁夏第六届基础教育教学研究课题《基于宁夏教育云平台应用的集体电子备课实践研究》为专题案例呈现，供名师工作室课题研究参考。此项开题研究经专家评审予以结题并获自治区级一等奖。

第四节　助力区域教研发展

教研工作是保障基础教育质量的重要支撑。长期以来，教研工作在推进课程改革、指导教学实践、促进教师发展、服务教育决策等方面，发挥了十分重要的作用。进入新时代，面对发展素质教育、全面提高基础教育质量的新形势新任务新要求，教研工作还存在城乡发展不均衡、工作机制缺乏创新、引领等问题。随着新课程改革不断深入推进，如何充分发挥教研的作用带动教师专业发展，已经成为推进新时期教育发展的重要内容之一。在这个背景下，区域内、校际间名师工作室则能发挥独一无二的桥梁与纽带作用，名师工作室的重要任务之一就是助力区域教研发展和教育质量提高。通过名师工作室的影响，发挥学科名师的示范、引领、辐射和指导性作用，能够促进教师队伍实现专业化成长，给教研力量相对薄弱滞后的区域"传经送宝"，缩小城乡间教育的差距，进而推动区域内教研工作一体均衡发展。

名师工作室作为区域教研的一支重要力量，除了通过联合教研、网络教研、混合教研等形式开展教研活动以外，还要积极参与区域重点教研方案研制、教育教学质量分析、重点事项策划等活动，为区域教研质量提升贡献名师工作室的智慧。

一、制定周密的联合教研活动方案

名师工作室与学校开展联合教研活动，是推动区域教研发展的重要方式之一。在开展活动的过程中，要制定切实可行的活动方案，提高教研活动的针对性和实效性。

俗话说，"没有规矩不成方圆"，教育教学本身就是一项严谨、细致并且需要持续投入精力才能获得实效的工作，而教师也需要接受规范的培训才能够实现快速成长。所以，要想规范、有序地开展富有实效的依托名师工作室的联合教研活动，就一定要做到细致规划、组织有序，在可行性规划的指导下按部就班地开展相关活动，才能提升联合教研的实效性。

要制定真正契合城乡一体化教研的可行性规划，名师工作室首先要针对开展联合教研的相关城乡学校初步进行教学诊断，通过与师生交流座谈、一段时间的随堂听课或参加学校各学科开展的常规教研活动，观摩教师之间的同头备课等多样化活动，全方位诊断准备开展联合教研的学校，了解其教学行为、教学理念、教学设计、课堂掌控、作业设计等新课程改革的关注点，确保制定的规划契合学校实际情况。在此基础上，充分了解参与联合教研学校的具体需求，特别是各学校迫切需要解决的教育教学具体问题：如何处理课程标准与教材的关系、信息技术 2.0 背景下如何有效提升广大一线教师的信息素养、如何有效开展以学生为中心的师生互动、如何在"双减"背景下做好"减负"与"提质"等。在此基础上，再确定开展联合教研的具体步骤与时间安排，全面考虑如何提升教育教学思想理念与落实教育教学具体行为，给广大一线教师提供更直观、更有实效性的教研内容，这样才能够以研促教、以研增效，确保名师工作室组织的联合教研活动能循序渐进地推进，有效开展城乡教育教学活动。

二、构建深度交流机制

依托名师工作室开展城乡联合教研活动的目的是在名师工作室的引领下凝聚教育思想、促进协同创新，构建区域学校之间的联系，加强彼此之间的交流与沟通，实现资源共享。同时，有针对性地研究教育教研的重难点问题，给广大城乡教师创造一个共融、共研、共进的研学环境，助推教师的专业发展，提升教育质量。为了实现这一目标，在名师工作室的牵头下要努力构建深度交流机制，切实发挥名师和优秀教师的引领与辐射作用。要想构建深度交流机制，一方面，做好区域联合教研的对接机制。参与联合教研的相关学校领导要协商教研的整体内容及教研细节，在此基础上达成共识。之后相关教研组和教师之间进行对接，初步建立联系，为开展联合教研活动做好前期准备。另一方面，组织区域学校自主开展校际交流，鼓励参与教研活动的一线教师走进课堂，深度交流彼此关注的教育教学的困惑。在此过程中，名师工作室的负责教师要发挥自身的专业引领作用，利用教学经验适时、适度进行指导，通过深度交流引领城乡教师实现专业化成长。

三、发挥代表性教师的示范作用

组建名师工作室的目的之一就是发挥名师在学科教学过程中的辐射和引领作用，所以选拔名师工作室教师一般都是着眼于教师的专业能力，同时关注教师年龄结构的梯度，以青年、中年教师骨干为培养重点，构建一支业务素质精湛、充满工作活力、年龄结构合理的教师团队。因此，为了确保名师工作室能有效推进城乡教研活动，城乡学校在推荐、遴选本校参加名师工作室的教师成员时，一定要注意教师的年龄结构和代表性，力争充分发挥名师工作室中城乡教师的示范作用。一方面，具体选拔时要挑选城乡学校里教学经验丰富、教学理论功底深厚且在学校学科教学中有一定影响力的教师，可以把区域学校的教研组长、备课组长作为主要选拔对象，这更有利于发挥这些教师在本校的引领、示范作用，以个体带动团队，提升教研组整体的教研实力；另一方面，要关注选拔优秀青年教师，因为青年教师是学校的未来，也是推动城乡教育发展不竭的动力之一。名师工作室可以选拔那些教学热情高、主动性强的教师作为储备力量，多给这些教师提供理论学习、教学实践的机会，通过团队的不断打磨促进青年教师快速成长。这样在推动区域一体化教研发展的过程中有骨干也有代表，从而确保教研活动的顺利开展。

四、开展多样化教研，全面提高教研实效

新时期的教研活动强调多样化，这样的教研活动不仅能够起到展示、交流、切磋的作用，还能够成为提高教学质量的孵化器，发挥教研推进教学的功能。为了提升教研的实效，名师工作室应该开展多样化的城乡联合教研活动，尽量满足城乡教师多样化的教研需求。

首先，做好先进教育教学理念的交流活动。教育理念直接影响教师的教育教学行为，是新时期开展教育工作的先导。名师工作室开展联合教研、给教师"传经送宝"的第一内容就是传播先进理念，特别是对于相对较薄弱的乡村地区来说更重要。具体来说，名师工作室要在充分调研的基础上重点落实区域教师关注的中心问题、重点问题，如合理应用课程标准、准确把握新教材、学科教学前沿成

果等，满足城乡教师的需求。

其次，开展多样化的交流活动。对于一线教师来说，在理论交流的基础上，如何把理论付诸实践才是应该关注的重点。名师工作室可以开展多样化的教学交流活动，除了常规的随堂听课，还可以在城乡学校之间开展同课异构活动或骨干教师示范课、青年教师展示课等活动，在此基础上再研讨听、评课。

最后，开展混合教研活动。针对区市学校的教育教学优势，名师工作室也可以开展混合教研活动，即安排部分乡村学校教师参与发达学校的常规教研工作或者安排城市学校的优秀教师定期到乡村学校进行教研指导，扎实落实教学研讨、课题研究等教师关注的教研活动，有利于全面促进提升教研的实效性。

五、发挥互联网优势，构建常态化教研平台

当今社会已经步入信息时代，"互联网 + 教育"已经成为新时期教育发展的趋势，所以名师工作室在推进区域、城乡教研工作时要充分利用互联网便捷、及时、高效的优势，为城乡联合教研活动的开展搭建有利平台。特别是近几年受新冠疫情的影响，城乡学校之间的常态化交流明显受到影响，而互联网的有效应用恰好解决了这种因素的制约。目前，很多学校已经开始建设智慧校园，优化资源配置，实现资源共享和交互，为区域学校之间开展线上联合教研活动提供了多方面的提升和便利。名师工作室可以利用互联网以多种形式开展常规的联合教研活动。比如说，可以组建工作室的宁教云群、微信群等给城乡教师之间创造即时交流的平台，可以根据工作室的工作计划组织视频会议，开展线上研讨活动，可以组织城乡教师把一些优秀的教育教学资源上传到工作群中，实现资源共享、智慧共享，也可以针对日常教学活动，通过智慧课堂的形式展示线上授课活动，其重播、回放的功能能满足教师个性化的需求。城乡学校教师的积极参与，对于提升城乡学校联合教研的效果大有裨益。

六、参与区域重点教研方案研制

近年来，各级教育行政管理部门对教研工作越来越重视。教育部下发了《关于加强和改进新时代基础教育教研工作的意见》（教基〔2019〕14号），明确提出教研工作的主要任务："服务学校教育教学，引领课程教学改革，提高教育教学质量；服务教师专业成长，指导教师改进教学方式，提高教书育人能力；服务

学生全面发展，深入研究学生学习和成长规律，提高学生综合素质；服务教育管理决策，加强基础教育理论、政策和实践研究，提高教育决策的科学化水平。"宁夏回族自治区教育厅也制定印发了《自治区教育厅关于加强和改进新时代基础教育教研工作的意见》《自治区教育厅办公室印发〈关于加强宁夏中小学校校本教研工作的指导意见（试行）〉的通知》等文件，把教研工作提升到了前所未有的高度。

作为教研部门，要将各项政策落地，就要制定具体的实施方案。一份好的教研方案，必须是政策和实际完美结合的统一体。教研部门往往对政策把握较好，对一线教研工作的实际和需求了解不全面，这是研制方案的短板。但是，名师工作室正好处于教研部门和学校一线的交界点，既有理论的理解高度，又熟悉一线教研的现状，如果能够发挥名师工作室的优势，就能制定出科学合理、可操作、有实效的教研方案。

比如：笔者在制定县域教师备课改革方案时，邀请各学段不同层级的名师工作室主持人参与方案的研制，最终制定了切实可行的方案。下面以案例的形式呈现方案。

【案例】西吉县教师备课改革实施方案（2024 年修订）

为贯彻落实中共中央、国务院印发的《中国教育现代化 2035》中"加快信息化时代教育变革"和"推动各级教育高水平高质量普及"精神，根据《自治区人民政府办公厅关于印发〈宁夏回族自治区教育数字化战略行动计划（2023—2027 年）〉的通知》（宁政办发〔2023〕39 号）和《自治区教育厅办公室关于印发〈关于进一步规范和加强基础教育教学工作的指导意见（试行）〉的通知》（宁教基办〔2023〕7 号）《自治区教育厅关于加强和改进新时代基础教育教研工作的意见》（宁教基〔2019〕222 号）《自治区教育厅办公室印发〈关于加强宁夏中小学校校本教研工作的指导意见（试行）〉的通知》（宁教基办〔2023〕10 号）等文件要求，按照《自治区教育厅关于印发中小学各学科〈课堂教学基本要求〉的通知》（宁教基〔2022〕45 号）关于"集体备课"的相关流程，特制定本方案。

一、实施原则

1.坚持备课为上课服务的原则。要把备好课作为上好课的第一个先决条件，要求教师上课前必须认真扎实做好备课工作，并基本能按照备课流程组织课堂教学，杜绝备课与上课无关联、课件资源与设计不匹配等问题，以高质量的备课建设高质量的课堂。

2.坚持教育数字化赋能教师备课原则。当前，数字化正引领教育变革和创新的新浪潮，催生了数字教育新业态，带动教育全过程、全要素、全时空、全领域转型。教师备课作为教育的一项重要内容，要紧跟时代步伐，充分利用数字化备课资源和数字化备课方式，以数字化赋能教师备课，全面提高教师备课质量和效率。

3.坚持学校集体备课与区域集体备课相结合的原则。要充分利用共同体教研组、中心校教研组、学校教研组各自的优势，根据学校内部各学科教师数量和任课兼课情况，将学校集体备课与区域集体备课相结合，让每一位教师、每一科教师都能够参加集体备课，提高全体教师的备课质量。

4.坚持教师备课即教研的原则。要将集体备课作为校本教研的主要形式，探索数字化背景下的教研模式改革，注重开展线上线下混合式教研，形成覆盖面更宽的"集体备课+"式的校本教研内容体系。要以教师备课改革为突破口，将教师备课和校本教研紧密结合起来，充分发挥线上线下教研的各自优势，全面推进校本教研活动，提高校本教研质量，在教师中形成"边研边备、边备边研、备研结合"的常态化备课及教研活动机制。

二、备课模式

推行数字化集体备课模式，建立集体备课长效机制。充分利用国家中小学智慧教育平台和宁夏教育资源公共服务平台优质资源和网络研讨场域，按照确定教学核心主题、个体主备、集体共研、形成共案、个性化使用的流程开展常态化集体备课，形成备课管理、资源、交流、生成等全过程数字，以备课数字化驱动备课高质量和高效率。

数字化集体备课的项目主要包括教学设计（教案）、多媒体课件（也称电子课件，包括影像、图片、声音、动画等）、教学资源（微课、音频、视频、文字、图片、参考资料等)和学习任务单等四个部分。备课内容主要包括备教、备学、备评、备练几个方面，改变传统备课中"单打独斗"和以"备教"为主要内容的现状，注重实现教学评一致性，"让"先学后教""先备后教""以学定教"成为全体教师的行动自觉。备课方向上要逐步从单课时备课思维向基于核心素养的大单元备课思维转变，分步骤研究落实内容结构化、知识问题化、问题任务化、评价前置化、效果可视化等备课核心要求，以结构化思维和数字化思维描画出实施课堂教学的路线图和策略谱，推动课堂教学改革发生深刻变革。

三、备课流程

备课过程中，各学校要把备学段教学内容、年段教学内容、整册书内容、单元内容、课时内容统筹整合起来，形成一个完整的体系，有组织地进行备课。要充分发挥数字化手段和资源优势，根据备课需要加强数字化集体备课交流平台建设，线上线下相结合，取长补短，优势互补，努力形成教育数字化转型背景下备课引导的常态化教研新格局。

1.备学段、年段教学。学校组织各学科教研组召开备课工作会议，通过培训、交流、研讨、共享等形式进行学段、年段教学内容分析，让学科教师从整体上把握学段、年段课标要求、教学目标、教学脉络和重难点内容，形成学段、年段识图谱和逻辑框架，为备整本书奠定基础。此项备课每学年应不少于1次，学校要做好备课安排和记录。

2.备整本书教学。学校安排各备课组于每学期开学初进行整本书备课，备课组长要组织本备课组教师研读教材、课程标准和教师用书等资料，把握整本书的编排意图和在学段、年段教学链上的位置，明确整本书知识结构和备课思路，为单元备课进行铺垫。

3.备单元教学。备课组根据学段、年段、整本书知识结构和逻辑关系，确定单元内容。单元内容的确定一定要科学合理，可以是自然单元，也可以是教材内容重组后的主题单元。学校要在不断提高教师备课设计能力的基础上，从自然单元备课向主题单元备课发展，研究高效的课程结构化设计模式。单元备课一般于每单元授课前一周由备课组长组织开展，备课时要对单元课标要求、教学内容、教学目标、教学方法、评价措施、课时划分等备课要素进行系统研究和深入分析，并指出每课时的备课注意事项，完成"课时导备"。（单元备课模板见附件2）。

4.备课时教学。备课组长根据单元课时划分确定每课时主备教师，明确共研共备要求，并按照以下流程组织进行备课。

（1）各课时主备教师根据教情、学情和课时教学要素等方面内容，合理确定本课时的教学目标、教学重难点和教法学法，在充分考虑教学实施中可能会出现的相关问题的基础上，编制详细的电子教学设计和学习任务单，并根据教学设计制作相匹配的电子课件、微课、音频、视频等教学资源，形成课时备课"初案"。

教学设计中的"教学过程"主要备活动（任务）设计、情境创设、教师和学生双边活动、教法学法、评价设计、知识内容、辅助资源和设计意图。其中知识内容可简略备写，坚决杜绝教师只备写教学内容不备写其他设计的备课行为。对于实施新教材、教师新入职或教师新任学科教学等教师不熟悉教材内容的情况，学校可根据教师知识素养提升，需要采用知识梳理、知识达标测评、书本批注、知识内容专本备写等方式，帮助教师熟练掌握教材知识内容。

（2）主备教师在备课组选定建设的网络研讨交流平台共享"初案"及相关资源，由备课组长组织进行网络研讨，备课组其他教师提出自己的思考及改进建议，经共同讨论后形成共识，主备教师根据达成的共识对"初案"进行修改，形成"共案"。备课网络研讨交流平台不能建在社交软件上。

（3）主备教师将"共案"及相关资源进行分享，备课将共案打印下发给备课组所有教师。备课组教师根据自己任教的班级学情及个人教学风格、特长等，在纸质"共案"上进行二次备课，修改形成"个案"。二次备课时对"共案"中要修改的内容涂红并标注序号，然后在"二次备课"栏里按对应的序号写出修改的内容，同时对学习任务单、课件及相关资源进行同步修改。同时兼任多个班级教学的，要在二次备课中体现不同班级的个性化修改。"个案"、学习任务单及相关资源修改完成后，授课教师将课件及相关资源上传到上课使用的软件或平台上，上课时要利用上传到平台的课件和相关资源进行教学。

5.备课后反思。备课组所有教师在课时和单元授课结束后在纸质"个案"上撰写课后反思，课时主备教师根据备课组教师反思的问题，对"共案"再次修改完善，并由备课组长审核后上交学校，充实或更新学校校本资源库。备课组还要采用线上线下相结合的方式适时召开集体备课反思会议，对备课情况进行反馈，并针对教学主题和普遍问题选择典型备课案例进行研讨交流，集体反思会议原则上每学期应不少于2次。

四、实施建议

（一）加强备课组织建设

实施数字化集体备课需要学校建立健全组织保障。各学校要成立校长为第一责任人、主管校长为直接责任人、教研员（教科室主任、教务主任）和教研组长、备课组长为具体负责人的数字化集体备课领导小组，实行六级网格化管理，确保备课分工明确，职责清楚，组织有序，监管评价到位。要根据学校实际情况，本着便于管理、便于操作、便于交流的原则，进一步加强教研组和备课组建设，分级分层做好数字化集体备课的实施工作。乡镇小学要加强中心校教研组、备课组建设，构建全乡镇小学一体化集体备课体系，针对村小小规模学校"一师备多科"备课任务过重的问题，要在中心校的牵头组织下，可采用重点参与一门集体备课、共享使用其他科目集体备课成果或详案简案相结合等方式进行备课，确保教师科科有备课、课课有备课。

（二）加强过程管理和结果评价

为了确保数字化集体备课的质量和效果，各学校必须要制定详细可行、便于操作的考核管理办法，坚持"重心下移、分级管理"的原则，把动态管评和静态管评结合起来，把阶段管评和结果管评结合起来，把考核结果和评优选先结合起来，督促激励广大教师有思考地备课，备有质量的课。

1.学校要研究制定详细的数字化备课考核管理办法和量化评分表，要通过检查教研组、备课组的备课记录和抽查教师数字化备课过程材料等办法，及时发现备课中存在的问题，提出解决办法和整改措施，并做好检查记录（每学期不少于4次）。

2.教研组要按照职责分工做好学段、年段和下设备课组的备课指导培训工作，要经常深入备课组了解备课情况和存在的问题，不定时召开备课指导培训会，利用典型案例引导备课组学习备课中可复制推广的经验，并剖析需改进的地方，将相关经验及做法在全校进行交流。教研组要有专门的备课培训记录簿，对学段、年段备课过程和下设备课组的指导过程进行详细记录，记录内容将作为上级教育部门和学校检查评估备课质量的参考依据。

3.备课组要按照职责组织本备课组教师做好整本书、单元和课时备课工作，并做好备课和研讨过程记录与考核，对于利用网络研讨形成"共案"的过程，要在研讨平台上保存原始的研讨内容。备课组的记录和考核将作为上级教育部门和学校检查评估备课质量的重要依据，也作为学校评选教研工作先进个人的重要依据。

4.各学校要建立科学的教师备课评价导向，将备课质量"高不高"与上课效果"好不好"连通起来，把课堂中学生的学习效果和效率作为备课质量评价的主要依据，从教学方案设计的科学性、合理性、创新性、实用性等角度对教师备课进行评价，改变传统的数篇数、看密度、看整齐度等不科学的教师备课质量评价办法，避免出现"应付检查式备课"或"备课无用"论等现象。

5.各学校要加强备课资源库建设和监管工作，要以提高备课质量和备课效率为目的，在共享资源的同时，形成有效的监管机制。前一年形成的资源第二年使用时，一定要做好资源的解读研究和修改补充完善工作，严禁原样照搬和无目的修改等完任务现象。

6.县教师发展中心要不定期组织对各学校数字化集体备课情况进行检查指导，主要通过检查学校、教研组、备课组记录和抽查教师备课资料、推门听课、现场研讨等方式，了解学校的备课情况，指导提高备课质量。对态度不端、方案不详、计划不周、记录不实、把关不严、组织不力的学校要通报批评；对无二次备课、无教学反思、无数字教学资源准备或原样照搬、无目的乱修乱改的教师按没有备课对待，在全县进行通报批评；对只备知识内容、无活动（任务）设计、无评价设计、无教法学法设计的备课按照最低等次备课对待。备课质量考核结果要按一定的比例计入学校年终综合考核成绩之中。

（三）强化备课对课程教学改革的推进作用

教师备课改革是关系到教学常规管理和教育教学质量的大事，各学校要高度重视，做到"谋定而后动"。要在立足备课现状的基础上，以新课程改革提倡的大单元备课为目标，按照"试点先行 持续推进"的原则，统筹谋划，有序推进，逐步实现由单课时备课向大单元备课、由知识内容结构化向课程教学结构化、由"教为中心"向"学为中心"转变，以备课改革推进课堂教学改革。

附件1：西吉县中小学大单元备课教学进度计划表（略）

附件2：西吉县中小学大单元备课教学设计（略）

附件3：西吉县幼儿园教育活动设计（略）

七、参与区域教育教学质量分析

教育教学质量是学校教育永恒的生命线。对于一个区域来说，要不断诊断区域教育教学质量，分析制约区域教育教学质量的因素，找到提高教育教学质量的措施和策略。分析区域教育教学质量，需要强大的教研力量来支撑。但是，从当前各级教研力量来看，大部分还没有完全达到支撑区域教育教学高质量分析的能力。特别是对于县一级的教研来说，教研员的学科配置不全，现有教研员专业能力还有待提高，这些问题都严重制约着教育教学质量分析的科学性和精准性。因此，利用名师工作室补齐区域教研力量的短板，让名师工作室参与区域教育教学质量分析，是提高区域教育教学质量分析质量的必要措施。

八、参与区域重点教研事项策划

发挥区域教研和名师工作室的智慧，形成教研合力，可以更好地解决由于区域内一些突发的、紧急的重点事项而引发的教育教学问题，实现用教研支撑起区域教育高效运行、高质量发展的目标。2020年新冠疫情蔓延，阻断了学生线下学习的通道，网络教学成了指导学生学习的唯一选择。如何开展网络教学、如何提高网络教学质量，成了摆在教育工作者面前的一道难题。在这突发的困难面前，笔者所在县域组织教研员和名师工作室一同策划开展网络教学的措施，有力提高了网络教学的质量。笔者通过对相关措施梳理，最终形成了开展网络教学的典型案例。

【案例】西吉县"互联网＋教育"助推"空中课堂"，助力"脱贫攻坚"典型案例

面对疫情防控的紧迫形势，面对社会各界对教育的呼声，教育部发出了"停课不停学 离校不离教"的号召，宁夏回族自治区教育厅启动实施"空中课堂"教学工作。

西吉县作为宁夏南部山区的人口大县、教育大县，学校分布广，学生基数庞大，而且是宁夏当时唯一一个没有脱贫的县。如何让"空中课堂"覆盖到全县所有学生？如何提高"空中课堂"的学习效果？成为当时全县教育的两大难题。为了解决这两大难题，全县在全面评估"空中课堂"实施条件的基础上，充分利用"互联网＋教育"建设成果，全面摸排，周密部署，通过多项措施保障了"空中课堂"顺利有效开展。

一、多措施全力保障学生的网络学习条件

当时，全县现有各级各类学校×××所，在校学生×××人，班级×××个。那么多的学校，那么多的班级，那么多的特殊困难群体，哪些学生具备网络学习条件？哪些学生没有条件学习？怎样才能让全县学生一个不漏地参加网络学习？成为当时首先要思考的问题。为此，在多方征求意见的基础上，确立了"网络排查""网络安排""网络补白"等多项措施，全力解决当时学生的网络学习条件问题。

一是利用网络宣传让"空中课堂"家喻户晓。主要通过县融媒体中心的广播、微信公众平台和教育系统的云平台、微信朋友圈、微信教学工作群和班级微信群等渠道在全县范围内先后发布了"空中课堂"学习通知、倡议书、收看指南等信息，广泛宣传，让"空中课堂"人人皆知，户户皆晓。

二是通过"云会议"实现了"空中课堂"的统一指挥。为了统筹全县优质教育资源，切实减轻教师负担，避免各学校"各自为政""直播翻车"等现象的发生，确定了"空中课堂"全县"一盘棋"的工作思路，制定了一系列统一指导性文件，并多次召开全县各学校（园）长"云会议"，将"空中课堂"的安排部署、实施步骤、操作指导以及实施过程中出现的问题、解决建议等及时传达到了各学校，各学校也及时召开全体教师"云会议"，将相关政策传达给了每一位教师，让全县的"空中课堂"实现了统一指挥、及时部署、全面安排的信息化速度。

三是通过爱心帮扶补足学生网络学习条件空白。在"空中课堂"开课前期主要以班级为单位对全县所有学段学生的网络学习条件进行了全面摸排，发现全县共有1236名学生因各种条件制约无法收看"空中课堂"，有的是设备故障问题，有的是流量不足问题，有的是无设备问题。为了解决这些问题，县教育体育局联合政府部门积极联系广电、电信、移动、联通四家网络运营公司召开"空中课堂"协调推进会，研究商讨"空中课堂"技术支撑服务工作事宜，并组建了教体局、网络公司、学校、班主任、科任教师、家长"六位一体"的多方联动处理机制，确定了"维修设备解决一部分，赠送流量解决一部分，家校联动解决一部分，爱心捐赠解决一部分"的工作思路。共计调修安装电视接收机顶盒176个，免费开通网络赠送流量82000多人，为特困学生捐赠智能手机39部、免费安装卫星电视接收机顶盒10台，对存在问题逐一"销号"解决，实现了"空中课堂"收看条件全部满足的工作目标。

二、"统一收看＋在线直播"全面开启"空中课堂"学习模式

"空中课堂"的实施离不开"互联网＋教育"的支撑。全县自从2018年启动并推进"互联网＋教育"工作以来，不断加大基础设施投入力度，不断推进"三通两平台"建设进度，不断开展教师信息技术应用能力培训工作，当时，全县教师"人人通"空间开通率达到了100%，学生空间开通率达到了80%以上，建设"在线互动课堂"主讲教室36间，接收教室61间，教师信息技术应用水平有了很大提升，为疫情防控期间开展网络学习提供了坚实的基础保障。加之当时全县在广播电视

普及方面有了很大发展，"户户通"和网络电视基本覆盖所有家庭，而且信号稳定，操作简单，对学生视力影响较小。根据全县"在线互动课堂"建设现状、学生的学段及年龄特点、教师的信息技术应用水平、学生健康保护需要以及教材版本等方面的综合因素，全县确定了"统一收看"为主、多渠道"在线直播"为辅的"空中课堂"学习及管理模式。

一是大面积采用"收看电视＋宁夏教育云平台监控辅导模式"。此种模式主要用于义务教育阶段与全区"空中课堂"播放课程版本内容相同的学科学习，学生主要用电视收看"空中课堂"直播，教师利用宁夏教育云平台进行课前导学和课后辅导。首先，各学校以年级学科备课组为主阵地，利用网上集体备课的形式，研读教材，分析教材，把握教学重难点，整理筛选教学资源，提出备课的总体思路和重点把握环节，预判学生"空中课堂"学习期间可能出现的问题，让每一位教师明确自己的备课思路。接着，各科任教师根据集体备课思路个人备写电子版教学设计，并根据教学设计制作配套的预习单、课件、微课、课后练习、音视频等教学资源。最后，各科任教师在课前或课后根据学生学习需要，利用宁夏教育云平台相关功能将资源推送给学生，并利用班级微信群、QQ 群等社交软件提醒学生按时完成。这种学习模式有效避免宁夏教育云平台的网络堵卡，同时解决了部分农村学生家庭网络信号不好的问题，对学生的视力健康也有很大的好处。

二是利用在线直播弥补统一播放课程空白。当时，八、九年级物理，九年级化学使用的是沪教版教材，与全区"空中课堂"直播内容版本不同，高中、职中教学内容与全区没有同步，学生无法用全区直播的"空中课堂"进行学习。针对这些特殊情况，全县开展了部分学段、部分学科的"在线直播"教学，弥补"空中课堂"教学中的空白。在初中学段，选拔了业务精湛、教学成绩突出的 12 名骨干教师，按照全区统一课程表，在相应时段利用宁夏教育云平台进行八、九年级物理和九年级化学的在线直播教学。在高中学段，由各高中学校根据本校的教学实际，在每个年级每个科目选拔骨干教师，利用宁夏教育云平台的直播教学功能等途径进行在线直播教学。同时，全县部分教师根据"空中课堂"学习后学生存在的问题，利用"在线直播"进行教学辅导，有效提高了学生的学习效果。

三是利用宁夏教育云平台助力"空中课堂"学习管理。"空中课堂"学习期间，教师的工作任务由"教学"变为"导学""助学""评学"，教师不再是教学的设计者，而是学习资源的收集者、问题的发现者、学习活动的辅助者，教师的课堂管理由"他律"变成了"以评促学"，调动学生学习的主动性和自觉性是课堂管理的主要手段。只有明白了这些，才能解决在"空中课堂"教学中教师需要干什么、怎么干的问题。为此，全县以"云平台管理"作为"空中课堂"学习期间的主要管理办法，通过前期完善补充注册学生网络学习空间，下载安装云校家，让每位学生的学习都能"看得见"；通过宁夏教育云平台云校家中的"课前导学"功能发布预习单、推送学习资源，指导学生完成预习任务；通过"作业布置"功能发布作业，进行在线提交、在线批阅，达到课后巩固的目的；通过学生网络班级空间、学科社区、在线互动课堂等功能进行在线交流，为学生答疑解惑；通过后台统计数据和学生的作业完成情况分析学生的学习状态和学习效果，用数据督促学生养成自主自觉学习的习惯。

三、网络教研提高"空中课堂"学习效果

"空中课堂"是一种特殊的"教"与"学"的手段，教师怎样"教"才能更好地指导学生，学生怎样"学"才能更有效，这都是需要我们研究的问题。本着不断发现问题、及时解决问题的原则，全县在开课初期及时召开"空中课堂"教研工作会议，确定了教研员、教师同步听课制度和学科教研员牵头负责的同步网络教研制度，让师生"同听一堂课"，让每个学科教师"同评一节课"，不断总结"教"和"学"的措施并推广，提高"空中课堂"学习效果。当时，全县在宁夏教育云平台建立县级学科课程社区 12 个，利用学科教研微信群、学科社区发起教研活动 200 余次，梳理问题 30 多条。在县级学科教研员的牵头组织下，针对问题进行了深入研讨交流，总结经验，形成一些可推广复制的策略。比如，中学生物教研组针对"'空中课堂'学生作业批阅的有效性"主题，提出了"客观题目平台阅，主观题目教师阅，共性问题小组讨论阅，个性问题辅导阅"的作业批阅策略，既减轻了教师的工作负担，又让学生以积极的思维状态投入到学习活动之中。又如，中学英语教研组针对"'空中课堂'学生读得少，口语得不到训练"的问题，提出了"课前引导读，课中跟着读，课后过关读"的解决办法，通过宁夏教育云平台的"课前导学""作业提交""班级空间"等功能将资源和结果以微课、微视频等形式上传交流，让英语教学中的"读"得到有效落实。

四、"手拉手"辅导助力教育精准扶贫

关注困难群体，不让一个学生掉队，是教育者永远的责任。西吉县是宁夏南部山区的贫困县，当时，全县精准扶贫户家庭学生共有 2 万多名。这些学生大部分由于家长文化水平低、教育方法不到位等因素，学生的学习辅导及管理存在很大困难，教育好这些学生，就是对全县精准扶贫最大的贡献。为此，"空中课堂"学习期间，在西吉县整合学校、家长、骨干教师、名师、优秀学生等多种教育资源，广泛开展"手拉手"辅导活动，建立"小组帮"、"互助帮"、"结对帮"等工作机制，通过微信、打电话等多种途径及时了解这些学生学习中遇到的困难和存在的问题，以推送学习资料、在线辅导的形式及时解决其学习中的问题，有效突破了"空中课堂"期间这部分学生缺少辅导的瓶颈问题，切实做到了让每位学习有困难的学生有人帮助、有人辅导。同时，还针对疫情防控期间一线医务人员及执勤等工作人员的特殊情况，将其子女纳入"空中课堂"教育扶贫对象，通过"手拉手"帮扶措施加强心理健康辅导，关心生活及学习，尽力解除奋战在一线的医务人员、执勤人员等相关工作人员的后顾之忧。

当时，肆虐的疫情延迟了学生开学的时间，却没能阻挡西吉县人民让学生继续学习、学好的信心，也没能阻挡全县推进精准脱贫的步伐。特殊时期的"空中课堂"既是对全县"互联网＋教育"建设成果的检验和挑战，也是推进全县"互联网＋教育"的良好契机。由于当时全县用好了"空中课堂"，发挥好了"互联网"的作用，才迎来了西吉教育和教育脱贫的美好今天。

第五节　加强线上线下同步引领辐射

名师工作室是以某地区、某校名师为领衔人，以打造教育人才品牌为追求，以教育研讨、基地活动和网络交流为载体，联合一批有共同教育理想和追求、有相同学科专业背景的优秀教师，组织在一起开展创新型、建构型教育教学研究的专业发展共同体。这是名师工作室建设之初的基本原型。

随着教育信息化的发展，名师网络工作室也应运而生。作为信息化时代发展下的产物，作为一种新的教师发展共同体模式，名师网络工作室已成为促进教师专业发展和培养骨干教师的重要载体，它必将成为教师进行教学研究的一种重要方式，并与实体名师工作室互补结合，共同助力教师专业成长。同时，立足于教育资源的共享使用和名师课堂资源的积累，可以实现名师和教师、教师与教师间的互动，可以跨越时空，打破限制，实现足不出开展教育交流研讨活动，为学校教研工作的持续发展和教师的专业化成长搭建了一个崭新的、便捷的平台。

目前，根据名师工作室运行的一般特点，一个线下实体工作室要配套建设一个名师网络工作室，构建"双室"运行模式。名师工作室除了正常开展线下活动之外，还要充分利用信息化的资源优势，充分发挥国家中小学智慧教育平台、地方教育云平台、微信群、QQ群、微信公众号等网络载体，实现线上线下名师工作室同步有效运行，使线上线下工作室各显优势、相互补位、相得益彰，达到共同引领、辐射、影响、带动教师专业成长的目的。

名师工作室线上线下相结合的运作模式，不但可以实现工作室的引领、辐射、影响、共享的功能，而且有助于打破时间区域的限制，便于工作室在更大范围内有成员参与工作室活动，让其他各地的教师足不出户就可以参与线上工作室中的文章发布、教研交流、话题研讨、资源共享、留言建议等多项活动中。以线下实体名师工作室为教育教学研究的主阵地，以线上网络名师工作室为跨地域工作室教育教学研讨交流的第二阵地，结合线上各成员研讨交流的内容，可以使工作室的研究更接地气，实现问题小切口、共读有价值、共写常态化、活动有实效、成果有固化、经验可分享的目的，让名师工作室更好地服务于区域教育教学改革，促进区域教育质量提升。

一、"双室"模式下名师工作室的应用价值

1.为学校的发展注入了新活力

近年来，在深化教育改革中不断加强名师的示范引领作用，坚持以"互联网＋"支撑引领教育现代化，构建信息化教育教学环境，纷纷开展名师网络工作室项目建设，中小学名师网络工作室如雨后春笋般涌现。"双室"同建，同步运行，同频共振，充分利用名师的示范作用带领广大中青年教师发展，为学校培养教师注入了新的活力。通过组织教师开展网上课题研究、话题研讨、网上评课、资源共享等方式，使区域内更多的教师参与了进来，共同探讨，共同提高。

2.为教师专业发展提供了新路径

名师工作室以传承名师教学特色和育人风格为主要目的，通过线上线下同步运行，以实体工作室带动网络工作室发展，引导教师积极参与教学教研活动，不断提高了名师工作室的访问量和资源的充分利用，有力地提升了学科带头人的教研能力和教学能力，形成了辐射当地教师网络交流的空间，为促进教师的专业发展提供了肥沃的土壤环境，助推了教师专业成长。

3. 为开展教研活动拓展了新阵地

网络教研作为一种全新的教研模式，已经成为学校教研不可或缺的有机组成部分，尤其是在当前教育信息化日新月异的情况下，利用名师工作室开展线上和线下教学教研交流活动，更加凸显了其无可替代的应用价值。同时，带动和促进了学校及区域内教师教学科研能力的提升，使名师工作室成为中小学教师开展网络教研的新舞台。

4. 为落实"三个课堂"开辟了新渠道

名师工作室是实施"三个课堂"的重要力量。以名师为中心，以优质资源建设为抓手，以促进和带动教师专业发展为目标，把名师工作室建设和学校主题教研工作结合起来，以名师网络工作室为载体，以平台建设、交流研讨、问题解决、案例分享等为内容，不断探索开展"三个课堂"新的工作机制，着力发挥工作室人才培养的师承效应，达到处处能研究、时时可讨论的效果，引领教师专业发展。通过专递课堂、名师课堂、名校网络课堂，达到名师课堂示范、辐射的作用，为研究并落实"三个课堂"开启创新之路。

5. 为区域教研发展启动了新引擎

名师工作室无疑为区域教研发展注入了新活力，但在实施过程中，往往出现工作交叉、时间冲突、路途耗时等问题，难以达到预设的活动目的。"双室"模式下，名师工作室"双线"运行，能较好地解决线下实体工作室助推区域教研发展中存在的掣肘，可以说，名师网络工作室的产生，为工作室助力区域教研发展启动了新引擎。通过名师工作室线上线下同步运行，充分发挥名师对青年教师进行传、帮、带作用，把更多的学科教师培养成为学科带头人，把学科带头人培养成为骨干教师和名师，引领区域内教师更新教育教学理念、改进教育教学方式方法、提升教育教研水平。

二、"双室"模式下名师工作室的功能探索

1. 利用名师工作室，建设学科教学资源库

通过资源共享（课件、教学设计、音频、课堂实录等），为区域内、校际间教师提供更优质、更便捷的教育资源。作为主持人，一定要把好入口关，做好学科资源和名师课堂资源等内容的审核工作，这样既能保证资源的质量，还能节省更多的存储空间。同时，充分发挥名师的示范辐射作用，有目的、有计划、有步

骤地传播先进的教育理念和教学方法，帮助教师解决教与学过程中的问题。鼓励学科带头人将自己课堂的片段，日常的教学感悟、教学心得等，以视频或文章的形式上传到网络名师平台，既便于教师展现自己的优秀成果，又便于其他教师给予指导和建议，帮助自己学习成长。

2. 利用名师工作室，组织开展网上评课活动

名师网络工作室打破了时间、空间限制，实现教研活动的全员参与和教研智慧的共享。工作室主持人创建网上评课，明确评课起止时间，授课人和评课方向等信息，将授课视频上传至网上评课，最后向工作室成员发出在线评课邀请。评课人员可以一边点击视频，一边进行关键点评，路过工作室的教师也可观看视频，在评论区进行发表自己的观点和看法。在网络评课中，可以是资深教师负责对年轻教师进行示范与指导，也可以是名师帮助解决年轻教师提出的教学困惑，使整个名师网络平台形成具有人文关怀的交互文化。

3. 利用名师工作室，组织开展网上教研活动

教研活动主要包括课题研究、课例研究、专题研讨等。如结合"双减"背景下的作业设计，主持人可以发起专题研讨活动，把网上教研和学校的教研活动有机结合，确立活动的主题为"'双减'背景下作业的设计与实施"，然后分研讨阶段、探究阶段、总结实施阶段三个环节来开展。采用线上与线下相结合的方式，线下可以利用学校主题教研活动来组织实施，主持人定期把研讨成果共享在名师网络工作室教研活动主题中。来自不同区域、校域的教师通过在线研讨的方式不断完善、扩大研讨成果，最终形成"关于'双减'背景下的作业设计的实施策略"，为校际间提供可借鉴、可复制、可推广的模式。

4. 利用名师工作室，不断创新校本主题教研模式

名师工作室的重要任务之一就是推动教学模式的变革，提高教学质量。如西吉县第一小学为进一步提高教研的针对性和实效性，在网络名师工作室的引领和带动下，积极开展校本主题教研活动。所谓主题教研就是各教研组把实际教学中多次遇到的解决不了的问题上升到学校层面，然后学校组织各教研组以解决这些问题为目的而开展的教研活动，即"课堂产生问题→问题引领教研→教研生成策略→策略服务课堂"的闭环主题教研思路。同时，把学校主题教研活动和网络名师工作室的活动有机地结合起来，扩大学校网络教研的交际圈，对于促进教师专业成长有着传统教研所不能替代的作用，不但带动了校域教师专业提升，还切实

促进了"双减"背景下课堂教学的提质增效。

5. 利用名师工作室，提升教师反思能力和专业素养

名师工作室凝聚的是教育智慧，燃烧的是教学激情，激发的是教育教学灵性，收获的是名师与青年教师的共同成长。"一花独放不是春，百花齐放春满园"，在主持人的带动下，以活动为载体，引导教师通过在展示自我、参与交流的过程中，促进教师反思能力的提高和良好习惯的形成，使得每一个人都能以适合自己的方式参与活动、学习成长。当然，名师网络工作室的建设不能仅仅局限于学科带头人和工作室的成员，要充分发挥网络名师工作室成员领头雁的作用，为提升教师信息技术能力服务，为促进教师教研能力提供理论支持。同时，发挥名师网络工作室的辐射和引领作用，把名师网络工作室的成长和教研共同体的发展结合起来，依托宁教云在线直播的功能，组织学科名师开展在线课堂直播，教研共同体的教师同频共振，同步教研，一体发展，共同提升。

6. 建立健全激励机制，让名师工作室更好地为教学服务

建立良好的激励机制，能更好地调动教师参与的主动性和积极性，也能促进工作室的良性发展。学校要在评先选优方面根据教师参与网络名师工作室的活动成效和上传资源的积分高低给予倾斜，所属教育主管部门对优秀的名师室和工作成员进行表彰，只有上下联动，形成合力，才能使名师网络工作室发挥最大效益，为教育教学服务。

三、名师工作室线上线下联动运行管理路径

（一）加强工作室外部管理机制建设

工作室外部管理主体主要包括认定挂牌教育行政部门、属地教育行政部门和在地学校，不同级别的工作室有不同的外部管理主体，就一个县域内存在的名师工作室而言，既有省级教育行政部门认定挂牌的工作室，也有市级教育行政部门认定挂牌的工作室，还有县级教育行政部门认定挂牌的工作室，一般工作室的年度考核和运行结束考核由认定挂牌的教育行政部门负责，这就导致部分工作室只认考核单位不认属地管理单位的现象。但不管怎样，无论什么级别的工作室存在于当地，就应该为当地的教育作出应有的贡献。作为工作室属地教育行政部门，要承担起各级名师工作室的统筹管理职责。作为工作室所在地学校，应该承担起工作室日常运行管理。只有形成管理合力，才能确保工作室的高效运行，才能起

到工作室助推区域教育、校本教研的作用。

1. 成立县域名师工作室管理领导小组

县域教育管理部门是各级名师工作室管理的直接行政单位，无论哪一级名师工作室主持人的选拔，都要经过县级教育行政部门推荐，工作室的建设，都需要县级教育行政部门的支持。因此，成立县域名师工作室领导小组，是名师工作室落地和高校运行的有效保障。县域名师工作室领导小组组长要由县级教育行政部门主要领导担任，成员主要由内部人才管理、业务指导、财务管理等部门人员担任。同时要成立县域名师工作室领导小组办公室，负责名师工作室的具体事务管理。只有这样，才能使名师工作室管理运行上接挂牌认定教育行政部门，下达名师工作室所在地学校，形成上下联动、统筹协调、共建共的高效管理体系。

2. 制定切合实际的名师工作室管理考核制度

名师工作室的最终考核结果是由认定挂牌教育行政部门形成的，具体的考核细则也是由认定挂牌教育行政部门制定的，不同级别的工作室的考核细则也不尽相同，这也给县级教育行政部门的统筹考核带来了困难和不便。作为县级教育行政部门，首先要制定本级名师工作室考核管理办法，同时要结合不同级别名师工作室的考核管理细则，梳理其中的共性或相似性条款，并结合当地教育教学发展需要，制定上下一体化的考核管理制度，确保各级工作室正确的工作方向。县级名师工作室考核管理制度要从工作室的管理与组建、职责与任务、权利和义务、考核与评估、保障措施等方面提出具体条款，要确保各项条款符合实际、科学合理、操作性强。

3. 推动名师网络工作室制度化

中共中央、国务院印发的《中国教育现代化 2035》提出"加快信息化时代教育变革"，"利用现代技术加快推动人才培养模式改革，实现规模化教育与个性化培养的有机结合"，"创新教育服务业态，建立数字教育资源共建共享机制"。名师工作室作为人才培养基地和教育服务的时代主流，建设名师网络工作室已成为时代发展的必然趋势。同时，网络工作室能够突破时空局限，有效降低时间成本，缓解成员的工学矛盾，最大化满足教师个人发展需求，发挥最大化的辐射引领作用。因此，县级教育行政部门要充分利用实体名师工作室的优势，推动属地名师工作室建设网络工作室，并将此作为一项制度和考核的一个条款，形成工作室线上线下联动运行的保障机制。同时要明确成员的分类、研修方式分级、结果考核分层等多样化的研修考核方式，激励网络成员积极参与工作室研修，形成一种以网络为载体，既注重教师个体发展，又注重群体协作与共享，还重视教学实践与反思的新型研修模式，使工作室的辐射引领效应最大化。

4. 建立名师工作室送教示范制度

名师工作室成员在内部研修一段时间以后，需要将研修的成果在一定范围内进行展示，这既是成员研修成长过程中必须必要的"练兵"，也是区域教研支撑、辐射引领的手段。但是，有些工作室由于缺少展示的平台，出现送教无学校接受、展示没有舞台的尴尬局面。这就需要县级教育行政部门统筹安排，从全县教育均衡发展和高质量发展的高度出发，将名师工作室送教示范与全县教研工作紧密结合起来，形成一种制度，既成就名师工作室成员的发展需求，又带动全县薄弱学校快速发展。比如：制订名师工作室送教下乡制度，让每个工作室定时间、定任务、定主题到指定学校开展送教指导活动，通过"同研一堂课""共话一个主题"等形式，与送教学校教师深度研讨，传递教研的激情，共享教研的方法，推动送教学校的校本教研提质增效。同时，还可以设计名师工作室示范展示观摩活动，不定期让县级教研机构和名师工作室协同开展基于某一个学科的全县教学观摩交流活动，由工作室成员担任授课主要力量，通过同课异构、异课同构、观摩研讨、专题讲座等形式，以名师工作室为核心力量，助力全县教研质量提升。在送教示范过程中，根据活动内容和需要，采用线上线下相结合的方式，提高活动的辐射面。

5. 发挥工作室在地校日常监管职责

名师工作室最终落地在某一所学校，因此，工作室与在地校的关系是密不可分的。在地校，首先要支持名师工作室的建设运行，为名师工作室落地提供必要的办公场所和硬件支持，根据需要提供一定的经费支持，对于工作室主持人及成员外出研修，要协调好课程安排，保障研修时间。其次，还要切实承担起工作室的日常工作监管职责，要按照考核管理要求，督促工作室按照工作计划认真落实各项工作任务，避免出现"平时不干，考核乱编"的现象；要将工作室工作和学校校本教研结合起来，充分利用工作室人才资源和在地的距离优势，在不打乱工作室工作节奏和加大工作室工作负担的前提下，让工作室主持人和成员不定期指导学校校本教研活动，这样，既起到了督促工作室落实工作的目的，又达到了提高校本教研质量的目的。

（二）优化升级工作室内部管理措施

名师工作室是由一定区域内名师引领的教师组建而成的专业发展共同体，是优秀教师共同学习、互勉互助、抱团成长的平台。作为教育数字化转型时期的名师工作室，既有线下实体工作室，又有线上虚拟工作室，成员的构成也是来源不一、情况复杂。工作室人员之间的关系由实体工作室的"主持人和成员"、"成员和成员"关系变成"主持人和伙伴"、"成员和伙伴"的关系，工作室主持人在一定意义上的约束力和强制执行力进一步弱化，成员之间的交往关系变成一种松散而随意的弱纽带联系。在这样的一种工作室人员交际背景下，让工作室研修文化成为成员的强力纽带就显得尤为重要。只有变"要我加入工作室"为"我要加入工作室"，变"要我成长"为"我要成长"，变"自我发展"为"我们发展"，工作室成员之间才能形成强大的凝聚力，进而提高工作室的整体研修质量。因此，作为名师工作室主持人，要从优化工作室内部管理入手，以先进的教育思想为指导，以文化引领为高地，不断激发工作室成员的研修激情，形成成员之间互帮互学的强大合力，才能促进成员最大可能的发展。

1. 建立分层开放的成员吸纳制度

作为线下实体名师工作室，是带有一定的培养考核任务的，一个运行周期内要培养多少成员、达到什么目标，是有指标要求的；作为网络工作室，成员的数量是没有要求的，成员的加入也是开放的，也没有具体的考核指标。因此，主持人要对成员分层吸纳，可以把成员分为核心成员和外围成员两大类，明确不同类型成员的准入标准。

首先，要遴选具有强烈发展进取心的核心成员。核心成员一般是实体工作室成员，要按照工作室成员遴选数量和标准精挑细选，确保每一位成员都具有强烈的求知欲望和远大的发展理想。核心成员是主持人培养的重点对象和工作室发展的主要支撑，和主持人构成工作室的核心团队，是工作室整体发展的引领者和风向标。

其次，要吸纳丰富多元的外围成员。外围成员的吸纳方式是开放的，加入的场域是名师网络工作室。外围成员可以是同一地域内的，也可以是跨市跨省等不同地域的；可以是工作室学科或研究领域方向的，也可以是不同学科或不同领域追求方向的；可以随时申请加入，也可以随时退出。总之，只要是对本工作室有热情、有兴趣、想加入的，主持人都可以同意吸收。当然，对于其中特别优秀、积极主动的外围成员，主持人在核心成员需要补充时，可以按照在本工作室参与的成效吸纳为核心成员。

2. 构建工作室和成员同步发展的价值愿景

教育数字化转型背景下的工作室包含实体工作室和网络工作室两个运行载体，成员包含主持人、核心成员和外围成员，成员中甚至不乏一些学科专家或某一领域有特长的教师，只有成员之间建立相互包容、交流合作、共享发展的共同价值观，才能让一个相对松散的学习共同体变成一个具有共识的共同发展的整体。明确工作室的价值愿景，对于增强成员的凝聚力、提高工作室的研究合力、促进工作室高质量发展具有重要的意义。

首先，工作室主持人要从工作室发展目标、发展规划、年度计划方面构建工作室发展愿景。麦克·布伦特和菲奥娜·埃尔莎·登特在所著的《有效赋能》中写道："当你成为领导者之前，成功的全部就是自我成长；当你成了领导者，成功的全部就变成帮助他人成长。"因此，作为工作室主持人，要根据工作室的学科方向、研究期望等因素，明确提出工作室的发展方向和发展目标，制定出能让工作室切实达到且有一定高度的发展规划和发展计划，让每一位成员树立"成就工作室就是发展自己"、"成就他人就是发展自我"的参与意愿，把这种帮助他人成长的目标变为工作室的共同价值追求，最终才能达到培养名师、为未来工作室的"领导者"助力赋能的目的。

其次，要指导帮助工作室每一位成员制定个人成长发展规划，从树立愿景、坚持愿景、达成愿景几个方面细化措施，让成员感到在工作室的学习研修有目标、有方向、有成就感。对于工作室核心成员，主持人要根据成员的现有基础、优势特长、最近发展区等方面考量，参照 GROW 模型（GROW 一词义为"成长"，即帮助被辅导者成长）的 4 个维度（目标设定、现状分析、发展路径、行动计划），明确梦想目标（我心中的远大的宏图是什么）、终极目标（我要达到什么程度）、绩效目标（我会交付什么产品）和过程目标（我会采取什么行动），指导制定切实可行可实现的发展规划，让每个成员的发展愿景可视化、可操作，达成愿景的动力就会自然而生。对于外围成员，可以动员每个人制定自己的发展规划，但不必强行要求，只要在网络工作室提交了个人发展规划的，工作室主持人要像核心成员一样同等对待，及时指导制定适合成员发展的个人规划，这样才能形成外围成员和核心成员的团队合力，提高外围成员参与工作室的积极性。

3. 提高工作室的研修质量

名师工作室是一个非行政化的学习共同体组织，工作室的研修质量就是生存发展的生命线。作为教育数字化转型背景下集实体与网络于一体的名师工作室，网络手段的应用，打破了时间和地域的限制，极大地方便了工作室成员的交流与沟通，但由于成员构成的复杂性，给工作室的研修质量也带来了极大的挑战。名师工作室主持人要敏锐地意识到时代赋予工作室的新任务，在提高工作室研修质量方面想新招、出新策，只有提高工作室的研修质量，让每一位成员真实感受到在工作室研修期间的成长和发展，才能拓宽工作室的生存发展空间，为工作室赢来良好的口碑，提高工作室的影响力和辐射力。

首先，工作室主持人要发挥好自己的学识、人格魅力。一个工作室虽然有核心团队，但主持人是核心中的核心，主持人的学识魅力、人格魅力是形成工作室强大凝聚力的关键。因此，作为主持人，一定要树立终身学习的理念，及时了解教育的新视点、新热点、新焦点，让自己的理论时刻处于时代前沿，能够科学诊断分析成员发展过程中的问题，能够及时解答成员学习中的困惑和问题，能够设计符合成员发展需要的项目设计，能够亲自讲优质课、示范课引领成员成长。同时，主持人还要对核心成员和外围成员一视同仁，以平等的身份和学习的态度与成员学习交流，营造工作室平等和谐的学习氛围，对成员取得的成绩及时肯定，对存在的问题及时解答，还可以举办"同读一本书"、"同上一节课"等活动，把读书的收获和上课的视频在网络工作室分享，引领更多的成员分享交流，工作室的研修文化会因为主持人的人格魅力自然形成。

其次，要建立开放的日常管理体制。工作室不是主持人的工作室，而是所有成员共同的工作室，只有人人参与管理，人人主动管理，才能让工作室高效运行。主持人在日常管理方面，要将管理权限不断开放，让大家感受到"这是我的工作室"，才能想到工作室当前的任务，发现工作室的问题，提供工作室发展的建议，形成人人关注、齐抓共管的局面，工作室的工作才会有条不紊地开展。对于实体工作室，要明确成员的角色分工，如可以设置方案设计员、资料整理员、宣传员等不同角色，让大家各负其责。对于网络工作室，可以探索实行"共享领导"制度，让每一位核心成员和愿意参与的外围成员轮流担任工作室领导，负责一定时间内网络工作室的问题解答、话题收集、资料上传等工作。这样，不仅可以让成员提高主人翁的责任感，而且能及时了解成员的问题和发展需求，为工作室设计有价值的研究项目提供真实资源，从而达到基于问题、线上线下、同步发展的目的，确保工作室学习研究的价值意义。

再次，要不断创设搭建工作室研修平台。工作室要常态化开展室内的学习研修，比如读书分享、双向听评课、课例反思、网络主题征集发布、网络研讨等活动，这些都是室内可以搭建的平台，要切实利用好。同时，主持人要积极对接上级教育行政部门开展的各项活动，鼓励工作室成员积极参与，比如各级各类优质课比赛、县级及以上教学观摩交流活动展示、课题研究项目申请立项等，在参与前动员工作室所有成员力量，发挥集体智慧，对要参加比赛或展示的成员进行指导帮助。或者可以让参赛成员提前录制参赛课例或制作参赛作品，分享到网络工作室让所有成员观看并提出修改意见，然后由工作室主持人综合大家的观点，指导参赛教师完善设计个人作品。这样，不仅能让所有成员在参与活动的过程中提升个人素养，进一步增强对工作室的归属感、认同感和集体荣誉感，还为参赛成员取得成绩提供了工作室尽可能的智力支持，对提高工作室的整体影响力和所有成员的获得感具有十分重要的推动作用。

（三）构建工作室区域联动管理策略

一个区域内的工作室是多层级的，管理运行水平、获取资源的渠道也不尽相同。以一个县域的工作室分布状态而言，既有县级以上工作室，又有县级及以下工作室；既有运行多年经验丰富的工作室，又有刚刚起步摸石探索的工作室；既有外部资源丰厚支持力量强大的工作室，又有资源贫乏发展受限的工作室。打破工作室之间的壁障、实现工作室间的交流共享、探索区域工作室协同发展应该是当前区域工作室管理重点思考的问题。就一个县域工作室联动管理而言，可以从以下几个方面进行探索尝试。

1. 建立县域工作室联盟

县级名师工作室领导小组围绕教育教学改革中心任务，紧扣资源供给"增量"、改革落地"增效"、教育教学"提质"、队伍建设"提能"的总体目标，以盘活全县名师资源、推进新时代强师工程建设、打造高质量的名师工作室学习共同体为目标，建立名师工作室联盟，具体负责薄弱工作室的业务指导和工作室之间的交流活动设计安排，形成县域内名师工作室行政管理和业务管理指导双向发力新格局。这样，就会从管理上打破工作室各自为营、支撑乏力、活动窄化、辐射受阻等壁垒问题，将工作室的工作和全县教学教研工作紧密结合起来，既尊重工作室作为一个独立的教师发展共同体的自主权，又发挥了工作室对全县教学教研的辐射引领作用，形成工作室和教研机构带动全县教育教学改革的双引擎，对促进工作室发展和提高县域整体教研质量起到同向发力的作用。

2. 共享工作室资源和发展良策

实现县域内所有工作室优质发展，是发挥名师资源辐射力、改变县域内教育生态、提高县域整体教育质量的重要渠道。县域工作室联盟可根据工作室领导小组的整体安排部署，统筹县域名师工作室优质资源，开展工作室协同联动发展活动。比如，可以设计开展工作室主持人及成员整体能力提升研修活动，采用线上线下相结合的形式，由级别较高、资源丰富的工作室承担主讲任务，主要对工作室的管理运行策略、研究能力、成果孵化能力等方面进行指导培训，从而提高县域内整个工作室的管理运行水平；还可以组织开展"名师大讲堂"活动，由工作室联盟根据县域工作室分布情况，分期安排工作室主持人或成员针对一定的主题进行专题讲座，讲座既开有线下讲堂，又同步开设"云讲堂"，让各名师工作室在展示自我的同时，辐射引领县域教学教研向前发展。

3. 建立名师团队定点帮扶指导制度

帮扶县域内薄弱学校发展，促进教育优质均衡，是工作室应该承担的义务。建立名师团队定点帮扶指导制度，让每一个名师工作室为县域教育发展贡献各自的力量，积小流而成大海，是推动县域教育质量均衡发展、高质量发展的必要手段。工作室联盟可根据县域薄弱学校实际需求，结合每个工作室的学科方向及研究特长，有计划有针对性地制定名师工作室定点帮扶指导安排。比如：可以让每个工作室由主持人和成员组成 1 个"名师团队"，一年内定点帮扶 1 至 2 所薄弱学校，每学期到被帮扶学校至少开展几次示范指导活动，通过听课评课、课堂示范、集体备课、主题教研、案例研讨、作业设计等多种研修活动，对薄弱学校教师的专业成长进行"沉浸式"跟踪指导，提高被帮扶学校的教育教学质量和教学教研水平。同时，还可以通过网络这个纽带，把工作室日常研修活动和定点帮扶活动结合起来，在工作室开展研修活动时，通过分享链接、在线互动、资源共享等形式，让被帮扶学校相关教师在线参加工作室研修，和工作室成员一起成长，使工作室的帮扶效应最大化，起到快速提高薄弱学校教育教学质量的目的。

总之，在教育信息化迅速发展的今天，"互联网＋教育"已经走进我们的教学生活，只有不断改变传统教育教学模式与学习方式，不断挖掘探索名师工作室的应用价值，充分发挥名师的引领作用，才能有效地促进县域内教育均衡优质发展。

附

录

附录一

立项课题研究系列案例

课题名称：基于宁夏教育云平台应用的集体电子备课实践研究

说明：此课题为笔者主持的宁夏回族自治区第六届基础教育教学立项研究课题，于 2023 年 12 月结题并获一等奖。

第一部分：课题立项申报书

一、研究的背景和意义（限 500 字以内）
有效的备课是教师进行高效教学的前提，这不仅能让教师明确教育思想、把握课堂教学结构，而且能提高教师的教学水平和教研能力。随着 2018 年宁夏"互联网＋教育"示范区建设的启动，教育云平台的资源日益丰富，云平台中的教学助手、网络空间、数字教材等工具和资源应用逐渐普及，可以说，"互联网＋"全面推进了教育教学改革进程。备课作为教育教学中非常重要的一个环节，推进"互联网＋备课"已成为当务之急。2020 年宁夏回族自治区教育厅教研室工作要点中提出："要推进互联网＋教研活动，推进信息化备课常态化，不再进行纸质备课，切实减轻教师负担。"开启了备课改革的新征程。但目前教师备课手抄的习惯一下难以改变，重复抄写教案、应付检查、备课上课脱节等低效备课现象依然存在，部分学校虽然在电子备课方面进行了初步探索，但没有形成系统有效的操作流程，加之缺少教育行政部门的引领和制度支持，推进过程也是走走停停，处于观望状态。因此，在推进信息化 2.0 的今天，研究高效的集体电子备课并加以推广具有很强的现实意义和实践价值。
二、拟研究解决的问题（限 200 字以内）
本课题是在推进"互联网＋教育"过程中发现的亟须解决的问题基础上提出的，旨在通过研究，拟重点解决基于宁夏教育云平台应用的教师集体电子备课推进工作中以下几个方面的问题： 　　1. 备课路径问题。重点探索备课中如何利用云平台的一些基本功能，畅通集体电子备课的传输路径，为教师提供备课网络路线图，实现备课简单高效，解决"怎么备"的问题。 　　2. 备研一体化问题。探索教师备课和常态化教研相结合的"链条"，打通两者之间的"隔断墙"，形成备研一体化的教研新格局，解决"如何高效备"的问题。 　　3. 备课管理问题。探索高效的备课管理体系，解决"怎么管"的问题。

三、研究目标（限300字以内）

基于本课题拟研究解决的问题，本着着眼问题、重于实践、形成体系的原则，本课题拟达到以下几个方面的研究目标：

1. 找准问题。通过问卷调查及分析，找准教师集体电子备课中存在的重点问题，分析问题成因，切实解决集体电子备课推行中的问题，使课题研究更具针对性，更具实践价值。

2. 扎实开展实践研究。通过设立试点校、试点班级和实验教师，边实践边研究，边研究边改进，形成典型案例。

3. 总结规律并推广。在总结典型案例的基础上，形成在一定范围内可推广的集体电子备课方案或模式，推动形成"互联网＋教育"背景下的备课新生态，并切实在备课环节为教师减负。

四、国内外研究现状

一、国内外研究现状

1. 国外研究现状

在备课模型研究方面，20世纪中叶，国外对备课理论的研究就已展开，时至今日经历过三个阶段："目标—手段"模型研究阶段（1950—1970年）、教师思维研究阶段（1970—1990年）、多元化研究阶段（1990年至今），研究问题在不断转换，研究方法在不断更新。比如以泰勒（Tyler，R，W）为代表的外国学者，提出了"目标—手段"模型，以英格（Yinger，R，J）为代表的学者提出了"过程"模型，以莱因哈特（Leinhardt，G）为代表的学者提出"议事日程形成"模型，后期还有好多学者针对备课要素、备课时间长短、专家与教师在备课过程中的差异等方面进行了探索。

从备课的发展趋势来看，随着网络全球化的普及，求学者学习知识已经不受地域的限制，随时随地都可以通过网络进入全世界各个国家的网络课堂，在线倾听大师授课，备课也向着电子备课的方向发展。

2. 国内研究现状

从中国知网搜索可知，关于备课从1951年开始就陆续有研究成果发表，截至目前已有大量成果，梳理总结我国学者对备课研究的方向和内容，可以归结为以下两个方面：

（1）在备课方式方面，国内目前的研究方向有独立备课和集体备课（包括教研组集体备课、备课组集体备课、区域网络协同集体备课、网络备课平台集体讨论备课）；在备课系统方面，顾华详提出把各种可利用因素融入系统备课方法之中（如网络技术）；在备课过程方面，主要探讨备课过程中应注意的各种因素，如对教材的处理、对网络的运用、应注意的事项及环节、应注重过程艺术和应具有文化自觉等问题。同时，也有个别学者对备课策略、备课平台等问题展开讨论。

（2）从备课的发展趋势来看，随着网络技术的发展，网络备课平台作为一种新型的备课介质和载体，已成为现代教学不可分割的一部分，并有快速发展的趋势。何克杭提出：面临信息技术飞速发展，我们可以通过网络环境来解决传统集体备课中的内容不多、方法不当、效率不高的问题；部分学者和学校在积极探索网络环境下备课方式协同化，让同类学科间，不同学科间，同一个学校、不同地区学校之间都可以通过网络和视频进行协同备课。

二、现状分析及本课题的创新之处

通过以上对国内外学者关于备课研究的总结和分析可知，国内外备课研究目前存在许多差异。国外学者注重对备课普遍存在的规律性进行研究，往往是以第三者身份把"教师群体"作为一个调查研究对象采取样本；国内学者更注重对具体课程如何备课展开研究，视角多放在"教师如何备课"这个问题上，多以个人体会或应然的角度对备课"方略、艺术、系统、方式、过程、策略、网络平台"及"集体、协同、教研组、备课组"等备课方式展开研究，个案或建议性研究较多。

本课题是基于一个地方互联网教学平台的备课研究，具有很强的针对性，重点在于解决"互联网＋教育"大背景下教师如何备、同伴如何研、学校怎么评的问题，对于推进本地"互联网＋教育"发展、提高教师备课质量、减轻教师负担具有很强的现实意义。

五、核心概念的界定（限 500 字以内）

集体备课：指教师在课堂教学之前，由备课组集体研究，讨论教师的讲课内容，帮助教师提高备课质量，进而提高教学质量的备课活动。

电子备课：指教师个人或集体依托宁夏教育云等信息化平台，筛选、整合、修改相关数字资源进行备课，达到优质教育资源共享的目的，备课内容主要包括教学设计（教案）、多媒体课件（也称电子课件，包括影像、图片、声音、动画等）、教学资源（微课、音频、视频、文字、图片、参考资料等）等三个部分。

集体电子备课：不仅指教师利用网络寻找资料、制作课件，更指教师利用网络实现本校教师之间、本地区各校教师之间、不同地区各校教师之间利用网络平台实现立体备课，使集体备课打破时间、空间的限制。集体备课的内容也由传统意义上的集体备教案，发展到以备学生、备教学设计为核心的全方位、多角度、综合性备课。教师之间的合作在网络环境下得到实现。

六、研究方法（限 500 字以内）

1. 调查法：通过问卷、座谈、访谈等形式，了解教师的备课现状、备课方式、备课态度以及备课改革愿景，掌握当前教师备课中主要存在的问题，以问题为导向，使本课题研究更具针对性。同时在研究过程中边实践边调查，研究集体电子备课相关措施的可行性和实效性，进一步提高课题研究质量。

2. 行动研究法：根据课题内容，边实践边研究，使整个研究过程在具体行动中进行，通过确定具体的研究试点学校、试点备课组，在不断地试行过程中，课题组及时进行观察、分析、反思，并结合反思中发现的问题，修改集体备课方案，使得课题的研究过程和研究成果呈螺旋形上升趋势。

3. 个案研究法：选择实验教师，全程参与集体电子备课过程，并进行课堂跟踪考察、记录、分析，研究教师参与集体电子备课中专业成长的效果及付出劳动量的多少，形成典型案例，以点带面，从个案中概括可推广的集体电子备课模式。

七、研究步骤

本课题拟用两年时间完成，即完成时间为2021年7月至2023年8月，共分为三个阶段：

第一阶段：准备阶段：（2021年7月——2021年12月）

1. 召开课题研究成员工作会议，明确研究方向，根据研究任务进行初步分工。

2. 组织课题组成员讨论课题立项申报书，细化各环节内容，撰写开题报告。

3. 组织课题组成员深入研究宁夏教育云平台各项功能，特别是课程社区、网络空间、教学助手、集体备课、数字教材等功能的使用方法，做到能够熟练使用，为后期综合研究夯实基础。

4. 组织课题组成员学习有关研究集体备课和校本教研方面的书籍，提高成员的理论水平，为课题研究提供理论支撑。

第二阶段：实施阶段：（2022年1月——2023年4月）

1. 设计编制调查问卷，进行问卷分析。主要从教师目前备课现状、集体电子备课的认识、推进集体电子备课中的问题三个方面设计调查问卷，问卷覆盖小学、初中、高中学段，涉及各学段各学科教师，争取使问卷具有普遍性。同时根据问卷调查结果进行问题梳理，分析问题成因，形成问卷调查分析报告。

2. 基于问题提出中基于宁夏教育云平台应用的集体电子备课实施路径、管理措施及实施策略，形成集体电子备课初步方案。

3. 选定实验教师，依照初案开展集体电子备课实验，总结反思实验过程中的问题，研究解决策略，进一步完善方案，并形成典型案例。

4. 选定试点校或试点备课组，较大范围开展集体电子备课研究，并及时召开试点工作交流研讨会议，进一步完善备课方案。

第三阶段：方案总结阶段：（2023年5月—2023年8月）

（1）搜集整理研究成果。

（2）对课题研究过程进行反思。

（3）提出结题申请，撰写结题报告。

八、研究成果预期形式及内容（限500字以内）

1. 在研究初期，通过调查问卷，完成调查问卷分析报告1份；

2. 在研究过程中，不断反思总结，撰写典型案例若干份，完成论文若干篇，并在一定范围内交流或公开发表；

3. 在研究中期，完成中期总结报告1份；

4. 在总结阶段，提炼总结完成《西吉县中小学教师集体电子备课方案》，并在全县推广执行；

5. 完成课题结题报告1份。

九、主要参考文献

[1]李当智.“互联网+”环境下城乡教师集体备课模式探析[J].科教导刊（上旬刊），2019（22）：56-57.

[2]兰国林.谈教师集体电子备课[J].西部素质教育，2017，3（01）：194.

[3]毕月明.教育云环境下教师备课研究[D].华中师范大学，2014.

[4]王玉龙，国内外备课研究现状及发展动态评析[J].期刊论文时代教育，2014（7）：49-50.

[5]胡彬.网络环境下互动式集体备课的实践与思考[J].中国教育技术装备，2011（28）：5.

[6]朱静屏.电子备课的创新探索与实践[J].软件导刊（教育技术），2009，8（08）：18-19.

[7]孔惠峰.走出电子备课的困惑与思考[J].教育科研论坛，2008（05）：69-70.

第二部分：调查问卷

教师备课方式调查问卷

尊敬的老师：

　　为适应当前新课程改革的需要，促进教师有效备课，提高备课效率，减轻教师负担，激发教师工作热情，现进行关于"教师备课方式"的无记名问卷调查。请选择您认为合适的答案并在选项上画"√"（有的题可多选）。

　　一、基本信息

　　1. 您的教龄（　　　）

　　A.5 年及以内　　　B.6 ~ 10 年　　　C.11 ~ 20 年　　　D.20 年以上

　　2. 您的年龄（　　　）

　　A.20 ~ 30 岁　　　B.31 ~ 40 岁　　　C.41 ~ 50 岁　　　D.51 ~ 60 岁

　　3. 您的学历（　　　）

　　A. 中专及以下　　　B. 大专　　　C. 本科　　　D. 研究生

　　4. 您每周任教的课时数（　　　）

　　A.10 节（含）以下　　B.11 ~ 15 节　　C.16 ~ 20 节　　D.21 节（含）以上

　　5. 您任教的科目数（　　　）

　　A.1 门学科　　　B.2 门学科　　　C.3 门学科及以上　　　D. 没有任课

　　6. 您所在的学校是（　　　）

　　A. 县城小学　　　B. 农村小学　　　C. 县城中学　　　D. 农村中学　　　E. 其他

　　二、多项选择

　　1. 您目前采用的备课方式是（　　　）

　　A. 纸质稿手写　　　　　　　　　B. 个人电子备课

　　C. 纸质稿和电子备课兼而有之　　　E. 书本备课

　　F. 电子集体备课（包括教研组集体备课、备课组集体备课等）

　　2. 您认为纸质稿备课最大的优点是（　　　）

　　A. 写了容易记住　　　B. 成本低，便于开展　　　C. 便于检查

　　3. 您认为纸质稿备课的不足有（　　　）

　　A. 备课时间长，耗费时间、精力　　　B. 不能呈现图片、视频等

C. 重复性劳动，没有意义　　　D. 不利于交流和共享

4. 您认为电子备课的优点有（　　　）

A. 方便快捷　　　B. 易于修改　　　C. 便利学习　　　D. 易于交流和共享

5. 您认为目前影响电子备课推广的因素有（　　　）

A. 电脑等设备不方便　　　　　B. 网络不畅，备课无法为上课服务

C. 操作麻烦　　　　　　　　　D. 教师信息技术水平不高，耗时费力

6. 您在集体电子备课实施过程中的做法是（　　　）

A. 备课前与同级同学科教师充分讨论交流

B. 课后能与同级同学科教师对原教案进行完善

C. 课后能根据教学实施情况及时撰写教学反思

D. 将电子教案束之高阁，不再关注

7. 您熟悉的基于宁夏教育云平台电子集体备课途径有（　　　）

A. 课程社区　　　B. 数字教材　　　C. 网络空间　　　D. 其他

8. 您认为电子集体备课网络研讨的优点有（　　　）

A. 打破时空限制，自由灵活　　　B. 操作方便，保存久远

C. 便利交流，易于共享　　　　　D. 流于形式，没有作用

9. 备课前一般要做好以下准备工作：了解学生学情，把握学生学习基础；研读课程标准，掌握教学内容目标；联系学生实际情况，精心设计教案。您在备课前，做到了（　　　）

A. 了解学生学情，把握学生学习基础　B. 研读课程标准，掌握教学内容目标

C. 联系学生实际情况，精心设计教案　D. 都没有做到

10. 您觉得当前的集体电子备课存在的问题是（　　　）

A. 虽然节省了写教案的时间，但备课质量下降了

B. 让部分教师变得懒惰，只想着用别人的教案

C. 还需加强监管和考核，防止部分教师只上网下载教案和课件而不进行二次备课

D. 其他

三、单项选择

1. 您认为目前教师备课状态是（　　　）

A. 应付检查　　　B. 让自己上课时有个心理安慰

C.了解教情、学情，熟悉教学内容，防止上课卡壳

D.按照课程标准，研究教法、学法，为上高质量的课进行准备

2.您认为电子备课是（　　　　）

A.仅仅是电子教案　　　　B.从网上下载的别人的教案和课件

C.电子备课是集文字、图形、图像、声音、视频影像、动画等各种信息于一体的数字化的教学设计，包括多媒体课件、教学资源和参考资料等

3.您觉得电子备课对教师的要求应该是（　　　　）

A.会从网上下载教案和课件　　　　　　B.能按要求进行文档修改和排版

C.能对 PPT 课件按教学需要进行修改　　D.会上传、共享课程资源

4.您更倾向于喜欢（　　　　）备课方式

A.纸质稿手写

B.电子备课

C.在自己原来的教案上修改（前提是有一配套自己的教案）

D.电子集体备课

5.您的备课内容在正式上课时的呈现程度一般情况为（　　　　）

A.彻底脱离备课　　　　　　B.完全按照备课内容上课

C.个别备课目标未能实施　　D.完全实现目标

6.您备课内容详细程度（　　　　）

A.简单罗列　　　B.一般　　　C.详细　　　D.非常详细

7.您完成备课采用何种方法（　　　　）

A.上网搜索　　　B.自己构思　　　C.教材和教参　　　D.采用原有的教案

8.您在备课的时候，是怎么准备课件的？（　　　　）

A.从网上下载，下载后直接用

B.从网上下载后，稍做修改后使用

C.学校集体备课提供的课件，直接用

D.借用其他教师或者用自己往年的课件

四、您对教师电子集体备课还有什么看法和好的建议？

_____

_____

第三部分：调查问卷分析报告

西吉县教师备课改革调查问卷分析

为贯彻落实《自治区教育厅教研室关于在全区义务教育阶段教师群体推广使用数字教材并深入推进"互联网＋教学"工作的通知》（宁教研函〔2020〕50号）相关要求，推进信息化备课常态化，不再进行纸质备课，切实减轻教师负担的工作安排，西吉县于2020年开始教师电子备课改革探索实践工作。西吉县教师发展中心牵头，初步制定了《西吉县教师备课改革方案（试行）》，各学校（园）根据方案进行了试行实践。根据试行过程中出现的问题和总结的经验，结合宁夏教育云平台功能改进和数字教材资源的推广应用，县教育体育局组织各学段部分学校（园）在讨论的基础上对方案进行了修订，细化方案内容，加强备课过程管理，形成了《西吉县教师备课改革方案（修订）》，并于2020年9月印发各学校（园）正式实施。

西吉县教师备课改革实施以来，在县教体局指导下，各学校（园）在加强备课指导、过程管理方面进行了大量有益的探索实践，各自形成了一套行之有效的备课改革办法，为减轻教师负担、提高备课质量和效率、推进课堂教学改革发挥了重要作用。

为加快推进西吉县教师备课改革工作步伐，进一步调动教师备课积极性，提高备课实效，总结各学校（园）备课改革好的经验和做法，收集备课改革工作中存在的问题和不足，课题组对西吉县教师备课情况进行了问卷调查。

课题组编制了《西吉县教师备课方式调查问卷》，共设置4类题目，25道小题。一为基本信息，共6道小题，为客观题，用于了解受访教师的教龄、年龄、学历等基本信息；二为多项选择，共10道小题，用于收集受访教师当前备课方式、做法和对多种备课方式优缺点的认识；三为单项选择，共8道小题，主要用于了解受访教师备课的具体做法和对备课工作的认识和态度的单一看法；四为问答题，1个小题，为主观题，用于收集受访教师对当前推行的集体电子备课工作的建议和意见。调查问卷通过宁教云问卷星发放，西吉县中小学（园）教师填写，共收到有效问卷2 184份。

一、受访教师总体情况

1.数据分析。

（1）您的教龄（　　）［单选题］

选项	小计	比例
A. 5 年及以内	210	9.62%
B. 6 ~ 10 年	385	17.63%
C. 11 ~ 20 年	653	29.9%
D. 20 年以上	936	42.86%
本题有效填写人次	2 184	

（2）您的年龄（　　）［单选题］

选项	小计	比例
A. 20 ~ 30 岁	219	10.03%
B. 31 ~ 40 岁	765	35.03%
C. 41 ~ 50 岁	773	35.39%
D. 51 ~ 60 岁	427	19.55%
本题有效填写人次	2 184	

（3）您的学历（　　）［单选题］

选项	小计	比例
A. 中专及以下	24	1.1%
B. 大专	542	24.82%
C. 本科	1 607	73.58%
D. 研究生	11	0.5%
本题有效填写人次	2 184	

（4）您每周任教的课时数（　　）［单选题］

选项	小计	比例
A. 10 节（含）以下	252	11.54%
B. 11 ~ 15 节	1 206	55.22%
C. 16 ~ 20 节	467	21.38%
D. 21 节（含）以上	259	11.86%
本题有效填写人次	2 184	

（5）您任教的科目数（　　　　）［单选题］

选项	小计	比例
A. 1 门学科	1 118	51.19%
B. 2 门学科	418	19.14%
C. 3 门学科及以上	639	29.26%
D. 没有任课	9	0.41%
本题有效填写人次	2 184	

（6）您所在的学校是（　　　　）［单选题］

选项	小计	比例
A. 县城小学	429	19.64%
B. 农村小学	725	33.2%
C. 县城中学	566	25.92%
D. 农村中学	418	19.14%
E. 其他	46	2.11%
本题有效填写人次	2 184	

此次问卷调查受访教师教龄 20 年以上、年龄 41～50 岁、学历本科、每周任教课时数为 11～15 节、任教 1 门学科的占比最高，分别为 42.86%、35.39%、73.58%、55.22% 和 51.19%，农村中小学教师比县城中小学教师高 6.78 个百分点。

2. 基本判断。问卷反映出，受访教师学历普遍较高，中青年教师、教龄 11 年以上占比均超过 70%，精力相对旺盛，教学经验丰富，在集体备课中能给予年轻教师很好的指导，发挥传帮带作用，具有实施备课改革的良好条件和基础。

二、问卷调查分析

1. 对备课工作的认识和备课方式的倾向。

（1）您认为目前教师备课状态是（　　　　）［单选题］

选项	小计	比例
A. 应付检查	275	12.59%
B. 让自己上课时有个心理安慰	46	2.11%
C. 了解教情、学情，熟悉教学内容，防止上课卡壳。	667	30.54%
D. 按照课程标准，研究教法、学法，为上高质量的课进行准备。	1 196	54.76%
本题有效填写人次	2 184	

大部分受访教师对备课工作有积极正面的认识和态度，能依据课程标准备课，研究教法和学法，认同备课在高质量课堂中的重要性。

（2）您认为电子备课是（　　）［单选题］

选项	小计	比例
A. 仅仅是电子教案	113	5.17%
B. 从网上下载的别人的教案和课件	104	4.76%
C. 电子备课是集文字、图形、图像、声音、视频影像、动画等各种信息于一体的数字化的教学设计，包括多媒体课件、教学资源和参考资料等	1 967	90.06%
本题有效填写人次	2 184	

（3）您更倾向于喜欢（　　）备课方式［单选题］

选项	小计	比例
A. 纸质稿手写	319	14.61%
B. 电子备课	790	36.17%
C. 在自己原来的教案上修改（前提是有一配套自己的教案）	510	23.35%
D. 电子集体备课	565	25.87%
本题有效填写人次	2 184	

90.06%的受访教师对电子备课有一个全面准确的认识，能从个人信息化素养的角度去评判电子备课。在喜欢的备课方式倾向上，共有62.04%的受访教师倾向于个人或集体电子备课，反映出在"互联网＋教育"大背景下，大部分教师能紧跟时代潮流，选择高效便捷的电子备课方式。

2. 当前的备课方式。

您目前采用的备课方式是（　　）［多选题］

选项	小计	比例
A. 纸质稿手写	647	29.62%
B. 个人电子备课	1 128	51.65%
C. 纸质稿和电子备课兼而有之	866	39.65%
E. 书本备课	698	31.96%
F. 电子集体备课（包括教研组集体备课、备课组集体备课等）	990	45.33%
本题有效填写人次	2 184	

当前，受访教师采用的备课方式存在多样性的特点，各种备课方式兼而有之。从备课方式的选择来看，个人和集体电子备课已成为当前受访教师的主流备课方式，传统的纸质稿手写备课方式正在被其他方式代替，也反映出备课改革工作已取得一定成效。

3. 对电子备课和纸质备课优缺点的认识。

（1）您认为纸质稿备课最大的优点是（　　）[多选题]

选项	小计	比例
A. 写了容易记住	1 509	69.09%
B. 成本低，便于开展	762	34.89%
C. 便于检查	1 160	53.11%
本题有效填写人次	2 184	

（2）您认为纸质稿备课的不足有（　　）[多选题]

选项	小计	比例
A. 备课时间长，耗费时间、精力	1 442	66.03%
B. 不能呈现图片、视频等	1 810	82.88%
C. 重复性劳动，没有意义	922	42.22%
D. 不利于交流和共享	1 296	59.34%
本题有效填写人次	2 184	

（3）您认为电子备课的优点有（　　）[多选题]

选项	小计	比例
A. 方便快捷	1 803	82.55%
B. 易于修改	1 733	79.35%
C. 便利学习	1 361	62.32%
D. 易于交流和共享	1 892	86.63%
本题有效填写人次	2 184	

大部分受访教师认为电子备课具有多媒体性、便利性和高效性的优点，而纸质稿备课在呈现内容、耗费时间和精力等方面存在不足。

4.电子备课的实施。

备课前一般要做好以下准备工作：了解学生学情，把握学生学习基础；研读课程标准，掌握教学内容目标；联系学生实际情况，精心设计教案。您在备课前，做到了（　　　）［多选题］

选项	小计	比例
A.了解学生学情，把握学生学习基础	2 042	93.5%
B.研读课程标准，掌握教学内容目标	1 877	85.94%
C.联系学生实际情况，精心设计教案	1 842	84.34%
D.都没有做到	70	3.21%
本题有效填写人次	2 184	

在备课准备中，大部分受访教师能从课程标准和教材出发，结合学情，精心设计教案。

三、推进备课方式改革的具体举措

1.加强电子备课监管和考核。

（1）您觉得当前的集体电子备课存在的问题是（　　　）［多选题］

选项	小计	比例
A.虽然节省了写教案的时间，但备课质量下降了	971	44.46%
B.让部分教师变得懒惰，只想着用别人的教案	1 208	55.31%
C.还需加强监管和考核，防止部分教师只上网下载教案和课件而不进行二次备课	1 243	56.91%
D.其他	519	23.76%
本题有效填写人次	2 184	

（2）您在集体电子备课实施过程中的做法是（　　　）［多选题］

选项	小计	比例
A.备课前与同级同学科教师充分讨论交流	1 746	79.95%
B.课后能与同级同学科教师对原教案进行完善	1 599	73.21%
C.课后能根据教学实施情况及时撰写教学反思	1 603	73.4%
D.将电子教案束之高阁，不再关注	229	10.49%
本题有效填写人次	2 184	

（3）您熟悉的基于宁夏教育云平台电子集体备课途径有（　　　）［多选题］

选项	小计	比例
A. 课程社区	1 328	60.81%
B. 数字教材	1 677	76.79%
C. 网络空间	1 304	59.71%
D. 其他	509	23.31%
本题有效填写人次	2 184	

　　一是要加强教研组和备课组建设。校长、主管校长、教研员（教科室主任、教务主任）和教研组长、备课组长要切实发挥好监管责任，为电子备课提供完善的组织保障。二是规范备课程序。把备学段教学内容、年段教学内容、整册书内容、单元内容、课时内容统筹整合起来，形成一个完整的体系，有组织地进行备课。同时发挥线上线下各自优势，根据备课需要加强学科网络课程社区、教师网络空间等交流平台建设，取长补短，优势互补。建立适合学校实际的备课流程，通过规范的流程来提高备课实效。三是加强过程性管理和结果性评价。各学校要制定详细可行、便于操作的考核管理办法，通过检查教研组、备课组的备课记录和抽查教师电子备课过程材料等办法，及时发现备课中存在的问题，提出解决办法和整改措施，加强备课过程性监管。同时，做好日常备课工作记录，采用定期和不定期结合方式进行考核评价，并与评优选先结合起来，督促激励广大教师有思考地备课，备有质量的课。教育主管部门要不定期组织对各学校电子备课情况进行检查指导，通过检查学校、教研组、备课组记录和抽查教师电子备课资料以及听评课等方式，对学校电子备课管理工作以及教师电子教案、二次备课、教学反思等环节进行考核评价，并将备课量化考核结果计入学校和教师年度考核中。

　　2. 加强教师信息化能力提升培训。

　　您认为目前影响电子备课推广的因素有（　　　）［多选题］

选项	小计	比例
A. 电脑等设备不方便	1 100	50.37%
B. 网络不畅，备课无法为上课服务	1 257	57.55%
C. 操作麻烦	691	31.64%
D. 教师信息技术水平不高，耗时费力	1 397	63.97%
本题有效填写人次	2 184	

近年来，我县在教师信息技术培训方面投入不断加大。2021年，举办2期全体教师"数字教材教学应用"培训，"国培计划"项目中也设置了大量中小学教师信息技术应用能力培训。但在问卷中，仍有63.97%受访教师认为教师信息技术水平不高影响电子备课，占比最高。因此，教育主管部门和各学校还要加强教师信息技术能力培训，设置适合教师实际的培训项目，提高教师信息化能力，为推进电子备课提供保障。

3. 提倡学校建立学科课程电子资料库。

（1）您完成备课采用何种方法（   ）［单选题］

选项	小计	比例	
A. 上网搜索	242		11.08%
B. 自己构思	290		13.28%
C. 教材和教参	1 560		71.43%
D. 采用原有的教案	92		4.21%
本题有效填写人次	2 184		

（2）您在备课的时候，是怎么准备课件的？（   ）［单选题］

选项	小计	比例	
A. 从网上下载，下载后直接用	55		2.52%
B. 从网上下载后，稍做修改后使用	1 184		54.21%
C. 学校集体备课提供的课件，直接用	660		30.22%
D. 借用其他教师或者用自己往年的课件	285		13.05%
本题有效填写人次	2 184		

在推进电子备课改革中，倡导学校做好备课过程中形成的电子资源的储备和监管工作，以提高备课质量和备课效率为中心，在共享资源的同时，形成有效的监管机制，已形成的资源二次使用时，再次进行资源解读研究和修改补充完善工作。

第四部分：课题中期报告

《基于宁夏教育云平台应用的电子集体备课实践研究》中期报告

课题《基于宁夏教育云平台应用的电子集体备课实践研究》于 2021 年 9 月正式立项以来，我们按照课题研究目标、方法、步骤，拟解决的问题等几个方面入手，制订了阶段实施计划，积极探索电子集体备课的有效途径。经过努力探索，课题研究已取得了阶段性的成果，达到了预期的目标。目前课题的研究已进入深入研究阶段，现将一年多来课题研究工作整理汇报如下：

一、课题工作进展

（一）谋定而动，健全课题成员

为使课题有序、扎实开展，课题组成员既有来自一线的教学人员，也有教育局教研人员，涵盖小学、初中和高中三个学段的学科教师，同时也吸纳部分信息技术骨干教师在过程中就电子集体备课中信息技术的问题进行答疑解惑，保证课题研究的广泛性和实效性。

（二）分工合作，安排课题任务

1. 此课题是自治区教育厅 2021 年度基础教育教学研究课题，课题能立项也是因其研究内容新颖独到，研究结果有一定的时效性，符合时下信息技术与教育教学深度融合的教改需求。立项之初由申报人宋发荣主持召开全体课题组成员参与的课题开展工作会议，就课题政策解读、研究方向、研究策略、研究方法，以及课题任务分配方面作了全面指导和规划，为后续顺利开展工作做好了准备。

2. 本课题已正式开题，主持人对课题的立项文件做了一一解读。（此课题由宋发荣主持，课题研究周期为二年）。

（三）布局谋篇，预设课题进度

2021 年 9 月至 12 月，一是通过线上线下查阅大量资料完成对国内外电子集体备课现状、开展策略等情况的相关资料收集分析，形成课题研究的理论、基本思路和方法。二是在信息技术人员的指引下，课题组成员完成对宁夏教育云平台各项功能，特别是对课程社区、人人通空间、教学助手、希沃白板、数字教材、数字学校等模块的熟悉。

2022 年 1 月至 2022 年 5 月，通过对西吉县第一小学、西吉县第二小学、西吉中学、西吉县第四中学、西吉县第五中学、西吉县将台中学、西吉县兴隆中学、西吉县什字村小及教学点、西吉县西滩乡中心小学及教学点等三十多所各级各类学校的问卷调查、座谈、访谈，完成对西吉县电子集体备课现状、问题、备课途径的调查研究，依照《西吉县教师备课改革方案（修订）》，就典型案例进行初步分析，形成中期课题研究报告。

2022 年 6 月至 2022 年 12 月，深入西吉县第一小学、西吉县第二小学、西吉县第五中学、西吉中学和西吉县兴平中学等五所重点试点校和试点教研组就电子集体备课的有效策略和典型案例做进一步理论和实践对比分析，形成一套符合西吉县实际情况的、切实可行、可推广的电子集体备课方案，并与课题组专家予以咨询论证。

2023 年 1 月至 2023 年 8 月，完成结题报告和论文集发表。

二、电子集体备课的现状及问题

（一）国内外及西吉县电子集体备课现状

1.查阅材料，了解国内外研究现状

通过大量查看材料，课题组了解到，国外学者注重对备课普遍存在的规律进行研究，往往是以第三者身份把"教师群体"作为一个调查研究对象采取样本；国内学者更注重对具体课程如何备课展开研究，视角多放在"教师如何备课"这个问题上，多以个人体会或应然的角度对备课"方略、艺术、系统、方式、过程、策略、网络平台"及"集体、协同、教研组、备课组"等备课方式展开研究，个案或建议性研究较多。

2.问卷访谈，解读西吉县备课现状

课题组通过问卷调查，以及座谈、访谈的形式，了解了我县推行电子集体备课的相关情况：

（1）良好的教师素养和适宜的教学任务，为电子集体备课提供了基础保障。

表 1

选项	小计	比例
D. 20 年以上	936	42.86%
C. 41～50 岁	773	35.39%
C. 本科	1 607	73.58%
B. 11～15 节	1 206	55.22%
A. 1 门学科	1 118	51.19%

从统计表1可以看出，受访教师教龄20年以上、年龄41～50岁、学历本科、每周任教课时数为11～15节、任教1门学科的占比最高，反映西吉县教师学历普遍较高，中青年教师、教龄11年以上占比均超过70%，精力相对旺盛，教学经验丰富，具有实施电子集体备课改革的良好条件和基础。

（2）教师对电子集体备课高度认可，是推行备课改革的动力和基础。

表2

选项	小计	比例
D. 按照课程标准，研究教法、学法，为上高质量的课进行准备。	1 196	54.76%
C. 电子备课是集文字、图形、图像、声音、视频影像、动画等各种信息于一体的数字化的教学设计，包括多媒体课件、教学资源和参考资料等	1 967	90.06%
F. 电子集体备课（包括教研组集体备课、备课组集体备课等）	990	45.33%

从统计表2可以看出，教师在备课、电子备课，以及电子集体备课方面都有积极态度和正确的认识。能依据课程标准备课，研究教法和学法，认识到备课在课堂教学中的作用；能从信息化的角度认识到电子集体备课是集文字、图形、图像、声音、视频影像、动画等各种信息于一体的数字化的教学设计，包括多媒体课件、教学资源和参考资料等，使得课堂教学内容丰富，能为学生提供情境化教学场景，对激发学生学习兴趣，提高备课质量和效率、推进课堂教学改革发挥重要作用。

3. 城乡师生状况的差异性，是推行电子集体备课多样化的必然结果

县城各学段学校同学科教师数量较多，可以在本教研组进行电子集体备课；乡镇中心小学教师基数较大，但对应村小教学点多而科任教师少，所以可以以乡镇中心小学和对应村小教学点同学科教师成立一个备课组，进行电子集体备课。

三、课题预设的研究目标和阶段性成果

（一）课题预设的研究目标

本着着眼问题、重于实践、形成体系的原则，本课题预设的研究目标：

1. 找准问题。通过问卷调查及分析，找准教师集体电子备课中存在的重点问题，分析问题成因，切实解决集体电子备课推行中的问题，使课题研究更具针对性，更具实践价值。

2.扎实开展实践研究。通过设立试点校、试点班级和实验教师，边实践边研究，边研究边改进，形成典型案例。

3.总结规律并推广。在总结典型案例的基础上，形成在一定范围内可推广的集体电子备课方案或模式，推动形成"互联网＋教育"背景下的备课新生态，并切实在备课环节为教师减负。

（二）课题预设的研究成果

1.在研究初期，通过调查问卷，完成调查问卷分析报告1份；

2.在研究过程中，不断反思总结，撰写典型案例若干份，完成论文若干篇，并在一定范围内交流或公开发表；

3.在研究中期，完成中期总结报告1份；

4.在总结阶段，提炼总结完成《西吉县中小学教师集体电子备课方案》，并在全县推广执行；

5.完成课题结题报告1份。

（三）课题取得的阶段性成果

通过本课题预设的目标和成果来看，主要解决达到两个目的，一是通过问卷和走访的形式发现电子集体备课中的问题，并能追根溯源，找到解决问题的办法，形成典型案例；二是深入试点学校和试点学科组，边实践边研究，不断总结提炼，形成在一定范围内可推广的电子集体备课方案或模式。

在课题研究开展一年以来，课题组成员明确任务，各负其责，通过不同途径深入了解西吉县推进电子集体备课过程中取得的成就和存在的问题，边学边研，有了以下研究成果：

1.通过问卷和走访，整理出电子集体备课推行过程中出现的主要问题

（1）备课路径不畅通，线上集体研讨不给力。线上研讨的目的是发挥网络研修不定时间、不定地点的便捷优势，整合利用零散的、碎片化的时间为教育教学服务。但是无论用课程社区、希沃白板还是其他教学软件备课，很少有备课组其他成员在线上发表意见，大部分是主备教师独自完成，或者课余时间在办公室相互交流，参与度不高。

（2）主备教师备课不扎实，备课内容不切合教学实际。部分主备教师对于分配备课任务，不针对课标、教材、学情等实际情况扎实备课，而是直接复制、粘贴网上的资源，教学设计和课件生搬硬套，没有渗透自己的教学思路和教学方

法，上课时，表现为教学环节不流畅，学生对学习内容囫囵吞枣，影响教学质量的提高。

（3）由于缺乏有效的监管，电子备课助长了部分教师的懒惰行为。电子集体备课是在集体智慧的基础上做成的优质资源，无疑减轻了教师备课的负担，但部分教师直接是"拿来主义"，省去了对教学内容、教学方法和自己学生的了解，学校检查时有打印整齐的教案，如果没有合适的监管机制，很难判断这种情况是有准备还是没有准备的课，无形中助长了个别教师的懒散和不负责任的教学行为。

（4）部分学校电子集体备课缺少集体研讨环节。个别学校由于受教师人数和备课条件的限制，只是同学科教师轮流备课，但缺少"二次备课"这一集体研讨交流的环节，虽然省事，但对备课内容的完善、学生实际情况的确认、青年教师的成长没有起到应有的助推作用。教师只有积极地参与到"二次备课"中，就备课某一方面积极发表个人观点，认真听取同行的意见和建议，参与教学设计、课件的修改、整理与创新之中。这样，电子备课的质量才会不断提高，整体教学质量才不断提高，在充分享受同行智慧的同时，也让集体电子备课筑起个人成长的基石。

（5）有些学校由于备课制度不健全和监管不到位以及备课条件的限制，不提倡电子集体备课，继续手写教案。在信息科技日新月异的今天，这种做法显然不合时宜，无论从教师发展的角度还是学生成长的角度，都不得助长。须知电子备课的好处之一就是解放教师，减去教师们手头上那些无效的劳动，让教师把时间和精力花在研究教法、学法、教学流程等最值得做的事情上，做各种优秀教学研究成果的"收集者""加工师"。通过电子备课能让教师充分享受"互联网＋教育"时代所带来的红利，使信息技术与课堂教学深度融合，提升教育教学能力，盘活课堂，激活学生，形成自己独特的教学风格，能让自己和学生充分地享受课堂，成为紧跟时代步伐的教育者。

2. 基于问题的几点思考

一是要加强教研组和备课组建设。校长、主管校长、教研员（教科室主任、教务主任）和教研组长、备课组长要切实发挥好监管责任，为电子备课提供完善的组织保障。二是规范备课程序。推行电子备课过程中，各学校要把备学段教学内容、年段教学内容、整册书内容、单元内容、课时内容统筹整合起来，形成一个完整的体系，有组织地进行备课。同时发挥线上线下各自优势，根据备课需要加强学科网络课程社区、教师网络空间等交流平台建设，取长补短，优势互补。建立适合学校实际的备课流程，通过规范的流程来提高备课实效。三是教育主管部门和各学校要加强教师信息技术能力培训，设置适合教师实际的培训项目，提高教师信息化能力，为推进电子备课提供保障。四是加强过程管理和结果评价。各学校要制定详细可行、便于操作的考核管理办法，通过检查教研组、备课组的备课记录和抽查教师电子备课过程材料等办法，及时发现备课中存在的问题，提出解决办法和整改措施，加强备课过程性监管。同时，做好日常备课工作记录，在学期末开展考核评价，并与评优选先结合起来，督促激励广大教师有思考地备课，备有质量的课。教育主管部门要不定期组织对各学校电子备课情况进行检查指导，通过检查学校、教研组、备课组记录和抽查教师电子备课资料以及听评课等方式，对学校电子备课管理工作以及教师电子教案、二次备课、教学反思等环节进行考核评价，并将备课量化考核结果计入学校和教师年度考核中。五是各学校要做好备课过程中形成的电子资源的储备和监管工作，以提高备课质量和备课效率为中心，在共享资源的同时，要形成有效的监管机制，前一年形成的资源在第二年使用时，要做好资源的解读研究和修改完善工作。

3. 形成比较完善的电子备课流程和规范的教学设计模板

课题组在深入学校走访调研的过程中，发现各学校对电子集体备课的备课流程和教学设计环节不尽相同，为便于统一管理和合理设置，特别筛选出备课环节流畅、科学、合理的备课流程，在进一步完善的基础上进行推广。

4. 精心编制问卷，认真分析问卷数据

课题组编制了《西吉县教师备课方式调查问卷》，共设置4类题目，25道小题。一为基本信息，共6道小题，为客观题，用于了解受访教师的教龄、年龄、学历等基本信息；二为多项选择，共10道小题，用于收集受访教师当前备课方式、做法和对多种备课方式优缺点的认识；三为单项选择，共8道小题，主要用于了解受访教师备课的具体做法和对备课工作的认识和态度的单一看法；四为问答题，1道小题，是主观题，用于收集受访教师对当前推行的集体电子备课工作的建议和意见。调查问卷通过宁教云问卷星发放，西吉县中小学（园）教师填写，共收到有效问卷2184份。调查问卷为后续课题的研究目标、研究内容和研究方法作了充分的参考和铺垫。

5. 完成《关于西吉县电子集体备课的实践与思考》《浅谈电子备课的利与弊》

《关于电子集体备课的若干意见》等论文在逐步完善中。

四、下一步研究计划

1.继续加强理论知识的学习，进一步提高课题组成员的研究素养。

2.总结研究成果和研究经验，推出优秀论文、典型案例。

3.做好研究过程的材料收集、资料整理归档等工作，为结题做好准备。

4.认真总结课题研究成果，并付诸实践，能总结提炼出西吉县教师备课改革方案。

总之，自课题开题一年以来，在课题组每一位成员的共同努力和上级领导及专家的支持、帮助下，从撰写开题报告、开题评审、编制调查问卷、深入学校访谈、课题组研讨分析、收集整理材料、撰写相关论文和课题中期报告等这一系列活动才能顺利完成，到此，课题组已经取得了阶段性的成果。相信，在接下来的一年时间，在各位专家的指导和课题组成员的不懈努力下，我们一定能圆满完成课题组任务，寻求出一套符合地方特色的备课方略，在"双减"背景下，能助力落实学生的核心素养，提升学校教育教学质量。

第五部分：课题年度总结

《基于宁夏教育云平台应用的电子集体备课实践研究》年度工作总结

课题立项以来，课题组按照立项预设研究目标、方法、步骤、拟解决的问题等，研究制订了阶段实施计划，积极探索电子集体备课的有效途径。经过努力探索，课题研究取得了阶段性成果，达到了预期目标。现将一年多来课题研究工作整理汇报如下。

一、工作进展

1.分工合作，科学分解课题任务。课题主持人组织召开全体课题组成员工作会，就课题政策解读、研究方向、研究策略、研究方法进行研究讨论，并结合课题组成员当前工作和擅长领域分配课题研究任务。

2.布局谋篇，统筹规划研究进度。一是资料查阅。完成对国内外电子集体备课现状、开展策略等资料收集分析，形成课题研究的理论、基本思路和方法。二是组织学习。组织课题组成员完成对宁夏教育云平台各项功能、模块的系统应用学习。三是问卷调查。通过对西吉县三十多所各级各类学校的问卷调查、座谈、访谈，完成对西吉县电子集体备课现状、问题、备课途径的调查研究，形成调查问卷分析报告 1 分，并研制形成《西吉县电子集体备课方案（初稿）》，下发全县各级各类学校，确定实验教研组或实验备课组，试行电子集体备课。四是调查研究。深入西吉县第一小学等五所重点试点校和试点教研组，就电子集体备课的有效策略和典型案例做进一步理论和实践对比分析，形成中期课题研究报告和论文初稿《关于电子集体备课的实践探索——基于西吉县电子集体备课的思考》。

二、存在问题

1.部分学校推行电子备课热情不高。有些学校管理层受传统备课做法和思维制约，存在不想改革、不愿改革的思想，对新事物不愿接受，怕麻烦，担心教师一味复制、粘贴影响备课质量，对推进电子集体备课造成了一定程度的制约。

2.部分教师备课质量不高。部分教师存在"拿来主义"思想，对教学内容、教学方法、所教学生研究不够，走捷径使用集体电子备课成果，未能将其转化为自身的教学内容和方法，仅仅是将电子教案打印装订，没有进行认真思考，二次备课没有针对性，备课行为懒散，质量不高。

3.年龄偏大教师电子备课积极性不高。电子集体备课中，年龄偏大教师由于自己的信息技术水平不高，不会或不愿在电脑上进行操作，习惯于课余时间在办公室相互交流，利用课程社区、希沃白板等教学软件线上交流、发表意见少，未能发挥互联网整合利用碎片化时间的优势，表现为电子备课积极性不高。

4.备课内容与教学实际不匹配。部分主备教师研究课标、教材、学情等不扎实，存在简单复制、粘贴网上资源的情况，教学设计和课件生搬硬套，没有渗透自己的教学思路和教学方法，影响课堂教学效果。

5.部分学校电子集体备课缺少集体研讨环节。由于受教师人数和备课条件的限制，个别学校只是同学科教师轮流备课，缺少"二次备课"，导致电子备课质量不高，教学效果不佳。

6.不同层级学校电子集体备课模式较难统一。全县现有各级各类学校 352 所，其中普通中学 19 所（高级中学 1 所，完全中学 1 所，初级中学 17 所），职业中学 1 所，九年一贯制学校 9 所，小学 99 所，教学点 61 所，特殊教育学校 1 所，幼儿园 162 所（其中民办 16 所，校中园 118 所）。一是同一乡镇存在着不同规模的村小，有相当一部分村小教师只有几人，学生不满半百，这样的学校有时候一位老师跨学科兼任5门以上课程的教学，课时量多，备课负担非常重，本校集体备课开展困难，如何开展还需进一步研究。二是部分农村薄弱至初中学校好多课程全校只有一位教师，长期以来都是教师单打独斗进行备课，没有共同交流互助的教师，教师无法评价自身的备课质量，专业提升受到很大制约，如何解决这样学校教师的集体备课，加快教师专业成长，还需要进一步深入研究。三是国家、宁夏智慧教育平台的相关功能开展电子集体备课的渠道还不够畅通，打通时空限制常态化开展电子集体备课受到一定限制，如何链接平台功能，实现简约高效集体备课，还需进一步研究。

三、下一步研究计划

1.继续加强理论知识学习和调查研究，进一步提高课题组成员理论水平和研究素养。

2.开展课题组内研究讨论，根据阶段研究结果，推出优秀论文、典型案例。

3.做好研究过程的材料收集、资料整理归档等工作，为结题做好准备。

4.探索不同特点学校电子集体备课实施模式，能够因校施策，形成分级分类推行电子集体备课的不同模式并进行推广。

5.认真总结课题研究成果，并付诸实践，总结提炼出西吉县教师备课改革方案。

总之，课题开题一年以来，在上级领导和专家的支持、帮助和课题组每一位成员的共同努力下，顺利完成了开题报告撰写、开题评审、编制调查问卷、深入学校访谈、课题组研讨分析、收集整理材料、撰写相关论文和课题中期报告等一系列工作，也取得了一些阶段性成果。相信，在接下来的一年时间，在各位专家的指导和课题组成员的不懈努力下，我们一定能圆满完成课题组任务，寻求出一套符合地方特色的备课方略，在"双减"背景下，助力落实学生核心素养，提升学校教育教学质量。

第六部分：课题结题报告

一、宁夏第六届基础教育教学课题研究总结报告书

报告摘要
（内容填写需准确完整、短小精悍、严谨流畅，限300字以内。） 　　数字化教学转型时期，技术赋能已成为教育教学改革与发展的必然趋势。宁夏教育云平台为全区教师提高教育教学质量提供了丰富的资源和多样化的网络互动工具。在教师备课领域，充分利用云平台工具和资源提高备课的实效性成为必然要求，为此我们申请了题为《基于宁夏教育云平台应用的电子集体备课实践研究》课题。课题立项之后，课题组制定了《西吉县教师备课调查问卷》，分析了西吉县教师的信息技术状况、备课现状和对电子集体备课的认识，明确了本课题研究的主要问题和方向。基于问题，通过试点校行动研究、形成初步方案、全县试行、案例研究等途径，分析电子集体备课的优缺点，总结出了基于宁夏教育云平台应用的几种电子集体备课模式，为全县推行电子集体备课提供了丰富的实践经验和技术支撑。
报告正文
（内容包含课题研究的背景，研究的内容、目标、方法与过程，研究目标的达成情况，课题研究存在的主要问题和今后的设想。） 　　1. 课题研究的背景 　　有效的备课是教师进行高效教学的必经之路，不仅能让教师明确教育思想、把握课堂教学结构，而且能提高教师的教学水平和教研能力。随着2018年宁夏"互联网＋教育"示范区建设的启动，教育云平台的资源日益丰富，云平台中的教学助手、网络空间、数字教材等工具和资源应用逐渐普及为开展电子集体备课搭建了良好的平台。2020年宁夏回族自治区教育厅教研室工作要点中提出："要推进互联网＋教研活动，推进信息化备课常态化，不再进行纸质备课，切实减轻教师负担。"开启了备课改革的新征程。电子集体备课以其在教师教、学、研方面突出的优势，成为代替教师纸笔备课的一种新型备课方式。教师借助电子集体备课专用平台，通过教师之间不定期的交流沟通，学习借鉴不同教师的教学理念和教学方法，反思个人的教学问题，优化个人教学思路，实现资源共享、同伴互助、异地同课的目的，对于促进优质教育均衡发展、实现在"双减"背景下课堂教学的"提质增效"具有前所未有的推动作用。尽管电子集体备课在推行的过程中以其便捷、优质、高效而受到广大教师的喜欢，但受学校条件和校长、教师认识的局限，教师纸笔备课手抄备写的习惯一下难以改变，重复抄写教案、应付检查、备课上课脱节等低效备课现象依然存在，加之缺少对电子集体备课的有效监管和制度约束，使部分学校的电子集体备课流于形式，因此，在推进信息化2.0的今天，研究高效的电子集体备课并加以推广具有很强的现实意义和实践价值。 　　2. 研究的内容、目标、方法与过程 　　（1）研究内容 　　本课题是在推进"互联网＋教育"过程中发现的亟需解决的问题的基础上提出的，旨在通过研究，拟重点解决基于宁夏教育云平台应用的教师集体电子备课推进工作中以下几个方面的问题： 　　①备课路径问题。重点探索备课中如何利用云平台的一些基本功能，畅通集体电子备课的传输路径，为教师提供备课网络路线图，实现备课简单高效，解决"怎么备"的问题。 　　②备研一体化问题。探索教师备课和常态化教研相结合的"链条"，打通两者之间的"隔断墙"，形成备研一体化的教研新格局，解决"如何高效备"的问题。 　　③备课管理问题。探索高效的备课管理体系，解决"怎么管"的问题。

（2）研究目标

基于本课题拟研究解决的问题，本着着眼问题、重于实践、形成体系的原则，本课题拟达到以下几个方面的研究目标：

①找准问题。通过问卷调查及分析，找准教师集体电子备课中存在的重点问题，分析问题成因，切实解决集体电子备课推行中的问题，使课题研究更具针对性，更具实践价值。

②扎实开展实践研究。通过设立试点校、试点班级和实验教师，边实践边研究，边研究边改进，形成典型案例。

③总结规律并推广。在总结典型案例的基础上，形成在一定范围内可推广的集体电子备课方案或模式，推动形成"互联网＋教育"背景下的备课新生态，并切实在备课环节为教师减负。

（3）研究方法

本课题主要采用以下几种研究方法：

①调查法：通过问卷、座谈、访谈等形式，了解教师的备课现状、备课方式、备课态度以及备课改革愿景，掌握当前教师备课中主要存在的问题，以问题为导向，使本课题研究更具针对性。同时在研究过程中边实践边调查，研究集体电子备课相关措施的可行性和实效性，进一步提高课题研究质量。

②行动研究法：根据课题内容，边实践边研究，使整个研究过程在具体行动中进行，通过确定具体的研究试点学校、试点备课组，在不断地试行过程中，课题组及时进行观察、分析、反思，并结合反思中发现的问题，修改集体备课方案，使得课题的研究过程和研究成果呈螺旋形上升趋势。

③个案研究法：选择实验教师，全程参与集体电子备课过程，并进行课堂跟踪考察、记录、分析，研究教师参与集体电子备课中专业成长的效果及付出劳动量的多少，形成典型案例，以点带面，从个案中概括可推广的集体电子备课模式。

（3）研究过程

本课题用两年时间完成，具体时间为 2021 年 7 月至 2023 年 8 月，共分为三个阶段：

第一阶段：准备阶段（2021 年 7 月—2021 年 12 月）

该阶段是本次课题研究的初始阶段，主要是进行一些必要的准备工作，召开课题组工作会议，明确本课题的研究方向、时间段、解决的问题以及任务分工等，并就一些具体问题进行设计分析，如进行教学观察、方案论证、形成开题报告，学习相关的文献资料等，确保接下来的课题研究工作顺利进行。

①召开课题研究成员工作会议，明确研究方向，根据研究任务进行初步分工。

②组织课题组成员讨论课题立项申报书，细化各环节内容，撰写开题报告。

③组织课题组成员深入研究宁夏教育云平台各项功能，特别是课程社区、网络空间、教学助手、集体备课、数字教材等功能的使用。

④组织课题组成员学习电子集体备课和校本教研方面的理论书籍，了解现阶段其他地区对电子集体备课的认识和开展状况，提高成员的理论水平，为课题研究提供理论支撑。

第二阶段：实施阶段（2022 年 1 月—2023 年 4 月）

此阶段进入到了本次课题研究活动最关键、最重要的阶段，主要是按照既定的研究计划有条不紊地展开具体的研究活动，找到学校电子集体备课存在的问题和所采取的应对方法，形成模式并进行具体的实验论证和不断地完善优化，使所提炼的模式具有实用性。

①设计编制调查问卷，进行问卷分析。主要从目前教师备课方式、对集体电子备课的认识、进行集体电子备课中存在的问题三个方面设计问卷，问卷覆盖小学、初中、高中学段，涉及各学段各学科教师，争取使问卷具有普遍性。同时根据问卷调查结果进行问题梳理，分析问题成因，撰写问卷调查分析报告。

②课题组成员成立试验备课组，在宁夏教育云平台不断尝试使用课程社区、教学助手、希沃白板5、数字教材、数字学校等模块进行电子集体备课，针对问题提出基于宁夏教育云平台应用的电子集体备课实施路径、管理措施及实施策略，形成电子集体备课初步方案。

③选定试点校，开展电子集体备课实践研究，召开试点工作交流研讨会议，总结经验，进一步完善备课方案。

④全县试行。各学校根据实际情况选择教研组或备课组，按照初步方案开展电子集体备课实践，撰写案例总结，反思实验过程中的问题，研究解决策略，进一步完善方案，并形成典型案例。

第三阶段：总结阶段：（2023年5月—2023年8月）

此阶段主要是做课题资源收集整理和结题准备工作，以确保本课题能够顺利结题。

①收集整理课题研究过程性资料，对各种资料进行分类汇总分析，为接下来撰写结题报告提供支持。

②提炼总结，形成基于宁夏教育云平台应用的电子集体备课"1334"模式。

③撰写结题报告，准备结题所需材料，整理上报。

3.研究目标的达成情况

（1）通过在宁教云发放《西吉县教师备课方式调查问卷》，并通过深入试点学校访问调查，梳理出了教师电子集体备课中存在的重点问题，分析了问题成因，形成《西吉县教师备课改革调查问卷分析》报告，具体内容见附件。

（2）通过备课组成员成立备课组初试，形成电子集体备课初步方案。然后以西吉县第一小学为主，在全县确定了5所试点校进行实验，通过反复实践总结，形成《西吉县教师电子集体备课方案（试行）》。

（3）通过全县各学校选择教研组或备课组试行电子集体备课，组织开展了西吉县电子集体备课案例评选活动，形成了基于不同问题的电子集体备课典型案例，在此基础上进行总结提炼，完成论文《关于电子集体备课的实践探索——基于西吉县电子集体备课的思考》，并在《宁夏教育》（2023 No.01-02）发表。

（4）通过对过程性材料的整理、汇总、分类、分析、总结，形成基于宁夏教育云平台应用的电子集体备课"1334"模式，并对《西吉县教师电子集体备课方案（试行）》进行了进一步优化，初步构建了在"互联网＋教育"背景下的备课新生态。

4.课题研究存在的主要问题和今后的设想

（1）存在的问题

①备课路径不畅通，线上集体研讨不给力。线上研讨的目的是发挥网络研修不定时间、不定地点的便捷优势，整合利用零散的、碎片化的时间为教育教学服务。但是无论用课程社区、希沃白板还是其他教学软件备课，备课组成员在线上研讨不积极，存在研讨质量不高、参与度不全的现象。

②主备教师备课不扎实，备课质量不高。部分主备教师对于分配的备课任务，不针对课标、教材、学情等实际情况扎实备课，而是直接复制、粘贴网上的资源，教学设计和课件生搬硬套，没有渗透自己的教学思路和教学方法，给集体研讨、二次备课增加了较大的负担。

③学校缺乏有效的监管评价，部分教师的备课思维没有激活。电子集体备课是在集体智慧的基础上做成的优质资源，无疑减轻了教师备课上的负担，但部分教师直接是"拿来主义"，省去了对教学内容、教学方法和自己学生的了解，学校检查时有打印整齐的教案，如果没有合适的监管机制，很难判断这种情况是有准备还是没有准备的课，甚至可能会助长个别教师的懒散和不负责任的教学行为。

④部分学校电子集体备课集体研讨环节质量不高。个别学校由于受教师人数和备课条件的限制，只是同学科教师轮流备课，对"二次备课"这一集体研讨交流的环节的重视度不够，对备课内容的完善、学生实际情况的确认、青年教师的成长没有起到应有的助推作用。

⑤部分学校管理者因循守旧，推行电子集体备课积极性不高。有些学校管理者没有看到教育数字化转型、课堂信息化催变的时代脉搏和发展趋势，思想固化、因循守旧，以备课制度不健全、备课过程难监管、备课条件不具备等为理由，在推行电子集体备课方面不思考、不主动、不积极。

（2）今后的设想及研究方向

①研究基于国家和宁夏智慧教育平台互通互用的电子集体备课实施路径。国家智慧教育云平台的开放和推广使用，为电子集体备课的实施提供了更加丰富的资源和更加广阔的平台，如何打通两个平台之间的应用壁垒，让教师更加简洁高效地进行备课，是今后必须面对的研究课题。

②研究电子集体备课全面高效推行的实施策略。电子集体备课的好处之一就是解放教师，减去教师们手头上那些无效的劳动，让教师把时间和精力花在研究教法、学法、教学流程等最值得做的事情上，做各种优秀教学研究成果的"收集者"和"加工师"。通过电子备课，能让教师充分享受"互联网＋教育"时代所带来的红利，使信息技术与课堂教学深度融合，提升教育教学能力，盘活课堂，激活学生，形成自己独特的教学风格，能让自己和学生充分地享受课堂，成为紧跟时代步伐的教育者。但针对部分学校推行过程中的畏难情况，如何提高学校管理者的电子集体备课领导力，帮助学校构建科学合理的电子集体备课管理评价办法，是全面推行电子集体备课必须解决的问题。

③研究高质量"集体备"和"二次备"实施策略。个人的力量毕竟有限，只有集大家的智慧才能使教学方案更加完善，只有将电子备课根植于集体备课之中，才能达到内容和形式的完美统一。同时，教师要积极地参与到"二次备课"的环节中，不但自己积极发表个人观点，而且要认真听取同行的意见和建议，参与教学设计、课件的修改、整理与创新等备课环节中，这样电子集体备课的质量才会不断提高，整体教学质量才会不断提升，才能让教师在充分享受同行智慧的同时，形成高质量的集体备课。但实施过程中"集体备"和"二次备"质量不高的问题依然存在，如何提高"集体备"和"二次备"的质量，特别是"大单元"背景下的电子集体备课质量，是今后必须要研究解决的问题。

附件

（不便列入正文的原始材料、参考文献。）

1. 其他原始材料

（1）发表论文检索页及复印件

（2）课题开题报告及专家论证建议

（3）课题研究年度工作总结

（4）课题研究中期报告

（5）课题调查问卷（样卷）及分析报告

（6）西吉县教师备课改革方案（2023修订稿）

（7）实验校过程性资料

（8）电子集体备课学校管理和教师备课典型案例

2. 参考文献

［1］林忠玲.提高课堂质量，学校集体备课需要四个转型［N］.中国教师报，2022 05 05

［2］郭美菊.在集体备课中进步［N］.语言文字报，2021-04-14（006）.

［3］李鑫，张浩然.教师集体备课的困境和出路［J］.中国多媒体与网络教学学报（中旬刊），2021（04）：190-192.

［4］林爱玉，林自然.建设学科小团队促学校教研组大发展［J］.福建教育学院学报，2021，22（03）：119-121.

［5］李当智."互联网＋"环境下城乡教师集体备课模式探析［J］.科教导刊（上旬刊），2019（22）：56-57.

（重点阐述在研究实践过程中的收获、总结的经验、研究主体及对象发生的变化等。可以使用思维导图、模型、流程图等形成导向性鲜明、实践性突出、创新性显著的成果报告。字数不限，可附页。）

本课题实施以来，通过课题组不断研究、实践、总结、反思、提炼，主要取得了以下几个方面的成果。

1. 实践探索的成果具有可推广性。课题组在反复研究论证的基础上，形成论文《关于电子集体备课的实践探索——基于西吉县电子集体备课的思考》，并在《宁夏教育》（2023 No.01-02）发表，对推动我县实施电子集体备课起到了很大的助推作用。

2. 提升了课题组成员的研究能力。自课题开题两年时间以来，在课题组每一位成员的共同努力和上级领导、专家的大力支持和帮助下，课题组成员按照分工积极参与到课题研究之中，撰写开题报告，参加开题评审，编制调查问卷，深入学校访谈，研讨分析，收集整理材料，撰写相关论文案例，撰写中期报告、结题报告等，研究的过程本身就是一种学习，大大提高了课题组成员的研究能力。

3. 推动全县备课转型升级，提高了备课质量。两年时间以来，全县教师基本实现电子备课，一大部分片区实行电子集体备课。我们不仅提倡教师在上课时用好信息技术帮助学生降低难点，突破重点，更要注重教师在备课时用好信息技术手段，"电子备课"使教师从传统纸笔备课书写的缓慢和无效重复中解脱出来，用更多的时间解读课程标准，阅读教材，检索资源，通过这种"深度备课"，完成对学生学习内容的"深加工""精加工"和"多维加工"，促进学生进入深度学习。而"电子集体备课"的实施，进一步打破了传统集体备课的时间空间限制，让教师集合碎片化的时间随时随地在一定范围的公共平台发表意见和建议，集思广益，最大化发挥集体智慧。在电子集体备课的大环境下，通过向同行学习、向网络名师学习，能实现青年教师的快速成长，也能带动部分中老年教师的知识更新和信息技术能力的提升。当然，电子集体备课不是完全摒弃传统的备课方式，是在对传统备课方式上的一种创新，也是一种混合备课模式。强调"线下与线上结合""课内与课外结合"和"教师指导与学生自主探究结合"，引导学生"做中学、用中学、创中学"。

4. 总结出了基于宁夏教育云平台应用的电子集体备课"1334"模式

"1334"模式的具体含义如下：

（1）"1"指一个目标：提高备课质量，减轻教师负担

（2）第一个"3"指三级备课管理，即学校管理、教研组管理、备课组管理

（3）第二个"3"指三种应用场景下的三种备课模式，具体如下：

①农村小学集团校电子集体备课模式

模式：乡镇小学和一贯制小学都以中心村小为龙头，以年级学科为单位，建立覆盖全乡所有村小的集体备课教研组和备课组；

优点：实现优质资源共享，减轻教师过重的课业负担，尤其对村小及教学点上承担多门学科教学的教师，极大地方便了这部分教师的教育教学，可以用基本符合自己实际学情的教学设计和课件，进行高质量的教育教学。

缺点：部分教师对电子集体备课的路径不清楚，不知道把完成的共案上传到软件的哪个位置，同一科目的老师才能找到并进行下载修正。对于共案，网上集体研讨修正的比较少，大部分教师利用课余时间进行小范围评课议课，利用网络发布意见和建议进行共案商讨的较少。模式结构图如下：

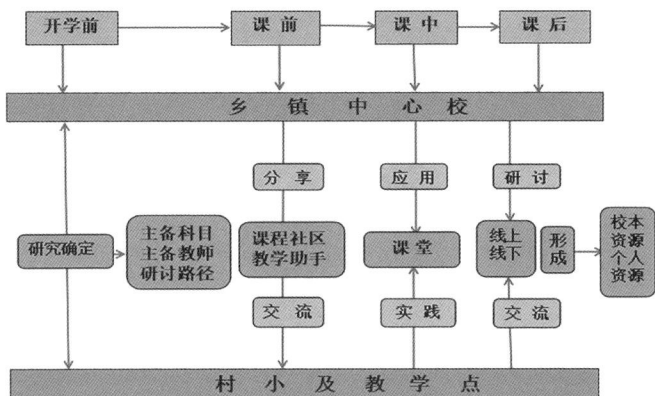

乡镇中心校及村小教学点电子集体备课模式

②县城中小学电子集体备课模式

模式：首先成立学校备课领导小组，以教研组为单位，确定电子备课组组长，由组长规划好各学年各个学期各单元的备课人选，再由主备人在规定时间内做好所备内容的教学设计、课件以及音视频等资源在上课之前上传到宁教云指定位置，之后学科教师采用线上线下相结合的方式进行研讨交流，再由主备人加工修改形成共案，其他教师再结合自己的班级情况对共案进行再次修正用以上课使用，最后，教师结合自己授课的实际情况对共案进行适当的增加形成校本资源和自己可持续使用的优质资源。

优点：经过连续4次的加工修正，使备课环节齐全、内容丰富，符合班情学情，形成可持续修正使用的优质资源，减轻了教师写教案的负担，提高了教师备课质量。

缺点：部分主备教师备课不全面，不扎实；部分科目的网上集体研讨流于形式，网上讨论不积极；部分学科的二次备课没有实效性，存在照搬照抄的现象；缺少强有力的监管机制，缺乏有效的奖励措施。

模式结构图：

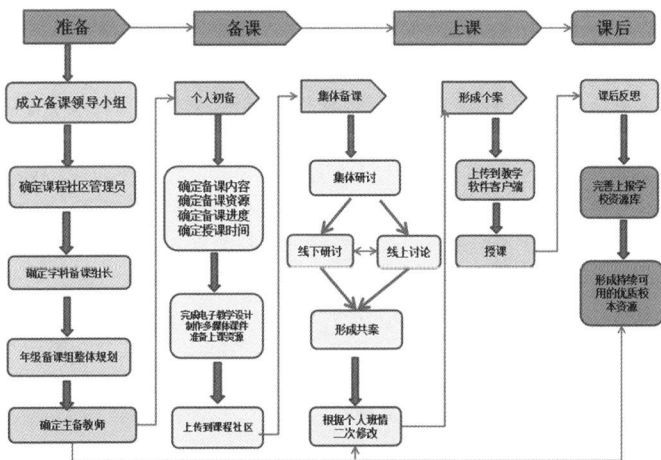

城乡中小学电子集体备课模式

③小规模初中集团成员校电子集体备课模式

模式：成立办学集团电子集体备课领导小组，以学科为单位，组建集团学科备课小组，推选学科备课组长，开学前组内协商解决备课的流程、不同章节的备课人和基本的备课要求，主备人根据时间安排精心备课（内容包括教学设计、课件、微课、音视频等教学资源），然后将准备好的教学资源上传到课程社区，以供其他教师下载修正使用，然后教师个人把完善后的教学资源再次上传到个人社区以备后续使用。

优点：集中优质资源，打造精品课程，辐射带动集团学校成员快速成长。这种模式能够破解农村小规模初中学校单个学科教师少、教研活动无法开展、教师成长缓慢、备课单打独斗的困境，对推进农村小规模初中学校提高备课质量具有积极作用。

缺点：集团校备课组建设缺少有力组织。备课组组长的组织、号召效应缺少制度和政策支持，难于考核监管。

模式结构图：

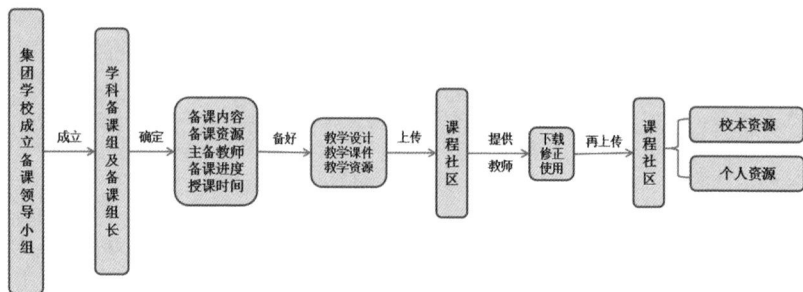

小规模初中集团成员校电子集体备课模式

（4）最后一个"4"指四种智慧助手中的备课路径，具体如下：

①基于教学助手应用的电子集体备课模式

模式：方式一：在新版教学助手中，点击"备课"→"我的备课"中将准备好的教学内容下载到桌面，将下载好的资源在"备课"→"我的备课"再次上传变成"备课"→"我的备课"下的内容，然后再"分享"给对应的学科教师，学科教师可以在"备课"→"共享中心"→"他人分享给我的"栏目中下载修改。在"资源""校本资源"中选择"上传"，就可以将"本地资源""我的备课""我的网盘"上的内容上传为校本资源。同时点击"授课"→"白板授课"选择"导入课件"或者在"我的资源"中选择课件授课。

方式二：在旧版本中"同步备课"中备课且保存，同时对所备内容进行"共享"（至少选择本校范围内，同时要管理员上报），供其他教师下载修改使用，点击"互动课堂"→"开始授课"可以导入外部课件，也可以直接在资源中打开准备好的课件。

优点：新版分享更精准，可以直接对某位教师或者学生发送；新版利用"白板授课"，教师可以直接通过"上传"的方式将"我的资源"成为"校本资源"，省去要求管理员通过这一中间环节。

缺点：新版中在"我的备课"中备好的课件，无法在当前的页面看见，只有保存到桌面，再在"我的备课"上传才能看见备好的内容。

模式结构图：

基于教学助手应用的电子集体备课模式

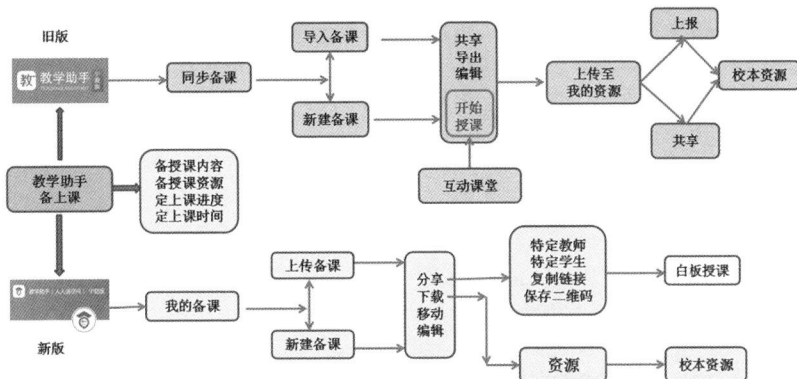

②基于数字教材应用的电子集体备课模式

模式：备授课→新建课程→"备教案、备资源、备课件、作业"（可以校内共享）→去上课，在上课界面可以同时打开课件、视频、数字教材。

协同教研→集体备课→发起集体备课，填写主备教师所备好的教学资源（包括课件、教案、音视频资源），选择好参与集体备课的教师，其他参与集体备课的教师可以在上传好的教学设计内容部分添加批注，并且在"研讨评论"区进行集体研讨，课件只能在"研讨评论"区进行集体研讨。主备人结合大家的意见可以对课件、教学设计进行二次加工，完成资源更新，当大家完成共案修改以后，点击"完成集备"→"获取资源"，完成集体备课。

优点：一是能完成"备课、集体备课、上课"的整个教学环节，教学资源丰富，有效地提高备课质量，起到提质增效的作用。

缺点：课件不能在内容区添加意见，不利于在线修改。

模式结构图：

基于数字教材应用的电子集体备课模式

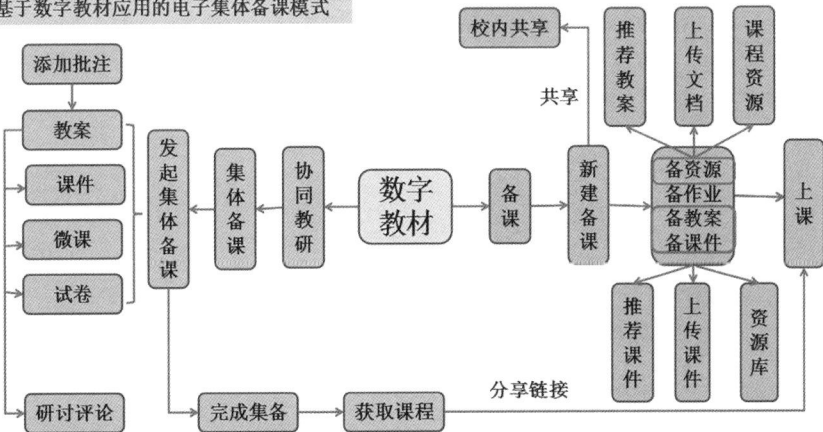

③基于希沃白板 5 应用的电子集体备课模式

模式：进入我的学校→集体备课→发起集体备课（填写备课章节，邀请相关备课教师）→主备人上传相应的课件和教案→其他成员修改课件和教案→主备人根据成员批注再次编辑课件和教案内容→完成并生成报告（1. 集备信息、2. 数据统计、3. 研讨记录）

优点：集体备课路径简单，教师可以以批注的形式对备课内容提出自己的意见和建议；可以更方便地对备课内容进行多次编辑修改；在完成并生成报告模块可以查看集备信息、数据统计和研讨记录。

缺点：课件的内容不能添加批注。

模式结构图：

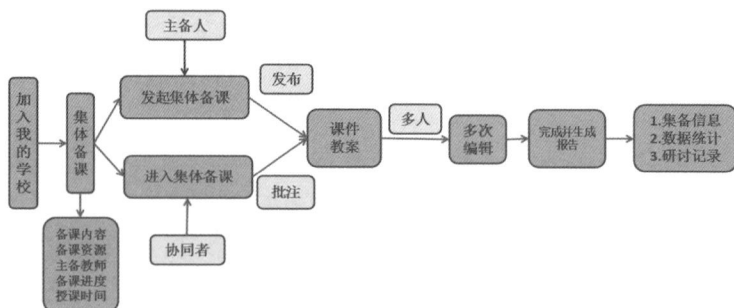

基于希沃白板应用的电子集体备课模式

④基于课程社区的电子集体备课模式

模式：加入社区→我的教研管理→集体备课→发起集体备课（指定主备人）→主备人发布撰写好的"课件、教案"（只有主备人在"共案研讨"的"共案设置"中能发布）；其他参与集体备课的成员在共案研讨→下载"课件、教案"进行修改、补充→上传"个案设计"（"个案设计"中的内容只能查看，不能下载）；主备人再查看备课组其他成员在"个案设计"中的内容，对自己第一次在"共案研讨"中的课件和教学设计进行修正完善，然后把修正后的内容再次上传至"共案研讨"中，供课组成员上课参考使用，课后备课组成员根据上课情况把备课的优点和不足在"课后反思"中进行分享，可做其他人参考，最后主备人在"集备总结"中结合其他成员的反馈，就备课上课情况进行综合评价。

优点：备课充分扎实，内容丰富，能充分发挥网络教研的便捷和备课组集体智慧。

缺点：一是主备人的工作量大，除了要充分准备备课内容以外，还需要一定时间阅读备课组其他成员的补充内容。二是备课组其他成员可能偷懒不积极参与备课。

模式结构图：

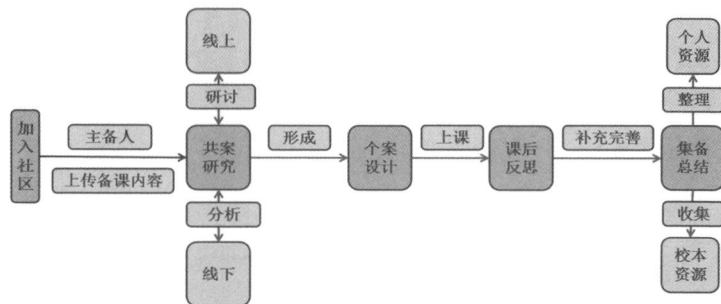

基于课程社区应用的电子集体备课模式

附录二

名师工作室送教下乡课堂实录及评析

课题：《百分数的意义和读写》

说明：此案例根据宁夏回族自治区固原市小学数学闫汉苍名师工作室成员曹有胜老师送教下乡课例整理而成。

第一部分：教材分析

一、教材内容分析

1. 课标解读

《义务教育数学课程标准（2022版）》在内容结构上将"百分数"由原来"数与代数"领域"数的认识"调整到了"统计与概率"领域"数据的收集、整理与表达"，与平均数一同作为统计量进行教学，这是信息时代和大数据时代背景下的必然转变，凸显了百分数的统计意义。这意味着百分数从2011年版课标的"一个数""一对数"的意义识别，已迈向了2022年版新课标的"一群数"数据意义的表征。

《义务教育数学课程标准（2022版）》针对"百分数"的教学，不仅在总体目标中提出了学段要求，还在课程内容部分从内容要求、学业要求、教学提示三个方面作出了具体的指导。

【总体目标】理解百分数的意义，了解随机现象发生的可能性，形成数据意识和初步的应用意识。

【内容要求】结合具体情境，探索百分数的意义，能解决与百分数有关的简单问题，感受百分数的统计意义。在简单的实际情境中，应用统计图或百分数，形成初步的数据意识和应用意识。

【学业要求】能在真实情境中理解百分数的统计意义，解决与百分数有关的简单问题。能在认识及应用统计图表和百分数的过程中，形成数据意识，发展应用意识。

【教学提示】百分数教学要引导学生知道百分数是两个数量倍数关系的表达，既可以表达确定数据，如饮料中果汁的含量、税率、利息和折扣等，也可以表达随机数据，如某篮球运动员罚球命中率、某城市雾霾天数所占比例等。建议利用现实问题中的随机数据引入百分数的学习，帮助学生了解百分数的统计意义，了解利用百分数可以认识现实世界中的随机现象，作出判断、制订标准。因此，在百分数的教学中，需要体现出百分数对随机现象和数据表达的统计价值，在对随机数据信息不断地收集、整理、分析和反馈中发现规律，为判断和决策提供服务。

2. 内容分析

（1）单元整体分析

百分数是学生掌握数概念的重要环节，是让学生体会数学在现实生活中的广泛应用的极好素材。研究整个小学阶段的数与代数，梳理知识脉络，不难发现本节课的知识是前有铺垫，后有延伸。即学生理解和掌握百分数的意义，既是学生进一步学习与百分数相关内容的必备知识，又是分析与解答相关实际问题的重要基础，同时它和小数、分数、比既有联系，又有区别，在解决有关求百分率，以及纳税、利息等实际问题上有重要作用，也是完善内在联系和认知结构，形成知识体系的关键内容。

（2）内容编排分析

百分数的意义是学生在学习了整数、小数和分数，特别是分数的意义、性质以及应用的基础上编排的。百分数是一种特定形式的分数，表示两个数或者两个数量之间的倍比关系。正是这种形式，使百分数能够很方便地进行表达和比较，在生活和生产中有极广泛的应用，尤其在统计时用得很多。

二、学情分析

在本节课教学前对问卷测评中发现，见过百分数的人达 93.2%；能够用图形或文字说明 20% 的意义的学生占 33.2%；可以准确说出分数与百分数的区别的学生占 8.6%。在教学后的问卷测评中发现，能准确联系百分数与倍、比、分数的学生有 65.8%。可见，虽然学生有分数学习的基础，认识分数、小数的意义，会进行分数、小数的计算，对百分数在平时生活中接触过但没有更深的理解，只有表面的感知，因此，百分数意义的深度理解尤为重要。

三、教学目标分析

基于对教材内容与学情的分析，将《百分数的意义和读写》的课时目标确定如下。

1. 在实际情境中理解百分数的意义，会正确读写百分数，明确百分数与分数的区别和联系，体会百分数产生的必要性和应用的广泛性、便捷性、优越性。（重点）

2.通过观察思考、比较分析、综合概括等，感悟模型思想，知道百分数是两个数量倍数关系的表达，这两个数量既可来源于确定数据，又可来源于随机数据。（难点）

3.通过引导学生在深度理解百分数的过程中体会百分数与生活的密切联系，能够形成初步的数据意识和应用意识。

四、目标达成评价设计

1.在对三名队员近期罚点球的统计情况比较活动中，能说出百分数产生的必要性和百分数应用的优越性。

2.在比较、分析、判断选取罚球队员的决策中，能说出百分数表示的意义。

3.在比、分数与百分数的沟通对比等数学活动中，能概括总结出分数与百分数的区别与联系。

4.合实际情境，归纳总结出百分数的读写方法。

5.通过观察思考、比较分析、综合概括等活动，能明确知道百分数是两个数或两个数量的倍比关系。

6.在体会百分数意义表达的基础上，能在有关统计、分析、比较、裁决的实际问题情境中，可以自觉地运用百分数。

五、教学策略分析

《义务教育数学课程标准》强调：从学生的生活经验和已有的知识背景出发，为学生提供充分从事数学活动和交流的机会，促使他们在自主探索的过程中真正理解和掌握基本的数学知识、数学思想和方法，同时获得广泛的数学活动经验。因此在本课的教学中，教师需要依托生活原型，实现再创造，选取与学生有关的素材，让学生在实际情境中通过自主探索、独立学、合作交流等学习方式认识百分数，理解百分数的意义，感受百分数在生活中的应用价值，培养学生初步的概括能力、分析解决问题的能力和自学能力。

第二部分：课堂实录

一、谈话导入

1.谈话，质疑

师：同学们好！我们已经学习了小数、分数、掌握了小学、分数的意义和读写方法，这节课我们研究一个新的数——百分数（板书"百分数"）。对于百分数，你们有什么问题要问？或者说你们想学习有关百分数的什么知识？

生1：我想知道什么样的数叫百分数。

生2：我想搞明白百分数表示的意义是什么。

生3：我们已经学习了分数，为什么还要学习百分数？它与分数之间有什么关系？

生4：每一种数都有它的读写方法，我想百分数也应该有它的读写方法，是吗？如果有，该怎么读写呢？

生5：已经有了分数，为什么还要有百分数？

师：边听边将学生提出的问题按"生5、生1、生4、生2、生3"的顺序做了调整。

2. 评价并揭示课题

师：通过刚才同学们提出的问题，我发现你们个个都是提问小能手呀！其他同学想不想弄明白这些问题呢？（想）。下面，我们就带着这些问题，一起去探究有关百分数的意义和读写。（在"百分数"三个字的后面接着板书"的意义和读写"）

【设计意图】在谈话中既可以揭示本节课的课题，明确学习任务，找准探究方向，又可以培养学生善于动脑、敢于质疑的良好学习品质。

二、合作交流、探求新知

1. 创设情境，感知百分数产生的必要性

师：（课件出示）下面是三名队员近期罚点球的情况统计表：

队员	罚球数／个	进球数／个	进球数是罚球总数的几分之几
张明	20	18	
李文	25	21	
刘刚	10	7	

请仔细观察统计表，如果你是教练员，你会派谁去罚点球，说说你的理由。

生1：我认为派李文去，因为李文进球数最多？

生2：我认为派李文去不对，李文虽进球多，但他罚球的次数也多，我认为派张明去，他才丢2个球。

生3：我们不能只看进球数，这样是不公平的。（师追问：那我们应该看什么呢？）

生3：我们要看进球数占罚球数的几分之几。

师：你们觉得这位同学说得有道理吗？（有）那快拿出笔，算一算这三名同学的进球数占罚球数的几分之几？

学生计算后汇报：

张明进球数占罚球数的 $\frac{18}{20}$；李文进球数占罚球数的 $\frac{21}{25}$；刘刚进球数占罚球数的 $\frac{7}{10}$。

师：那现在你们能一眼从这三个数据看出派谁去更合适吗？

生：看不出来，因为这三个分数的分子分母不一样，不好比较大小。

师追问：那该怎么办呢？

生1：化成小数，再比较大小。

生2：通分，再比较大。

生3：我发现不管用哪种方法，都能轻松地比较出这三位同学进球概率最大的是张明，所以，应该派张明同学去更为合适。

师：（教师用课件不断增加人数）现在该派谁去呢？

生4：我觉得在数据比较多时，化成小数比较大小和通分比较大小都比较麻烦。（教师追问：你有什么更好的办法吗？）我认为把这些分数都可以化成分母是100的分数，再比较大小会更方便。

师：同学们觉得这位同学的办法怎么样呢？

生：这个办法更便捷，可取。

师：分母是100的分数还有一种新的写法，想不想知道呢？（想）

2. 引导归纳百分数的概念

师：分母100的分数我们还可以这样写：如 $\frac{70}{100}$ 还可以写成70%，"%"叫做百分号（边写边介绍）。同学们你们能不能把 $\frac{84}{100}$，$\frac{90}{100}$ 也转化成这种形式，在练习本上写出来。

师：（待学生写完后）请同学们试着再写出几个这样的数。

师归纳介绍：像90%，84%，70%，62.5%，102.6%…这样的数就叫做百分数，百分号前面的数叫分子，百分数由分子和百分号组成。

师：请同学们思考：百分数的分子可以是哪些数？

生：可以是整数，也可以是小数。

【设计意图】本环节创设有趣的情境，既可以激发学生的学习动机，便于学生后续的深度学习，又能让学生初步感知百分数的统计意义，体会学习百分数的必要性。

3. 百分数的读写

师：请同学们根据刚才边写边读的过程，能说一说百分数怎么读吗？

根据学生回答，教师课件出示百分数的读数方法：先读百分号（％读作百分之），再读分子。

师：同学们，你们会读这些数了吗？（会）请同学们尝试读数：90%，84%，70%。

生1：百分之九十。

生2：百分之八十七。

生3：百分之七十。

师强调："%"读作百分之，不能读作一百分之。

师：同学们会读百分数了，现在请你们以"百分之四十五"为例，先以同桌为小组交流一下百分数如何写，再在全班内交流。

师：（根据学生汇报结果归纳百分数的写法）写百分数时，先写分子，再在分子的后面写上百分号"%"，而且写"%"时先写"／"，再在左上角和右下角写两个小圆圈，两个小圆圈要写小一点，防止和分子混淆。

【设计意图】本环节教学是基于多元学习途径的现实背景，结合学情，给予了学生自主学习百分数读写的时间和空间，教师在此基础上针对性引导、点拨。

4. 在具体情境中理解百分数的意义

师：百分数在我们生活中经常会遇到，你们能说出黑板上（边说边指着90%，84%，70%）这三个百分数所表示的意义吗？

生1：90%在这里表示张明进球数占罚球数的 $\frac{90}{100}$。

生2：84%在这里表示李文进球数占罚球数的 $\frac{84}{100}$。

生3：70%在这里表示刘刚进球数占罚球数的 $\frac{70}{100}$。

师：这就是百分数的意义，即表示一个数是另一个数的百分之多少。（板书）

（课件出示以下信息）

师：请结合你对百分数意义的理解，用你喜欢的方法解释一下这些百分数的意义。（限时2分钟）

学生展示交流：

某地今年造林面积比去年增加了120%。

生1：我把面料总成份看作单位"1"，羊毛含量占了面料总成份的65.5%，锦纶含量占了面料总成份的34.5%。

生2：我用线段图表示，把面料总成分看作单位"1"，羊毛含量和锦纶含量的百分比相加正好是1。

生3：100%在这里表示聚酯纤维占里料的100%，说明里料全部使用聚酯纤维。

生4：今年造林的面积是去年造林面积的120%。

师：同学们，你认为对吗？

生5：我认为不对，应该是今年造林面积比去年多的面积占去年造林面积的120%。（教师画线段图，指导学生分析数量关系。）

师：看来百分数表示两个量之间的关系，还有哪些也能表示两个量之间的关系呢？

生：分数、比。

师：所以，百分数也叫百分比或百分率（板书）。是两个数或量之间的倍比关系，不能带单位。

【设计意图】木环节通过多元表征和数形结合的方式呈现学生对百分数意义的初步了解，再结合具体情境深度理解当比较量比标准量大时，表示它们倍比关系的百分率超过100%。当比较量不超过标准量时，表示它们倍比关系的百分数不超过100%。最后回归生活实例升华理解，从而概括出百分数的本质含义，水到渠成。

5. 即时训练，发现百分数与分数的联系与区别

同学们，现在请根据你对百分数、倍、比、分数的理解，判断下面有关倍、比、分数的说法，把能改写成百分数的改写成百分数。（限时 2 分钟）

1. 光明超市周六的销售额是周五的 2 倍

光明超市周六的销售额是周五的（　　　　）

2. 青少年人体内水分与体重的比是 70 ∶ 100

青少年人体内水分是体重的（　　　　）

3. 鸡蛋的蛋白质含量为 $\frac{13}{100}$，一个鸡蛋约重 $\frac{5}{100}$ 千克。

鸡蛋的蛋白质含量为（　　　　），一个鸡蛋约重（　　　　）千克。

学生独立完成后汇报：

生 1：光明超市周六的销售额是周五的 200%。

生 2：青少年人体内水分是体重的 70%。

生 3：鸡蛋的蛋白质含量为 13%，最后一个不能改写，因为它有单位，表示一个具体的量，而百分数只表示两个数或量之间的倍比关系，是不能带单位的。

师：对，百分数不能表示具体的数量，后面不能带单位，那百分数和分数之间又有怎样的区别和联系呢？请同学们从它们的意义、表现形式两方面入手，在小组内探讨交流。（限时 2 分钟）

小组代表汇报：

生 1：分数带单位时表示具体的数量，不带单位时表示两个数量之间的倍比关系，而百分数不能表示具体的数量，只能表示两个数量之间的倍比关系。

生 2：分数的分子和分母都是整数，百分数必须有百分号，分子可以是整数，也可以是小数。

生 3：百分数是分母为 100 的分数的另一种表示形式。

师：同学们的回答都太棒了！看来同学们已经对百分数有了一定的了解。下面我们进行闯关练习，看谁表现得更棒。

【设计意图】本环节旨在帮助学生理解分数与百分数之间的联系和区别，突破知识难点，实现学科知识育人目标。

三、检测反馈，拓展提高

师：请同学们带着今天课堂上所学到的知识，一起来闯关。

（课件出示）第一关：读数写数我最棒

百分之一　写作：　　百分之二十八　写作：

45%　　读作：　　121.7%　　读作：

300%　　读作：　　百分之零点五　写作：

（两名学生板演，其他学生在练习本上完成）

师：同学们，你们检查，黑板上两名同学都写对了吗?

生：全对了。

师：既然第一关已经顺利闯过，那我们进入第二关。

（课件出示）第二关：我是判断小能手

1. 一袋面粉，第一周吃了 20% 千克。　（　　）

2. 25% 读作：一百分之二十五。　（　　）

3. 分母是 100 的分数就是百分数。　（　　）

4. 六（1）班女生占全班人数的 120%。　（　　）

（请同学生认真思考，做出判断，并说说你的理由）

生1：第 1 道 20% 千克错了，因为百分数后面不能带单位。

生2；第 2 道读作：一百分之二十五错了，% 不能读做一百分之，而应该读作百分之，所以正确的读法是百分之二十五。

生3：第 3 道说法错误。百分数是分母为 100 的分数的一种表现形式，但并不是说分母为 100 的分数就是百分数，百分数必须含有百分号。

生4：六（1）班女生占全班人数的 120% 这个说法是错误的。因为六（1）班女生与全班人数是被包含与包含的关系，女生人数是部分，而全班人数是整体，部分占整体的百分率是不会超过 100% 的。

师：马上要闯第三关了，请顺利闯过第二关的同学挥挥手（学生挥手）。那就请大家鼓足勇气闯最后一关。

（课件出示）第三关：我会用百分数表示下面的成语（学生抢答）

百发百中　　百里挑一　　一箭双雕　　十拿九稳　　半壁江山

【设计意图】巩固本节课所学知识，提高学生运用知识解决问题的能力。

四、自我评价

师：本节课的教学内容就到此为止，明天我们还会继续探究有关百分数的知识。不知道大家今天的学习都有哪些收获? 收获如何? 如果你觉得本节课收获很大，就给自己点个赞；如果你觉得这节课收获很小，就给自己打打气，争取下次有更大的进步。

【设计意图】本环节是教学评一体化的闭环，旨在通过自我评价，让学生对自己有一个清楚地认识，并做出客观评价，发现自己的优点与不足，学会扬长避短，争取更好。同时，也让教师能够客观对待教学，从学生真实的反馈中反思改进，优化教学。

五、课堂总结，赠送励语

师：看来，大部分的同学们都有很大的收获，希望你们能够再接再厉；对于收获较少的同学们，也不要气馁，继续加油，相信你会更好。最后，请大家牢记"天才是1%的灵感+99%的汗水"，希望你们都能做一个有心人，用数学的眼光去观察我们这个美丽的世界，在学习和生活中，用自己勤劳的双手，创造更加美好的生活。

【设计意图】本环节既是一堂课的结束，也是对学生的勉励，希望学生们都能懂得刻苦奋斗的重要性，做一个持之以恒的探索者。

第三部分：课例点评

《百分数的意义和读写》是比较抽象的一节概念教学课，但曹老师从设计到施教都处理得很好——教学设计思路清晰，层次感强、环环相扣，水到渠成。教学目标达成较好，整节课都以新课标提出的教学理念为指导，充分体现了新课改的优越性。

一、课例优点分析

1. 紧扣理念设计教学。《义务教育数学课程标准（2022版）》新理念，将百分数从数与代数领域调整到统计与概率领域，成为表达统计量的一种形式。曹老师在设计这节课时，能紧扣这一理念，以学生熟悉的生活情境为教学设计的素材，引导学生探索百分数的意义，并让学生在实际生活情境中，感受百分数的统计意义；经历数据收集、整理和分析的过程，能合理述说数据分析的结论；在简单的实际情境中，应用百分数，形成数据意识和初步的应用意识。

2. 深挖教材，巧设情境。本节课曹老师选取了学生喜爱的足球比赛，通过选拔罚点球的运动员这样的真实情境，让学生体会命中率来判断踢球的水平的高低的公平性，并通过对话交流引导学生对"命中率"的深入理解。利用学生对分数知识的已有经验，通过"只看进球数行吗？进球数不同，进球数占罚球数的几分之几？"这一系列问题，引导学生用不同的方法比较出合理的结果，从而使倍比关系得以体现。接着用不断添加人数的方法，引导学生经历百分数产生的必要性，体会百分数的统计意义和便于比较、分析的优越性。

3. 注重多维联系。曹老师在分数与百分数的相互改写中构建百分数的意义，沟通了百分数与分数之间的联系，让学生明确懂得，百分数其实就是分母为 100 的分数的另一种表现形式；在百分数、分数的区别与联系教学中，曹老师用 3 道练习题引导学生思考，以简约的素材完善了学生的认知结构，厘清了百分数与分数的区别和联系，从百分数不带单位这一方面再次强化了百分数与分数的区别这一难点。

4. 注重核心素养的落实。本节课要落实的核心素养有：数感、数据意识、应用意识。曹老师通过生活中的实例，引导学生自主探究，理解百分数表示一个数是另一个数的百分之几，表示两个数之间的倍数关系，这是本节课的重难点。而分数与百分数的区别在于分数不仅可以表示两个数之间的倍数关系，也可以表示某一具体的量，而百分数只表示一个数占另一个数的百分之几，进一步加深学生对百分数意义的理解。同时能够根据所学关于百分数的知识去解决生活中的实际问题，提高学生的应用能力。通过设计成语故事中的百分数，既使学科知识之间有效的融合，又很好地培养了学生的数感。

二、不足与建议

本节课的整体教学效果良好，但仍然有不足之处：虽然罚点球这样的情境在教学中涉及到了统计量的形式，如果在课堂教学时，再能进一步引导学生思考、讨论——"如果再来一次比赛，结果还会是这样吗？"。这样的讨论，可以让学生感受比赛的次数越多，虽然每次的结果不一样，数据多了就会发现稳定在一个范围内就会呈现出一定的规律，让学生懂得百分数，可以根据发生的概率对即将发生的数据进行预测，进一步感受百分数作为统计量对随机数据的刻画。

名师工作室区域示范课堂实录及评析

课题：《条形统计图》

说明：此案例根据宁夏回族自治区固原市西吉县小学数学张娥明名师工作室成员胡文娅老师全县示范教学课例整理而成。

第一部分：教材分析

一、教材内容分析

1.课标解读

统计是义务教育阶段数学学习的重要内容,在小学阶段包括"数据分析"和"数据的收集、整理与表达"两大主题。《义务教育数学课程标准（2022版）》要求学生在学习过程中,了解统计与概率的基础知识,感悟数据分析的过程,形成数据意识。并在总体目标和课程内容中提出了具体要求和明确的指导。

【总体目标】《义务教育数学课程标准（2022版）》关于统计教学在第二学段中是这样要求的：让学生经历简单的数据收集过程,了解数据收集、整理和呈现的简单方法,形成初步的数据意识。

有关条形统计图的教学,《义务教育数学课程标准（2022版）》从内容要求、学业要求、教学提示三个方面对统计教学也作出了具体的要求和明确的指导。

【内容要求】经历简单的数据收集和整理、描述和分析的过程,了解简单收集数据的方法,会呈现数据整理的结果；通过对数据的简单分析,感受数据蕴含着信息,体会运用数据进行表达与交流的作用；认识条形统计图,会用条形统计图合理表示和分析数据；能读懂报纸、电视、互联网等媒体中的简单统计图表,形成初步的数据意识和应用意识。

【学业要求】能收集、整理具体实例中的数据,并用合适的方式描述数据,分析与表达数据中蕴含的信息。能用条形统计图合理表示数据,说明数据的实际意义,形成初步的数据意识和应用意识。

【教学提示】要创设真实情境,引导学生经历简单的数据收集和整理,感悟收集数据的意义和方法,用数学语言表达数据所蕴含的信息,形成初步的数据意识；条形统计图教学要通过现实背景，让学生理解条形统计图中横轴和纵轴的意义及二者之间的关联，知道条形统计图的主要功能是表达数量的多少，借助条形统计图可以直观比较不同类别事物的数量。

2. 内容分析

（1）单元整体分析。

《条形统计图》是将以前的单式条形统计图的内容重新梳理，整合成本单元的教学内容。教材安排了三个例题，例1是1格代表1个单位的条形统计图，而例2和例3分别学习1格代表多个单位的条形统计图。本节课教学是从条形统计图的意义和特点入手，使学生认识条形统计力，并在统计图与统计表的对比中体验条形表示数量时更直观，它为第2、3个例题的学习奠定了基础，而且也是学生进一步学习复式条形统计图、折线统计图等知识的基础。

（2）内容编排分析

本节课教材是以日历的形式呈现了A市2012年8月的天气情况，让学生把这个月的天气情况清楚地表示出来，结合学生已有经验，先呈现学生的表示方式：统计表、画圈圈的象形图，在此基础上，再给出条形统计图，通过条形图与统计表、象形图的对比，感受条形图的特点，其目的是以统计一个月各种天气的天数为问题导向，引导学生经历数据分类整理和用不同方法描述数据的过程，体验从条形统计图中获得信息的方法，初步感受条形统计图具有直观形象表示数据的特点和优势，进一步培养学生的统计意识和能力，有助于数据意识和应用意识的发展。

二、学情分析

在前几册教材的学习中，学生已经初步经历了简单的数据整理过程，能用自己喜欢的方式（文字、图画，简单的统计表等）来描述数据，并能根据统计结果提出一些相关的问题加以解决。因此，本节课就是在学生已经掌握了基本的统计方法，并初步建立了统计概念的基础上，进一步系统地学习条形统计图，不仅要让学生能根据统计图进行简单的数据分析，还要体会新、旧知识的联系和区别，凸显"条形统计图能更清楚更直观地表示数据的大小"的特点。

三、教学目标分析

基于对教材内容与学情的分析，将《条形统计图》的课时目标确定如下。

1. 初步认识条形统计图，在对比中感受条形统计图的特点，会用1格表示1个单位的条形统计图表示数据。

2.让学生在解决实际问题中，经历数据收集、分类整理、描述和分析的过程，能从条形统计图中获取信息，形成初步的数据意识和应用意识。

3.使学生体会统计在现实生活中的作用，感受数学与生活的密切联系，增强学习数学的兴趣，建立学好数学的信心，养成勇于探索的科学精神。

四、目标达成评价设计

1.在认识单式条形统计图的基础上，能说出条形统计图具有"能清楚直观地表示数量的多少"这一特点，能体会到条形统计图描述数据的直观性。

2.能独立绘制出用1格表示1个单位的单式条形统计图。（重点）

3.能从单式条形统计图中获取有价值的信息，能分析出一组数据的整体趋势。（难点）

4.在实际生活运用中，能根据统计数据要表达数量多少这一需求，合理选择条形统计图。

5.能将生活中有关数据表达的问题数学化，并能用条形统计图分析、解决问题。

五、教学策略分析

让学生经历简单的收集、整理、描述和分析数据的过程是学习统计知识的重要目标。这就要求教师应创造尽可能多的机会让学生亲自从事简单的统计活动，鼓励学生积极投入到各种活动中，留给他们足够的独立思考和自主探索的时间与空间，并在此基础上加强与同伴的合作与交流。在从事统计活动的过程中，教师应起到引领、指导的作用。比较课堂设问就是一种很好的引领方法。而在自主探索的过程中，学生可能会用多种方法解决问题，教师要充分鼓励学生采取可行的个性化的解决问题的方式，以促进他们的发展。当然，我们要承认学生之间存在差异，在保证基本要求的前提下允许差异的存在，并尽量挖掘每一个学生的潜能，使学生在合作交流中互相促进、共同发展。

第二部分：课堂实录

一、创设情境，引入课题

1.课件出示教科书 P94 例 1 的情境图。

1 下面是A市2021年8月的天气情况。

师：这是 A 市 2021 年 8 月的天气情况，这个月的每种天气各有多少天？你用什么方法可以统计出这些数据？

生 1：用画"正"字的方法统计。

生 2：用直接数数的方法统计。

2. 揭示课题。

师：怎么样能将这些数据表达得更清楚呢？这节课我们就一起来用统计的知识解决这个问题。（板书"统计"二字）

【设计意图】为学生创设了 A 市 2021 年 8 月天气情况的教学情境，以统计各种天气的天数为问题导向，激发学生探究和学习的兴趣，引发统计的需要。

二、经历过程，自主探索

1. 收集整理数据。

引导学生观察 A 市 2021 年 8 月的天气情况表。

师：你从这个表中看到了什么信息？

生：我会发现这个月有晴、阴、多云、阵雨、雷阵雨五种天气情况。

师：每种天气各有几天呢？你能整理一下吗？

（学生独立完成后交流汇报整理方法。）

生 1：我用到画"正"字的方法来整理的。

生 2：我是用不同的记号对每一种天气情况做上标记，然后数标记进行整理。怎样能把它们清楚地表示出来。

生 3：我是将每一种天气直接通过数数的方法来统计的。

师：谁能说说各种天气各有多少天？

汇报后得出：晴9天，阴6天，多云9天，阵雨5天，雷阵雨2天。

2.统计描述数据。

师：你能把我们刚刚收集到的数据更直观清楚地表示出来吗？请同学们先独立思考，然后用自己的方式表示出来，再和同桌交流，最后全班汇报。

生1：我是用统计表，将收集到的数据填入统计表中以便查找。

（教师根据学生回答出示统计表）

天气情况	晴	阴	多云	阵雨	雷阵雨
天数	9	6	9	5	2

生2：我将刚才收集的数据用画圆圈的方式示了出来。

（教师根据学生回答出示象形统计图）

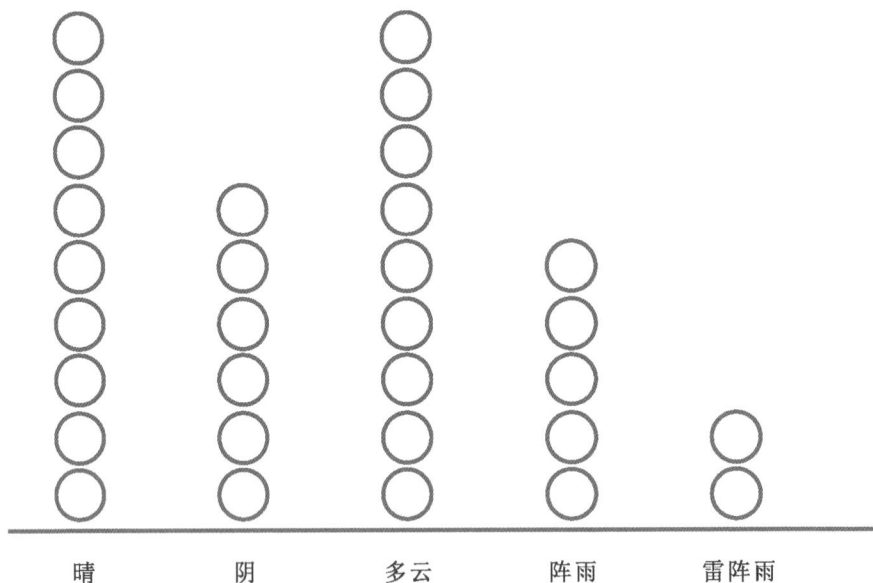

师：上面两位同学用不同的方法对数据进行了整理，你们认为哪种更好呢？

生3：统计表中数据虽然清楚，但象形图更容易比较数据的大小。

师：那你们想一想，有没有更好的办法将上面这两种统计方法的优点都集中起来，既可让数据清楚，又便于比较分析呢？

生3：我觉得应该用画条形统计图的方法来表示统计结果更好。

（教师根据学生3的回答出示条形统计图）

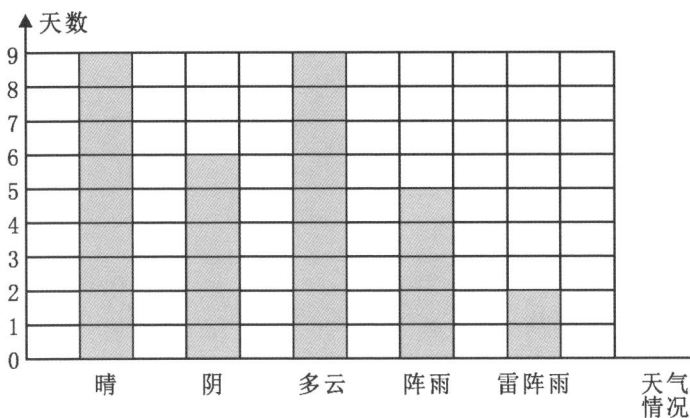

3. 对比分析统计方法。

师：我们现在有了三种不同的统计方法，请你们仔细观察这些方法，你认为哪种方法更能清楚地表示出 A 市 2021 年 8 月的天气情况？

（在学生先小组内说一说，再指名交流。）

生：通过对比分析交流，我们不难发现：这些统计方法都能表示出 A 市 2021 年 8 月的天气情况，但是统计表没有条形统计图直观形象，用条形统计图来表示会更容易看出各种天气情况天数的多少，便于比较。画象形图虽然也能直观感受天数的多少，但无法一眼看出数据的多少，不如条形统计图来得快。

【设计意图】让学生充分经历数据的整理过程从而总结出三种不同的统计方法，再通过三种方法的对比，让学生感受到条形统计图统计的优势。

4. 认识条形统计图。

师：像这样用直条来表示数量多少的统计图，我们可以给它起一个形象的名字，叫"条形统计图"。（教师在课题"统计"二字的前面板书"条形"二字，在"统计"的后面板书"图"字）

师：仔细观察这幅条形统计图，它是由哪几部分组成的？

教师根据学生回答，边补充边介绍横轴、纵轴、单位数量、单位、直条。其中横轴表示天气情况（统计项目），纵轴表示各种天气情况的天数（数量）。

师：从这幅条形统计图中，你还能读到哪些信息？

生1：我发现因为晴天和多云的直条一样都最高，所以晴天和多云的天数最多。

生2：我发现雷阵雨的直条最矮，所以雷阵雨的天数最少。

师：看来"条形统计图能直观、形象地表示出各种数量的多少"。（教师边

说边板书）

【设计意图】通过对条形统计图结构的认识和从图中获取信息，一方面促进学生对条形统计图特点的进一步掌握，提高学生恰当选择统计方法表述数据的能力，另一方面培养学生的读图能力。

三、巩固练习，应用提高

1. 课件展示教科书 P95"做一做"。

师：要统计我们班同学出生的月份，可以用什么方法来统计？

生：举手的方法。

师：谁到前面来当小小统计员，统计一下每个月份出生的人数？

（一名学生上前统计，其他同学把统计的结果记录在统计表中，然后和同桌交流画图方法，然后全班交流。）

【设计意图】本环节利用统计学生出生月份这个情境，安排一个学生来统计全班同学的出生月份，然后对数据进行整理。由于材料完全来源于学生自己，再一次激发了学生的学习兴趣。学生在积极参与中，经历了收集、整理数据的过程，通过对数据的收集、整理、描述和分析，体会到了统计的必要性，再次体现了"数学来源于生活，应用于生活"的新理念。

2. 课件展示教科书 P100"练习十九"第 1 题。

（1）用举手的方法统计班上同学的睡眠时间。

（2）根据统计的数据完成条形统计图。

（3）进行数据分析，回答问题。

3. 课件展示教科书 P100"练习十九"第 2 题。

调查本班每一位同学最喜欢的交通工具。

【设计意图】通过练习，让学生进一步经历数据的收集、整理、描述和分析的过程，巩固绘制条形统计图的方法，培养学生数据分析的能力，感受统计的价值。

四、课堂小结，畅谈收获

师：同学们，今天的数学课你们有哪些收获呢？

学生谈收获后，教师小结课堂。

板书设计

条形统计图（1）

条形统计图能直观、形象地表示出各种数量的多少。

第三部分：课例点评

在情境中生成　在生成中感悟

《条形统计图》是将以前的单式条形统计图的内容重新梳理，整合成本单元的教学内容。教学中要通过创设真实情境，让学生理解条形统计图中横轴和纵轴的意义及二者之间的关联，知道条形统计图的主要功能是表达数量的多少，借助条形统计图可以直观比较不同类别事物的数量。胡老师正是基于这样的教学思想，以创设的情境为主线，引导学生开展学习活动。

一、亮点特色

1. 情境引入，凸显特色。播放天气预报小视频，轻松的谈话，有趣的情境，营造了愉悦的课堂气氛，让学生身心放松，全情投入，整堂课以天气种类几种情况主线导入，让学生既感受到统计与身边生活的联系，又让学生深知生活中处处有数学。

2. 问题引领，感受条形统计图的特点。胡老师提出对几种天气情况的统计问题，从实际情境和真实问题入手，让学生从这些情境中发现并主动提出一些需要借助数据回答的问题，产生运用数据进行分析的需要，从而体会数据分析的作用，培养学生的统计意识。天气情况的统计引出统计表与象形图，并对两种统计方式的特点进行对比，统计表中数据清楚，而象形图则易比较，再提出"有没有更好的办法将上面这两种统计方法的优点都集中起来，既可让数据清楚，又便于比较分析呢？"这个问题，体会条形统计图的生成过程，明了条形统计图的优点，还渗透了数形结合的数学方法与思想。

3. 在活动中体验做数学。如统计本班学生的出生情况，学生根据统计表中的数据，动手画一画，补充完成纵向条形统计图，再展示、对比，分享制作方法，感受数学的美，再提出问题发现进行数据分析的方法。引领学生去参与条形统计图的生成过程，让学生体会用统计解决问题的全过程，学生多一点表现的机会，就多一点成功的体验。

4. 注重统计在生活中的应用，培养学生的数据分析观念。读图能力和数据分析观念体现了培养学生的数学核心素养。胡老师在教学中展示生活中的各种条形统计图，学生认识了不同形式的统计图，横向、纵向、柱式条形统计图等。在统计图中感受数据的意义，体会祖国的飞速发展，提升民族自豪感。

5. 数学与多学科融合。新课程标准要求我们树立"大课程"的教育观念，既要重视课程教学与实际生活的联系，又要注意学科之间的联系与渗透，强调学科之间的整合与应用。数学学习不是孤立的，既要抓住学科间的联系，利用其他学科资源为其服务，又要利用数学知识解决其他学科的问题。在注重培养数学核心素养的新要求下，重视数学与其他学科的有效融合，对提高数学教学质量具有重要作用，对优化学生的跨学科思维模式、解决实际问题能力、渗透学科素养具有积极的意义。这堂课上融道德法治、语文、信息、美术等多个学科，既有环保意识的普及，又有热爱家乡、热爱祖国的思想教育等多方面的教育。学生不仅在多样的活动中建立并完善条形统计图的认识；同时，感悟数学知识之间、数学与其他学科知识、数学与社会生活之间的联系，在积累丰富活动经验的同时，感悟思想方法，形成和发展数据意识和创新意识等核心素养，体会数学的价值，也培养了良好的品行和学习品质，助力学生创造性成长。

6. 用整体联系的思维设计教学内容。由统计表到象形统计图，再到由统计表和象形统计图的优点结合起来的条形统计图，激发学生兴趣。条形统计图的这一统计方法的形成过程，培养了学生的数据意识和数据观念。从活动经历升华到经验获得积累丰富的数学活动，让学生亲历感知象形图和统计表统计数据的局限性，突出了条形统计图的优点。

二、教学建议

1. 要注重读图分析。鼓励学生从数据中提取尽可能多的有效信息。学生对数据的读取分为三个层次：一是数据本身的读取，包括用能够得到的信息来回答具体问题，这些问题条形图中有明确的答案；二是数据之间的读取；三是超越数据本身的读取，包括通过数据进行分析、预测、推理，并回答具体的问题。在第一学段的学习中，学生基本能达到对数据读取的前两个层次，因此本节课在数据分析中要突出数据读取的第三层次：超越数据本身的读取，进行如下提问："认真分析条形统计图中的数据，你还能提出什么问题？引导学生从不同角度提取有用信息，逐步提高学生从统计图中获取数据信息的能力。

2. 本课可布置实践性的课后作业。"双减"政策下我们的作业应与课堂教学紧密接轨，既是课堂教学的巩固和延伸，还是课堂教学补充和完善。课尾引导学生自由统计做调查，而后制成条形统计图。如：同学们最喜欢的活动课的调查统计。提问：认真分析条形统计图中的数据，你能提出什么问题？你希望下学期综合实践活动课怎么开设？这样的实践作业可以让学生经历选题、调研内容的设计、数据的收集与整理、数据的呈现方式和分析等研究过程，积累数学活动经验。

参考文献

［1］ 胡继飞.如何指导课题研究［M］// 胡继飞，李余仙，詹海洲.名师工作室
建设指南：运作篇.北京：北京教育出版社，2023.

［2］ 胡小勇，徐欢云."互联网＋教研"形态研究：内涵、特征与趋势［J］.电
化教育研究，2020（2）：10-16.

［3］ 孙雪飞，柴敏.构建区域网络教研模式的实践探索与反思，《安徽教育科研》，
2022-01-18.

［4］ 吴晓威， 南延娇.网络工作坊式教研共同体的内涵、价值和实践路径［J］.
中国教育学刊，2023（10）：98-102.

［5］ 唐隽菁.成就他人：名师工作室主持人的使命与担当［J］.福建教育，2023
（17）：19-21.

［6］ 郭志明.心有仰望足有定力——名师工作室的发展定位与常态优化［J］.江
苏教育研究，2017（11）：22-27.DOI：10.13696/j.cnki.jer1673-9094.
2017.11.006.

［7］ 郭志明.名师工作室的价值定位及常态优化［J］.小学教学设计，2020（Z1）：
21-23.

［8］ 杨启锋.我们需要怎样的"名师工作室"［J］.湖南教育（上），2015（11）：
52-54.

［9］ 蒲大勇.论名师工作室的品牌价值［J］.四川教育，2022（17）：22-23.

［10］郭志明.名师工作室机制构建和发展建议［N］.中国教师报，2015-11-04（08）.

［11］张伟.打造优秀教师"可持续发展"的生命家园——以江苏通州"名师之路"
教育科研协会为例［J］.中小学教师培训，2010（03）：13-16.

［12］朱园园，张新平.社会资本视角下的学校共同体及其建设［J］.教学与管理，
2014（10）：1-3.

［13］吴建英.团队研修助力教师第二次成长［J］.江苏教育，2018（78）：17-19.

［14］徐金海.道德领导：将价值与道德置于首位的学校领导框架［J］.基础教育论坛，2014（20）：42-44.

［15］郭志明，蔡可，刘立峰.首个全国名师工作室发展报告［N］.中国教师报，2015-10-7（008）.

［16］孔家星.中小学音乐名师工作室提升性培训研究［D］.湖南师范大学，2021.DOI：10.27137/d.cnki.ghusu.2021.001957.

［17］朱光潜.谈读书［M］.天津：天津人民出版社，1998.

［18］文奇.音乐校本教研的策略［J］.大众文艺，2014（04）：238-239.

［19］邵军."辩课"：促进教师专业发展的有效平台［J］.中小学教师培训，2010（08）：17-19.

［20］梅云霞."辩课"的内容、特点及实施途径［J］.教育理论与实践，2011，31（26）：54-55.

［21］张茂宇.基础教育师资培训中应注重教师观课议课能力的开发和培养［J］.新课程（教研），2010（08）：158-162.

［22］郭志明.铺就名师工作室发展的"南通路径"（中）［J］.初中生世界，2018（08）：64-68.

［23］黄永忠.西方法律发展模式思想初探［J］.金陵法律评论，2005（02）：17-29.

［24］公丕潜，杜宴林.法治中国视域下法律职业共同体的建构［J］.北方论丛，2015（06）：144-148.DOI：10.13761/j.cnki.bflc.2015.06.029.

［25］司莹莹，夏婧.名师工作室要百花齐放，更要名副其实［J］.教育家，2021（08）：28-29.

［26］郑晴晴.人类命运共同体思想的三维场域及当代价值［J］.长春大学学报，2022，32（09）：88-92.

［27］黄伟.谈思维教学的作用［J］.考试周刊，2013（98）：180.

［28］许嘉.论新时期中小学师生关系的重构［J］.牡丹江大学学报，2007（07）：118-120.

［29］彭茜.教师专业发展的挑战及应对——"课程权力下放"的视角［J］.当代教育科学，2007（16）：51-53.

［30］朱水萍.好教师的伦理实现——基于教师发展的重要维度［J］现代教育管理，

2012（09）：63-66.DOI：10.16697/j.cnki.xdjygl.2012.09.004.

［31］王旭红.对构建教师专业共同体的思考［J］.企业家天地下半月刊（理论版），
2009（05）：161-162.

［32］毛乐，曾彬.昆体良的幼儿教育思想及当代教育价值［J］.科教导刊（下旬），
2016（27）：125-126.DOI：10.16400/j.cnki.kjdkx.2016.09.061.

［33］鲁静，刘金梅.合作式自我探究视域下的教师专业发展模式——加拿大教师
教育研究者和中学教师的个案研究［J］.湖北师范学院学报（哲学社会科学
版），2014，34（02）：136-138.

［34］蒲大勇.论名师工作室的品牌价值［J］.四川教育，2022（17）：22-23.

［35］郭勤学.新时代中学教学名师的培养策略［J］.河南教育（教师教育），
2021（01）：58-59.DOI：10.16586/j.cnki.41-1033/g4.2021.01.021.

［36］李惠军.学苑絮语——一个历史工作室的创建、研修与思考［J］.历史教学（中
学版），2011（10）：3-9.

［37］郑大明数学名师工作室［J］.教育科学论坛，2023（23）：2+81-82.

［38］吴汉平.我们需要什么样的"名师工作室"［J］.江苏省溧阳市南渡中心
小学《中国教育报》，2011（04）.

［39］代道强，周祥."一主多片"名师工作室运行机制探析［J］.江苏教育，
2020（30）：45-47.

［40］张莉.高职院校汽车类专业校企共建名师工作室的研究［J］.湖北农机化，
2018（07）：43.

［41］夏婷，丁达.现代学徒制视域下职业院校教师成长共同体构建探索［J］.
中国多媒体与网络教学学报（中旬刊），2021（03）：73-75.

［42］邱艳，张瑞霖.进德修业 破茧成蝶——记中学地理正高级教师孙青［J］.
云南教育（中学教师），2021（Z2）：4-6.

［43］曹生财.师德引领春风化雨 师能载道成德于行——学习宣传贯彻落实习近平
总书记考察甘肃重要讲话和指示精神［J］.甘肃教育，2019（24）：12-13.

［44］杨文新.关于中小学名师成长路径的思考［J］.中小学教师培训，2012（03）：
11-13.

［45］薛正斌.名师工作室与教师团队的发展［J］.宁夏大学学报（人文社会科学
版），2017，05.

［46］汪桂琼.新时代名师工作室建设的内涵和路径［J］.四川教育，2021（4）.

［47］郭妍.培养为学、为事、为人示范的新时代"大先生"［N］.陕西日报，2023-12-25.

［48］刘宝禄.体育名师工作室促进教师专业发展研究［D］.南京师范大学，2021.

［49］雍晓燕，李益众.构筑教师专业成长共同体——对话四川省教师发展中心汪桂琼［J］.四川教育，2022，（17）：11-13.

［50］汪紫珩.体育名师工作室教研活动成效的个案研究［D］.苏州大学，2022.DOI：10.27351/d.cnki.gszhu.2022.001005.

［51］任文岱.教育部发文实施新时代中小学名师名校长培养计划［N］.《民主与法制时报》.2022-09-15.

［52］教育部等八部门.新时代基础教育强师计划.［C］.2022.

［53］李艳红，杨燕飞.优质均衡视域下城乡教师基本结构的供给侧改革研究［J］.甘肃高师学报，2022，27（03）：58-63.

［54］覃兰燕.地方高校教师教育课程改革探析——基于教师资格考试视角［J］.湘南学院学报，2021，42（06）：112-116.

［55］李威璎.习近平总书记关于"大先生"论述的思想溯源、重要旨归与实践指向——兼论新时代高素质教师队伍建设［J］.广东第二师范学院学报，2023，43（06）：1-12.

［56］王金涛，李方.从设计到实施：培训精准性的衰减析因及改进——基于2021年"国培计划"中西部项目实施视导调研［J］.教师发展研究，2022，6（01）：58-64.DOI：10.19618/j.cnki.issn2096-319x.2022.01.008.

［57］黄一帆，周福盛.卓越乡村校长实践智慧的生成逻辑——基于"感动中国"等评选校长的质性研究［J］.当代教育与文化，2024，16（01）：64-73+98.DOI：10.13749/j.cnki.cn62-1202/g4.2024.01.010.

［58］周伟.专业阅读：教师专业发展的困境与突围［J］.中小学外语教学（中学篇），2020（12）：18-23.

［59］谢柯.基于师范类专业认证的课程体系与课程大纲修订——以英语师范专业为例［J］.成都大学学报（社会科学版），2021（04）：120-128.

［60］于慧，吴开华，龚孝华.大数据背景下高校-地方共建教师教育实验区的挑战、策略与展望［J］.广东第二师范学院学报，2021，41（01）：17-22.

［61］严丽杰."四方管评"：高质量培养教育后备干部的区域探索——以杭州市滨江区为例［J］.教育科学论坛，2023（29）：40-42.

［62］新时代中小学名师名校长培养计划（2022—2025年）名校长培养纪实［J］.中小学校长，2023（11）：71.

［63］李慧，邓涛.中小学教师劳动教育信念的迷思与解蔽［J］.教师教育学报，2020（6）：41-49.

［64］黄曼.基于"名师工作室"的提升性教师培训研究［D］.浙江师范大学，2019.DOI：10.27464/d.cnki.gzsfu.2019.000464.

［65］陈卫亚.教育现代化背景下的首都基础教育教师队伍建设趋势与策略——首都基础教育人才发展2018年研讨会综述［J］.北京教育学院学报，2019，33(01)：87-92.DOI：10.16398/j.cnki.jbjieissn1008-228x.2019.01.013.

［66］郑昀，徐林祥.从"双基"到"三维目标"，再到"核心素养"——新中国成立以来语文学科教学目标述评［J］.课程.教材.教法，2017，37（10）：43-49.DOI：10.19877/j.cnki.kcjcjf.2017.10.008.

［67］张磊.关于名师工作室的现状分析和策略研究［J］.宁夏教育，2018（09）：10-14.

［68］郑永和，李佳，吴军其，等.我国小学科学教师教学实践现状及影响机制——基于31个省（自治区、直辖市）的调研［J］.中国远程教育，2022（11）：46-57.DOI：10.13541/j.cnki.chinade.2022.11.008.

［69］许友露.名师工作室与教师专业发展研究：以长沙市丁丽数学名师工作室为例［D］.长沙：湖南师范大学，2017.

［70］尹杰.中原名师助力开封教育扬帆远航［N］.《开封日报》.2022-11-17.

［71］南海帆，张娥明."互联网＋教育"背景下网络名师工作室的功能探索［J］.宁夏教育，2022，（09）：7-9.

［72］曹瑞平.教师如何做课例研究［J］.师道，2010（06）：47-48.

［73］杨玉东.课例研究的再认识：作为改进课堂的有效研修方式［J］.江苏教育，2013（Z1）：25-27.

［74］邱瑜.教育科研方法的新取向——教育叙事研究［J］.教育导刊，2004（Z1）：104.DOI：10.16215/j.cnki.cn44-1371/g4.2004.z1.038.

［75］徐芬，郭永生.职业院校基于项目课程的课例特征、课例开发目标和模式的探索［J］.现代经济信息，2012（18）：215-216.

后 记

诗经有云："凤凰鸣矣，于彼高冈。梧桐生矣，于彼朝阳。"如果把名师比喻成诗中的"凤凰"，把名师工作室比喻成诗中的"梧桐"，自是恰如其分。当前，在深入推进教育教学改革的大背景下，国家对人才的重视度越来越高，名师作为教育领域引领教育发展的人才，需要发挥的作用越来越大。名师需要通过工作室这个载体，才能培养出更多的名师，因此，名师工作室就成了发挥名师作用的主要阵地。如何培养名师，如何规范建设名师工作室，如何提高名师工作室的运行质量，如何发挥名师工作室的区域示范引领作用，都是名师工作室建设管理必须要回答的问题，也是本书撰写的逻辑基础。

本书是在多年实践探索的基础上整理而成的，也是我国西部教育不发达县域——西吉县名师工作室建设发展的一个缩影，综合体现了名师工作室在一个县域由少到多、由数量到质量的飞跃过程。2014年，宁夏回族自治区潘志刚塞上名师工作室在西吉县建成落地，这也是西吉县域内建成的第一个名师工作室，在3年的时间里，为西吉县培养了6名自治区骨干教师。潘志刚名师工作室的成果，犹如一声惊雷，惊醒了西吉县教育大地上默默无闻奉献的所有老师，也让名师工作室这个响亮的名字深入到每一位教师的心里。随后，自治区乡村名师工作室、固原市六盘名师工作室、固原市课改名师工作室等6个名师工作室先后在西吉县建成落地，掀起了西吉县名师工作室建设的初潮。2017年，在西吉县委、县政府的高度重视与支持下，西吉县教育体育局通过选拔名师工作室主持人的方式，建成了10个县级名校长工作室、10个县级名师工作室，虽然工作室运行中存在一些问题，但也为西吉县名师工作室建设管理积累了宝贵的经验。2020年，西吉县教育体育局各位领导从人才培养的战略高度出发，开始谋划名师培养、县级名师工作室建设工作，笔者作为实施的主要成员，在汲取全国各地先进经验的基础上，结合西吉县实际情况，经过不断探索研究，起草设计了有关名师培养、名师工作室建设的一系列措施和制度，第二批县级名师工作室也应运而生，为名师工作室县域建设管理探索出了一条可行性路径。2023 年，在西吉县教育体育局郭文全局长、姚建生副书记、张杰副局长和人事室郭怀宝主任、教师发展中心赵万江主任的高度重视和大力支持下，西吉县名师工作室联盟顺利成立，县域内各级名师工作室一体化管理格局初步形成，名师工作室送教下乡、名师工作室示范展示、名师大讲堂等一系列活动相继开展，名师工作室对于助推县域教育高质量发展的作用初步凸显，实现了名师工作室内涵式发展的质的飞跃，也掀起了西吉县名师工作室建设的高潮。这也是本书撰写的现实基础。

在本书的编写过程中，引用了宁夏回族自治区教育厅、固原市教育体育局有关名师工作室的部分文件，在这里向各位领导和文件起草者进行说明并表示衷心的感谢！本书的编写与西吉县委、县政府的人才战略部署和各项政策的支持密不可分，同时还得到了西吉县教育体育局各位领导的大力支持，得到了西吉县教师发展中心各位同仁的用心指导，得到了西吉县域内的马辉才、南海帆、王琰、邵虎虎、闫汉仓、荣学飞、胡慧琴、张娥明、段玉红、李玉玲等各级名师工作室和西吉县名师工作室联盟的全力配合和经验支持，得到了各位亲人、朋友的殷殷鼓励和全力帮助，在这里一并表示衷心的感谢！

本书也是宁夏回族自治区"互联网＋教育"信息化骨干培养项目高端管理人才培养的成果，希望能够为教育数字化转型时期名师工作室建设管理提供一定的借鉴经验。由于笔者的水平有限、经验不足，加之时间仓促，书中难免存在许多不足之处，恳请广大读者批评指正！